江恩理论精髓

形态、价格和时间

(原著第二版)

[美]詹姆斯·A.海尔齐格　著
江恩小龙　译

山西出版传媒集团
山西人民出版社

图书在版编目（CIP）数据

江恩理论精髓：形态、价格和时间 /（美）詹姆斯·A. 海尔齐格著；江恩小龙译. -- 太原：山西人民出版社，2021.11
ISBN 978-7-203-10836-8

Ⅰ. ①江… Ⅱ. ①詹… ②江… Ⅲ. ①股票投资—基本知识 Ⅳ. ① F830.91

中国版本图书馆 CIP 数据核字 (2021) 第 044150 号
著作权合同登记号　图字：04-2014-027

江恩理论精髓：形态、价格和时间

著　　者：（美）詹姆斯·A. 海尔齐格
译　　者：江恩小龙
责任编辑：张书剑
复　　审：贾　娟
终　　审：秦继华
装帧设计：王　峥

出 版 者：山西出版传媒集团·山西人民出版社
地　　址：太原市建设南路 21 号
邮　　编：030012
发行营销：0351-4922220　4955996　4956039　4922127（传真）
天猫官网：https://sxrmcbs.tmall.com　电话：0351-4922159
E-mail：sxskcb@163.com　发行部
　　　　sxskcb@126.com　总编室
网　　址：www.sxskcb.com

经 销 者：山西出版传媒集团·山西人民出版社
承 印 厂：廊坊市祥丰印刷有限公司

开　　本：710mm × 1000mm　1/16
印　　张：20
字　　数：300 千字
印　　数：1-5000 册
版　　次：2021 年 11 月　第 1 版
印　　次：2021 年 11 月　第 1 次印刷
书　　号：ISBN 978-7-203-10836-8
定　　价：88.00 元

序　言

我相信你曾听过“事情变化越多，它们就越维持不变”这句话。在技术分析方面的真的是这样，自第一版在 1998 年出版以来，虽然科技不停地进步，但市场仍像 1998 年之前一样在按着形态、百分比回调、周期运行。

每一套新的软件程序出现，似乎都以一种新的方法来分析，尝试用市场上的一些新的振荡指标或交易指标去操作市场交易，以获利及增加交易优势。不幸的是，这种试图把开盘价、最高价、最低价和收盘价等有价值的信息平滑化的手段，在我看来，只是增加了交易的困扰。即使今天，尽管有着各种新的技术分析工具和方程式，但上升趋势或下跌趋势的定义在过去几十年始终没有改变。如今，交易员着迷于通过平滑数据来试图获得某种优势，简单及实用的分析数据方法已被抛弃。

在《江恩理论精髓：形态、价格和时间》第一版中，我的写作目标不是谈论江恩本人，而是整理江恩对于形态、价格和时间的主要见解。此外我想写一本书给分析师和交易员使用，在使用高级的江恩天文学或江恩计算器之前（译注：对江恩计算器感兴趣的读者可以从舵手天猫旗舰店购买），就可以将江恩的基本规则应用于市场。我想写一本书向交易者介绍一些技巧，让交易者每天都可以运用到。

期货方面的经验告诉我，交易者在分析时总会过于迷恋形态、价格和时间的某一方面，他们的分析往往太过于偏颇，没有全面地应用这三种方法。最常见的错误是，某些系统使用了江恩的时间方法，却没有使用价格方法；有些系统使用了价格方法，却没有使用时间方法；或者使用了江恩的形态方法，却没有使用价格和时间方法。我认为这三方面的结合是成功的必要条件，所以我写了这本书。

本书旨在提供教育和传播知识，并无意取代江恩先生本人所著的著作和课程。书中有些内容看似有重复之处，尤其是探讨趋势指标的章节。这些都是刻意安排的，因为我希望通过重复来强调重点，就如同江恩在他的著作中所做的那样。要说这本书有什么功能的话，希望初学者能够把它当作学习形态、价格与时间的导论。这也是进行电脑分析之前的必读书籍。学习电脑的交易指标之前，都必须先学习形态、价格与时间的技巧。这本书将为分析师提供一个良好的基础，去学习使用更为复杂的技术分析技巧，以提升他们的分析或交易能力。本书虽以探讨江恩理论为主，但它的内容并不仅限于江恩理论，我们还会介绍很多基本的概念和技巧。虽然受书籍篇幅所限，但我仍然相信本书关于形态、价格和时间分析的内容相当详细而清晰。但愿各位与我一样，能在本书中找到很多有用的知识。

詹姆斯·A. 海尔齐格

（James A. Hyerczyk）

美国伊利诺伊州帕洛斯帕克

2008 年 9 月

谢　词

我要感谢太太玛莉·柯林（Mary Collen）和女儿艾美、凯利、艾琳，让我有时间研究技术分析。你们每个人都在我心中有独特的地位。我深爱着你们。

目　录

第一章　为什么要讨论形态、价格、时间

市场上出现了无数交易系统，虽然都宣称是分析市场的新指标和新方法，但我认为“太阳底下无新事”。其实还是离不开形态、价格与时间的范畴。

人类从事金融交易活动以来，就一直试图去分析不同的资料借此掌握某种优势。目前，各种“新”系统都能够把资料平滑化，创造出复杂的公式，借以呈现出想要的基本资料。有些采用移动平均线，把市场分解为介于 0 到 100 的摆动指标等。所有这些新方法对于某些人来说或许没什么问题，前提是他们知道这些数据如何得来，及系统创造的原始概念。但我认为最好的做法还是直接运用最原始的开盘、最高、最低与收盘资料去做分析。运用电脑产生的摆动指标或技术指标，虽然能够加快分析，但这些平滑化工具最终还是会回归到运用开盘、最高、最低与收盘价做分析。

本书的主题虽然是讨论外汇、期货与股票交易的技术分析方法，但不能作为致富的绝对手段。相反本书只能被当作是一种指引，协助交易者在市场上取得某种优势。此书会令你了解形态、价格与时间分析的运用，并能够令你了解市场所发生的现象，而这全都不会隐藏在复杂公式或电脑化数据运算之中。这或是个人偏好问题，但我认为分析者应该要了解形态、价格与时间的独立运作，然后再彼此结合，创造出一种电脑

化分析系统所没有办法提供的优势。

本书经常会提到“研究与实验”。这是因为我们鼓励读者尽可能去学习，包括市场走势、走势之性质，以及如何运用这些知识，拟定交易决策。

关于形态、价格与时间分析，从查尔斯·道（Charles Dow）提出“道氏理论”（Dow Theory）之后百余年来一直都没有改变。如果愿意继续往前推的话，阴阳线分析甚至可以追溯到1700年。阴阳线就是开盘、最高、最低、收盘等基本资料为主的市场分析方法。目前，随着个人电脑与交易软体的发展与普及，令到我们看到有很多所谓的“新”交易分析工具与“新”交易系统，但这一切仍旧无法超出以往的范畴。

当今的方法包括了随机指标、相对强弱指标、超买/超卖指标、移动平均线穿越以及阴阳线。价格则包括移动平均线、日线支枢（daily pivots）与回调（retracement）。最后，时间则运用于季节性、循环与时间研究。

如果各位经常在交易所走动的话，你经常会听到：“我的价格正确，但时间早了”或“我知道循环低点会发生在11点，但不知道股价会停留在什么价位”。这是单独使用价格、时间或形态发生的问题。本书想要告诉交易者的是，我们可以通过某种方法，把形态、价格与时间结合在一起，借以提升交易绩效。

经过多年研究技术分析，我曾经碰到几种市场分析和交易的有效方法，但这些方法事实上都有所偏颇，只单独着重形态、价格与时间其中之一。这样显然是有问题的。因为在某段期间里，市场虽然有可能是被某单一因素所控制，但我却没办法借此控制交易。这方面的困难令我去研究艾略特与道氏的方法，但这两种方法都不符合我的习惯。艾略特方法太过于强调预测，无法让我在交易过程中改变方向及看法。这使我太专注于预测没办法做必要的调整。至于道氏理论，学习时间太长。我也曾经试着使用点数图，虽然懂得如何使用，但我发现需要花更多的时间才可能成为更棒的交易者。当阴阳线普遍使用之后，我发现形态发生的频率及随机的性质太高，所以我认为江恩的价格与时间方法应该能够改善这类分析方法。

这些问题促使我回头去研究江恩理论，也就是关于形态、价格与时间的理论。我选择江恩理论作为金融交易的主要分析方法，原因是因为这套方法强调价格与时间之间的平衡。这点非常重要，因为我的方法需要平衡。我从自己的分析与交易经验里得知，我不能只依赖形态、价格或时间之中的某个单独的方法，必须结合其中两种或三种，分析与交易才能成功。(图 1.1)

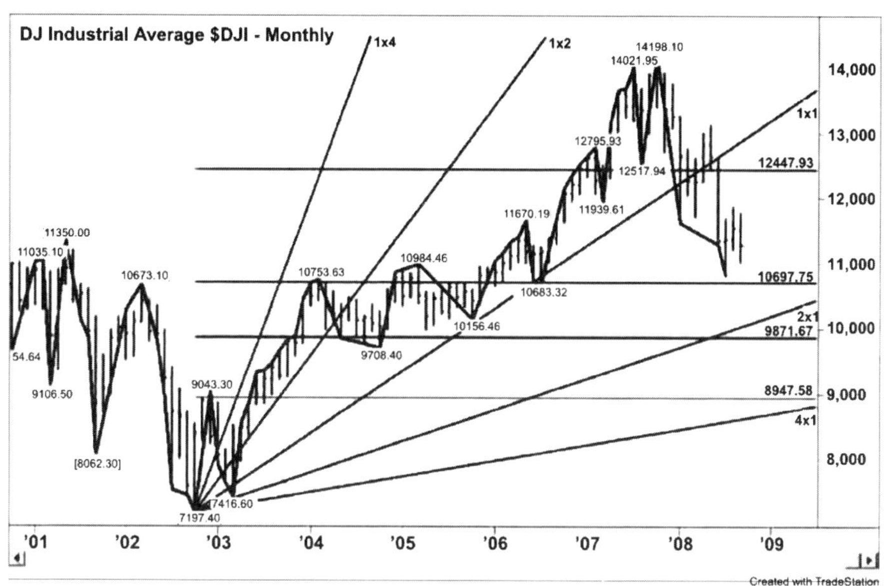

图 1.1　江恩格式的道指月线图

总之，本书的宗旨就是要让读者可以直接运用开盘价、最高价、最低价与收盘价的资料，作为分析的工具。另外，我还希望能教授读者把交易工具归纳为形态、价格与时间的技巧，然后将三者结合，借以改进分析与交易。最后，为了让各位去研究与实验形态、价格与时间，我特别选择了江恩的分析与交易技巧，因为他是第一个谈论价格与时间之平衡关系的人。

第二章　江恩其人其事

即使不能被称为最早的技术分析师，江恩也是最成功的人之一。通过设计和推广一种新的市场分析方法，他被誉为在交易杠杆和精确度上创造了新纪录的人物。他为投资行为所开发的交易策略，能够很准确地预测市场的行情和价位。他，就是江恩（Willian Delbert Gann）。

江恩于 1878 年 6 月 6 日出生在得克萨斯州。童年时代，他就展示出非凡的数学才华。在完成高中学业后，他于 1902 年，也就是 24 岁时开始从事交易。按照他自己的说法，最初的交易建立在“希望、恐惧和贪婪”之上，这些显然无法形成成功的交易策略。

在损失惨重之后，江恩开始发现市场遵循某种数学法则和一定的时间周期。他对价格和时间的联系产生了极大的兴趣，这种关系后来被他称为价格和时间之间的“四方形”。江恩开始深入研究这种相关性，甚至前往英国、印度和埃及研究数学理论和历史价格。

在发展理论的过程中，江恩毫无疑问是最勤奋的技术分析师之一。他制作了上千张图表，包括了各种证券和期货的日线、周线、月线和年线。他是充满热情的研究者，有时甚至绘制过去数百年的价格图形。当时，多数市场分析员仅就基本面进行研究，江恩的创新理论依赖于数学自然法则和时间周期，同时他认定过去的市场行为可以预测未来。

1908 年，江恩搬到了纽约。他在百老汇 18 号成立了一家经纪公司，开始在市场中检验他的理论和技巧。一年之内，人们就发现江恩的成功并不是只靠运气。1909 年，《股票经纪人和投资银行家》（《*The Ticker and Investment Digest*》）写道："……在股票市场的运行上，江恩先生已经发展出一个全新的理念。"

江恩指出大多数交易者在没有任何知识和学习的情况下进入市场，最终结果就是赔钱。他解释说，他注意到股票市场和商品市场中有一个重复出现的涨跌循环，于是决定进行研究并将自然法则运用在交易策略中。经过数月在伦敦大英博物馆的钻研，他发现了振动法则。

振动法则能够算出一只股票将要上涨或者下跌的确切位置，并且大大领先于当时的华尔街人士，提前预测结果。除了这些模糊的解释，江恩对于他的策略很隐晦，也不愿意详细解释他的理论。

虽然过去的成功不能说明未来的结果，但江恩的交易非常成功。一项关于他的 25 个交易日的记录分析表明，江恩做了 286 次交易，其中有 264 次盈利。他的成功率是 92.31%，将最初 450 美元的投资变成了 3.7 万美元。

江恩的一位同事说："我曾经看到过他在不到一个月的时间内将 130 美元变成 1.2 万美元。他赚钱如此之快，超过我所遇到的任何人。"难怪有媒体如此评价："……这样的业绩……在市场中史无前例。"虽然江恩理论在当时很有效，但是也同样需要承担期货交易的潜在风险，这在期货交易中无可避免。

这份走势图比较了江恩年度预测（实线）及道琼 20 种工业股价指数（虚线）的走势。从 1919 年至 1926 年期间，江恩大约有 85%—90% 是正确的。由于刊载篇幅，这份图表刻度不同于原始的预测，但我们仍可以看到实际走势与预测的顶部、底部对应位置。

江恩发行市场年报（图 2.1），预测主要的价格走势和精确的支撑、压力区域。全国的报纸都跟踪他关于 1921 年、1922 年和 1923 年的预测，结果证明很准确。1929 年 1 月，他出版的年度预测上写道：

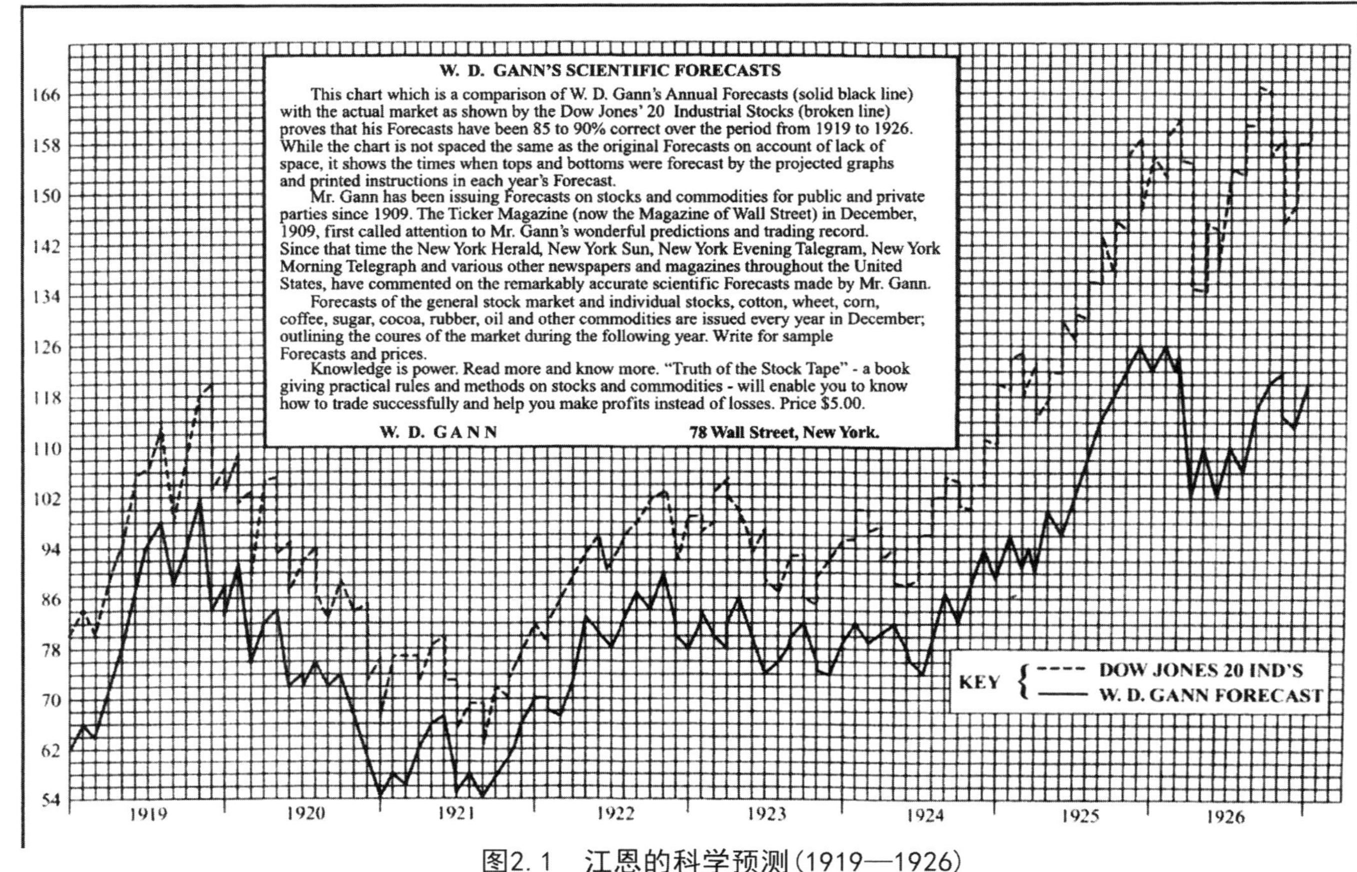

图2.1　江恩的科学预测(1919—1926)

9月份，全年最激烈的下跌之一将发生。投资者信心大减，大众争相出局……“黑色星期五”现身，市场出现恐慌性下跌，仅有小幅反弹。

——《股市盘口分析真谛》

他的分析不局限于金融市场，他曾预测第一次世界大战结束后，德国国王退位及威尔逊与哈定总统选举的精确日期。

江恩最初对于他的成功保持沉默，但是最终变为对于推广其知识的宗教般的热情。他开始在交易生涯中写一些东西，首先是于 1923 年出版的《股价波动的真相》（《*The Truth of the Stock Tape*》，最初由 Financial Guardian Publishing Co. 出版，然后由 Lambert - Gann Publishing Co. 重印）。这本书意图帮助交易者通过一般的股票报道来分析市场。1927 年他写了《时空隧道：1940 年以来的回顾》（《*The Tunnel Through the Air*，*or*，*Looking Back from* 1940》，最初由 Financial Guardian Publishing Co. 出版，然后由 Lambert-Gann Publishing Co. 重印）。这是一本自传体的小说，其中有他的交易理论和道德观（包括对第二次世界大战和原子弹的预测）。之后，他继续撰写书籍和教材，来解释他的新发现，包括《新股票趋势指标》（《*New Stock Trend In dicator*》）、《如何在商品交易中获利》（《*How to Make Profits in Commodities*》）和《华尔街 45 年》（《45 *Years in Wall Street*》），这三本书最初分别出版于 1936 年、1942 年和 1949 年，后来由 Lambert-Gann Publishing Co. 重印。

他还设计关于股票和商品交易的自学课程，并举办周末学习班，来解释他发明的价格和时间计算工具。所有这些显然非常有用：在 1932 年，人们愿意为他的自学课程支付 1500 美元，为他的学习班支付 5000 美元。

1940 年，江恩开始发表市场通讯，提供股票、棉花及农作物交易的建议，这些资讯是以周刊方式发行，但每周另外发行三天的日报版本。其写作风格主要是基本分析，配合各走势图讲解，并没有提到重要日期及循环。但包括了各种市场评论，如“未来几天预料会有大卖盘，周末之前或看到更低价格”。

本节想让读者了解江恩的市场通讯，所以找了两份重印版。由于字体太模糊，所以重新写了一次。研究市场通讯内容，发现完全没有提及占星及时间因素，但不代表江恩没有利用这些工具预测。江恩此时只是扮演生意人，想借发表市场通讯赚钱，也可能把更精准的分析留给了出更高价钱的读者。(图 2.2、图 2.3)

小麦

所有农作物市场下跌，根据安德森部长今天的讲话，政府了解商品供给不久之后将明显过剩，市价下跌，推动收购价下跌。市场不会等待政府降价的政策，而会预先反映预期。

我们相信市场顶部已经出现，未来可能会出现下跌的走势。我们预期这几天会有大量的做空压力，周末之前价格会大跌。如果你还没有持有空头部位，不必等到反弹即可以沽空。

5 月份小麦：有转弱跌破 250 的走势，可能很快就会跌到 240—238 之间，我们仍会沽空远期的期权。

7 月份小麦：市价沽空，几本上是没有反弹。行情或将会大跌。一旦跌穿 218，表示行情将会下跌。如果跌穿 215，意味价格还会下跌。

9 月份小麦：市价沽空，跌穿 213，走势行情将下跌。如跌穿 210，则会跌到 205—203。

玉米

星期六大跌，今天仍然呈现弱势下跌，由于跌破支撑，跌势可能加快，如果你已做空，继续持有沽空仓位，如果没有，现价沽空。

Supply and Demand Letter

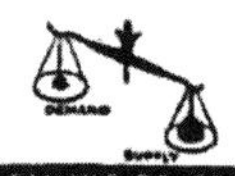

RISING PRICES FALLING PRICES

W.D.GANN & SON, INC. · INVESTMENT ADVISERS · 82 WALL STREET, NEW YORK 5, N.Y.

COMMODITY LETTER April 21, 1947

WHEAT All the Grain markets showed weakness today and from Secretary Anderson's statement today, it was evident that the Government realizes that there are going to be plenty surplus commodities later and that prices will have to come down and parities lowered. The market will not wait for the Government to do something to get prices down but will decline and discount future developments.

We are confident that the market has seen final highs and is now starting on the long down-trend. We expect heavy selling during the next few days and much lower prices before the end of the week. If you are not already short, sell short without waiting for rallies.

May Wheat - Is showing more weakness and breaking 250 could decline quickly to 240-238. We favor selling the distant options.

July Wheat - Short sale at the market. Very little rally indicated before big decline takes place. Breaking 218 will indicate lower and breaking 215 will be a signal for very much lower prices.

Sept. Wheat - Short sale at the market. Breaking 213 will indicate lower and breaking 210 will indicate 205-203.

CORN Sold off Saturday and was weak and lower again today. It is getting into position for a fast decline as support levels have been broken. If you are short, stay short. If not, sell at the market.

July Corn - Breaking 163½ indicates 156-155.

Sept. Corn - Breaking 152 could decline quickly to 145-144.

OATS Buyers are withdrawing from the market and offerings are increasing. Today's high prices are not likely to be exceeded before a decline to much lower levels.

July Oats - Breaking 78 indicates 72 or lower.

Sept. Oats - Breaking support at 72 will indicate 68 or lower.

EGGS The market was weak on Saturday with prices recording the greatest decline for several months. There was very little rally today and the market closed weak. The buying has been overdone and the market is in a position for a sharp decline. We advise staying short.

October Eggs - Not likely to cross 49¢ and breaking 4785 indicates 4550-4500.

COTTON The market rallied on Saturday and had a further rally early today and the distant options sold off about 50 points while the old crop options held up and closed strong. We advise short sales of October and December. These options are not likely to rally to today's highest before going much lower. The weather is improving and planting is making good progress. Price cutting is going on in the textile industry, and the old crop options are much too high but might hold up a while longer while hedge selling depresses the new crop options. We consider this a real opportunity to go short of October and December.

Oct. Cotton - Breaking 2940 will indicate lower and breaking 2900 indicates 2800 or lower.

Dec. Cotton - Breaking 2860 indicates lower and breaking 2800 will be in a very weak position and could decline fast.

W. D. GANN & SON, Inc.

The information contained herein is the editor's personal opinion, and while we believe it to be correct, we do not guarantee it.

图 2.2 江恩供给与需求市场通讯（1947 年 4 月 21 日）

Supply and Demand Letter

RISING PRICES　　FALLING PRICES

W. D. GANN RESEARCH, INC. · INVESTMENT ADVISERS · 82 WALL STREET, NEW YORK 5, N.Y.

COMMODITY LETTER　　January 23, 1948

Advice for the Week Beginning January 26, 1948

GRAIN All grains declined near the close today in anticipation of a bearish Government report on stocks of grain in trade channels. This report was not foreshadowed by prior reports from the Southwest to the effect that elevator stocks had about been "cleaned out" by Government purchases. It is too early to say for sure, but if today's action was caused by factors other than the Government report there is substantial evidence that the end of the long bull market in grains is not far off. And, if May wheat is unable to close above 298½ very shortly, we expect lower prices for all grains. Corn behaved the best. It was followed by oats and wheat, which were cleaned out yesterday, in that order.

We recommend short sales of May wheat on rallies with a stop that will reverse your position if it closes above 298½.

May Wheat - Will meet resistance on rallies at 296½-8½, 300½-2 and 305-7. Watch the market closely at these resistance points for indications of a change in trend. After such points have been penetrated on the way up, they become support points on subsequent declines. Move stops up under them after they have been penetrated as protection against a reversal of trend.

Will meet support on declines at 293-½, 289½-90½ and 286½-8. Watch the market closely at these support points for indications of a change in trend. After such points have been penetrated on the way down, they become resistance points on subsequent rallies. When short, move stops down over them after they have been penetrated as protection against a reversal of trend.

July Wheat - Will meet resistance on rallies at 264-5½, 267½-9½, and 272-4. Will meet support on declines at 260½-2, 257½-9 and 253¾-5. Closing below 253¾ indicates lower. See May wheat for comment on use of support and resistance points.

May Corn - Will meet resistance on rallies at 268-9 and 269¾-71¾. Will meet support on declines at 264½-5, 262-3 and 258½-60. Closing below 256½ indicates lower. See May wheat for comment on use of support and resistance points.

July Corn - Will meet resistance on rallies at 256-7 and 258½-60½. Will receive support on declines at 251¾-2½ and 248½-50. Closing below 248½ indicates lower. See May wheat for comment on use of support and resistance points.

May Oats - Will meet resistance on rallies at 128 and 129-¾. Will receive support on declines at 126-½, 124½-5, 122-3 and 119½-20. See May Wheat for comment on use of support and resistance points.

July Oats - Will meet resistance on rallies at 105½-6½ and 108-10½. Will receive support on declines at 103¾-4½, 102-½, 101 and 99½-100. See May wheat for comment on use of support and resistance points.

EGGS After an early rally, January eggs went off the board low and weak. Egg futures rallied and closed fairly firm.

October Eggs - New purchases should be confined to reactions to 4990-5020. Protect long commitments with a stop that will take you out if they break 4940 or close below 4970. Closing below 4970 indicates 4920-30, and perhaps lower. Closing above 5095 is first indication of higher prices. Closing above 5125 indicates 5240-5300, and perhaps higher.

COTTON Rallied yesterday in response to General Marshal's testimony. However, the rally in the spot market was very feeble (26 points), and it lost all of this today. Spot cotton closed in New York tonight at 3552, or about 65 points over March.

The trend of cotton is down and short sales on rallies are advised.

March Cotton - Crossing 3500 indicates 3510-30, a selling zone with a stop that will take you out if it crosses 3570 or closes above 3540. Breaking 3415 indicates 3340-75. Closing below 3340 indicates lower.

May Cotton - Crossing 3500 indicates 3510-35, a selling zone with a stop that will take you out if it crosses 3560, or closes above 3540. Breaking 3425 indicates 3390-3400, and possibly 3330-70. Closing below 3370 indicates lower.

BEST TRADE - Sell Cotton on Rally as advised.

W. D. GANN RESEARCH, INC.

The information contained herein is the editor's personal opinion, and while we believe it to be correct, we do not guarantee it.

图 2.3　江恩供给与需求市场通讯（1948 年 1 月 23 日）

7 月份玉米：跌破 163½，价格可能跌至 156—155。

9 月份玉米：破 152，意味价格很快就到 145—144。

燕麦

做多退出市场，卖压转重。今天的高价走势不可能突破，价格可能会有明显的下跌。

7 月份燕麦：跌破 78 意味会跌至 72 或更低。

9 月份燕麦：跌破 72 意味会跌至 68 或更低。

鸡蛋

星期六行情走弱，并出现了几个月以来的跌势，今天几乎没有反弹，收盘下跌。之前出现做多积极买进，目前大跌，建议做空。

10 月份鸡蛋不可能上升至 49 美分以上，跌破 4785，可能跌至 4550—4500。

棉花

星期六走势上升，而且早盘持续上升。远期期权下跌 50 点。最近几个月份则上升，而且大幅收高。我们建议做空 10 月份和 12 月份期权。这些期权出现跌幅之前，不太可能超过今天的最高价。由于气候好转，种植良好，纺织品价格必定下跌。近期期权价格太高，但可能会支撑一阵。不过预期对于远期期权卖压很大，所以我认为是做空 10 月份及 12 月份期权的机会。

10 月份棉花：一旦跌穿 2940，表示会持续下跌。跌穿 2900，或表示会跌至 2800。

12 月份棉花：一旦跌穿 2860，表示会持续下跌。跌穿 2800，表示跌势加快。

农作物

所有农作物收盘前都出现跌势，主要是因为预期政府的利空消息，各贸易渠道的农作物存货都过多。这份报告没有受到之前来自美国西南部消息的影响，后者提示仓储存量已经被美国政府购买一空。今天如果主要受政府之外的消息影响，很可能意味长期做多市场将会完结。不过言之尚早，不能下定论。5 月份小麦如果不能重新上 $298^1/_2$，所有农作物都会下跌。玉米表现最好，其次为燕麦和小麦。

我们建议在行情反弹的时间做空 5 月份的小麦，收盘反转止损在 $298^{1}/_{2}$。

5 月份的小麦：上升走势的上档压力在 $296^{1}/_{4}$—$298^{1}/_{2}$、$300^{1}/_{4}$—302 和 305—307。留意这些压力区的发展，趋势可能发生变化。这些压力区一旦突破将会成走势的下面支撑，止损应定在新的下方支撑。

下方支撑为 293—$293^{1}/_{2}$、$289^{1}/_{2}$—$290^{1}/_{2}$ 和 $286^{1}/_{2}$—288。留意这些区域的行情变化和趋势变化。支撑一旦被跌破，将会成为之后走势的上方压力。沽空仓位应以此调整止损。

7 月的小麦：上方压力在 264—$265^{1}/_{2}$、$267^{1}/_{2}$—$269^{1}/_{2}$ 和 272—274。下方支撑在 $260^{1}/_{2}$—262、$257^{1}/_{2}$—259 和 $253^{3}/_{4}$—255。收盘价一旦跌穿 $253^{3}/_{4}$，行情会再走低，关于支撑及压力可参考 5 月份小麦的分析。

5 月份玉米：上方压力在 268—269 和 $269^{3}/_{4}$—$272^{3}/_{4}$，下方支撑在 $264^{1}/_{4}$—265、262—263 和 $258^{1}/_{2}$—260。收盘价如果跌穿 $258^{1}/_{2}$，意味着行情走低，关于支撑及压力可参考 5 月份小麦的分析。

7 月份玉米：上方压力在 256—257 美元和 $258^{1}/_{2}$—$260^{1}/_{4}$，下方支撑在 $251^{1}/_{2}$—$252^{1}/_{4}$ 和 $248^{1}/_{2}$—250。收盘价如果跌穿 $248^{1}/_{2}$，意味着行情走低，关于支撑及压力可参考 5 月份小麦的分析。

5 月份燕麦：上方压力在 128 和 $129^{3}/_{4}$，下方支撑在 126—$126^{1}/_{2}$ 和 $124^{1}/_{25}$、122—123 和 $119^{1}/_{2}$。关于支撑及压力可参考 5 月份小麦的分析。

7 月份燕麦：上方压力在 $105^{1}/_{2}$—$106^{1}/_{2}$ 和 108—$110^{1}/_{2}$，下方支撑在 $103^{3}/_{4}$—$104^{1}/_{2}$ 和 102—$102^{1}/_{2}$、101 和$99^{1}/_{2}$—100。关于支撑及压力可参考 5 月份小麦的分析。

鸡蛋

早盘走高之后，1 月的鸡蛋走弱，鸡蛋期货上升收高。

10 月份鸡蛋：新的做多部分只能在价格跌回到 4990—5020 附近买

入。价格只要跌穿 4940 或收盘跌穿 4970，都应该止损。收盘价一旦跌穿 4970，意味行情进一步跌到 4920—4930 附近，或者更低。收盘价如果向上升击穿 5095，表示行情可能走高。收盘高于 5125，表示价格升至 5240—5300 或更高。

棉花

昨天上升主要因为回应马歇尔将军的证词，可是现货走势相当弱不禁风（26 点），今天又全部回调了，纽约现货价格收 3352，比三月的期货走高了 85 点。

棉花走势向下，建议在反弹的时间做空。

3 月棉花：向上突破 3500，意味将进一步上升至 3510—3530。价格如果突破 3570 或收盘在 3540 之上，将进入止损的区间。如果价格跌穿 3425，那下方支撑在 3390—3400，或 3330—3370。如果收市跌穿 3370，那行情将走低。

最佳交易

建议在棉花反弹的时间做空。

从这些例子里可以发现，江恩讨论的都是趋势、支撑、压力与目标。他首先指出当前的趋势，然后指出该趋势将继续发展的重要价位，以及该趋势将发生变动的价位。请注意，第一份快讯里，署名 W.D. Gann&Son，Inc.，第二份快讯则署名 W.D.Gann Research，Inc.。在 1947 年与 1948 年之间，他似乎跟儿子约翰发生摩擦。某些专辑曾谈到这方面的事情。另有一些人曾表示，当江恩与某年轻女人结婚时，他的儿子就离开了。

江恩不断地提炼他的技术并传授给其他人，直到 1955 年 6 月 14 日去世。从资料上看，有些文章甚至是他去世之前两个星期写的。显然，江恩从未停止过对于完美交易系统的追求。例如，有书面资料显示，他试图画出一个将价格、时间和成交量合为一体的三维图形，并尝试将其应用于市场。

江恩过世后，有传言说他从股票和期货交易中赚得 5000 万美元。这个数字毫无根据。一方面，市场走势和波动幅度不足以提供这样的机会。另一方面，经纪商的记录表明，他有个交易账户的余额仅稍多于 200 万美元。另外，他在迈阿密签署的遗嘱显示他的财富远低于 5000 万美元。

我从来没看过江恩的对账单，除了课程所提供的复印本之外，我也没有见过他的财务资料。我曾经跟很多人讨论过，也曾向各方面查询，想要知道江恩到底赚了多少钱，但却找不到有关他个人交易获利的精确资料。透过他的著作与课程，他确实谈到了一些成功的交易经验，但从来没提到过 5000 万美元这个数字。我可以这么说，我第一次看到江恩获利 5000 万美元的消息，是比利 · 琼斯发表在 1982 年《商品杂志》上的文章，作者当初向爱德 · 兰伯特购买江恩的书籍与课程。文章里提到“超过半个世纪的时间里，江恩从市场赚取了 5000 万美元，而且基本上都保存下来了”。这么一句话经过不断的传播，有些快讯甚至到了今天还在做广告，讲“江恩从市场赚取了 5000 万美元”或“江恩在 1929 年到 1935 年之间赚了 5000 万美元”。比利 · 琼斯的说法可以做很多不同的解释，譬如说，江恩可能真的赚了 5000 万，但也赔了 4900 万。另外，由于交易期间很长，因此他可能是每年赚 100 万而持续了 50 年。如果没有证据的话，这也只能算是个疑点，而且跟本书无关。由于金额无法被证实，因此我选择不相信，要不然就必须要说明他是如何办到的。

江恩的大多数成功交易记录，来自媒体报道。这些报道，已经收录于他的著作中，用来突出他的成功。由于江恩是个非凡的推销员，聚光灯下只有他的成功。虽然他的亏损从没有被提及，但是江恩总是在提醒不设置止损命令的风险。按照时间顺序，研究江恩的著作就会发现，当他最初进入市场交易时是亏损的。除了交易亏损外，江恩在银行和经纪公司的投资上也有损失。这些事情可能成为他渴望在市场中成功的主要动力。像现在许多的交易者一样，江恩最初的收入一部分来自交易，一部分来自他的顾问服务和书籍销售。他的讣告将他形容为一位作家和一个股票经纪人，随着他逐渐成功并成为公众人物，合理的推断就是他将更多的注意力转到交易上。在年老之后，江恩的健康状况越来越差，写作和讲课都变得非常困难。此时，他将版权出售给爱德·兰伯特，并且成立兰伯特—江恩出版公司。由此，他可以通过重印他的著作和教材获得一部分收入。但是，在我看来，他还是将更多的精力放在了从市场中获取收益。在1954年5月，他写道："我已经将近76岁，编写这篇新的教材绝不是为了赚钱（因为我的收入已经远超过我所能花费的）……"

现存的资料和报道表明，江恩的交易的确非常成功，但是他并不像传言当中那样富有。

第三章　江恩理论精要

江恩理论研究形态、价格和时间的关系以及这些关系如何影响市场。江恩理论把形态、价格和时间看作预测未来市场走势的重要因素。虽然，每个元素都有自己独有的特征，但也有重叠的部分。

形态、价格和时间是决定趋势变化和市场方向的基本指标，江恩理论的要点就是找出它们之间的联动关系。也就是说，在特定情况下，形态对于市场有巨大的影响力，但是在另一些情况下，时间和价格主宰市场。三者之间的平衡，尤其是价格和时间，可以创造绝佳的交易机会。江恩理论协助交易者寻找此三者的最佳组合，来进行成功的交易。虽然交易可以由形态、价格和时间中的某个单一因素引发，但是一个只注重单一元素的交易者很可能损失巨大。反之，一个有足够耐心的交易者，等待这三者出现合适的平衡才行动，将会获得更多的成功。

形态研究包括正确构建摆动图的短期、中期和主要趋势指标，以及收盘价的反转图形。价格研究包括江恩角度线分析与江恩百分比。时间分析关注于摆动时效、循环时效与历史日期。结合这三方面的研究，可以帮助交易者决定何时、什么价位买入或卖出。在本书中，我将描述一些技巧，帮助交易者通过适当的图形结构发现这三个因素，并讨论它们在交易中如何相互作用。

虽然江恩理论的内容非常丰富而且有用，但坊间一直很少解释如何将这些工具实际运用到交易系统中。在摆脱巨大天体物理学架构之前，我曾认为这些理论很有价值。也就是说，有关循环的起源或者时间、价格的关系确实非常有趣，但如果不能把它们应用在交易系统中，这些理论基本上没用。比如，如果研究显示 6 年循环的底部是在 1998 年的前后两年之内，这并不能帮助你在今天的黄豆交易中获利。所以，这就是你为什么要把注意力放在目前的市场中，以及当前的形态、价格和时间所要提供给你的信息。

我写本书有一个目的，引导读者重点关注江恩理论中的交易实战。根据我多年研究江恩作品的经验，他主要采用摆动图（swing chart）、江恩角度线的汇集（Gann angle clusters），以及从顶部与底部计数的周期循环。江恩有时候也会使用占星学来进行交易。我并不打算详细讨论占星学的内容，因为它的应用要涉及许多背景知识。同时，由于占星学并不包含在本书时间概念的范畴内，而时间概念又是江恩理论的最重要因素之一，所以我会讨论几个简单的范例，说明江恩如何将金融占星学运用到市场中。另外，江恩设计和使用了一系列的关键价格与时间图形，用来判断目前与未来的支撑位和压力位。

江恩经常在他的著作中运用理论性的范例来说明交易法则。我所发现的唯一的实际的例子，记录在《基准蛋类课程》中。而且，这条信息成了我研究的基准。因为它使我清楚地了解在发展江恩基准交易系统中，哪些是重要的，哪些是不重要的内容。每一段内容都突出介绍了江恩如何将形态、价格和时间结合并应用到交易策略中去。在以下几段中，他谈到了基准图形的应用。

1949 年 5 月 3 日，10 月蛋类期货的高点为 5025。时间是 168 个月，也正好是 14 年，而 169 是 13 的平方。注意，价格 5010 触及了圆周的 7/16 点，这在基准直角图形中是压力位和卖点。请参考基准图形右边的时间段和说明。

以下这段是关于他如何运用支撑和压力角度线。

昨天晚上，我发电报到芝加哥：今天是10月蛋类期货的绝佳卖点。理由如下：根据每日高低价图的角度线，由1948年12月6日4760顶部所绘制的4×1角度线，每天移动$2\frac{1}{2}$点，交叉于5020。由1949年3月16日低点绘制的45度线，交叉于5020。由4月18日低点4785绘制的$67\frac{1}{2}$度线，每天移动20点，交叉于5020。由2月14日4735绘制的角度线交叉于5005。这四条重要的角度线交叉于这个高点附近。很明显，这是一个强压力区，因为期货已经进行了6个月的交易。由1946年12月6日第一个重要头部至今也接近5个月，同时，这个头部所引出的角度线也给出了见顶的信号。

在以下内容中他谈论如何运用基准图表（图3.1）。

1949年5月3日，蛋类10月份期货高价为5025。时间为168与169个月之间，前者是14的倍数，后者是13的平方。注意价格在5010触及圆周的$\frac{7}{16}$位置，这是基准四方化映射走势图的压力与卖点，请参考基准走势图右侧的时间与说明。

在下一个例子中，江恩讨论了价格刻度的重要性。

由于收到一封关于蛋类期货将从2月1日开始调整为每点1. 44美元的信，因此我根据这个金额调整了角度，这非常重要。我想要运用$11\frac{1}{4}$角度线和114×8等于1152，即8个点11.52美元的利润。这让我考虑采用5×4的角度或者39度，相当于是每天8个点的速度上升，而不是每天10个点的45度角。

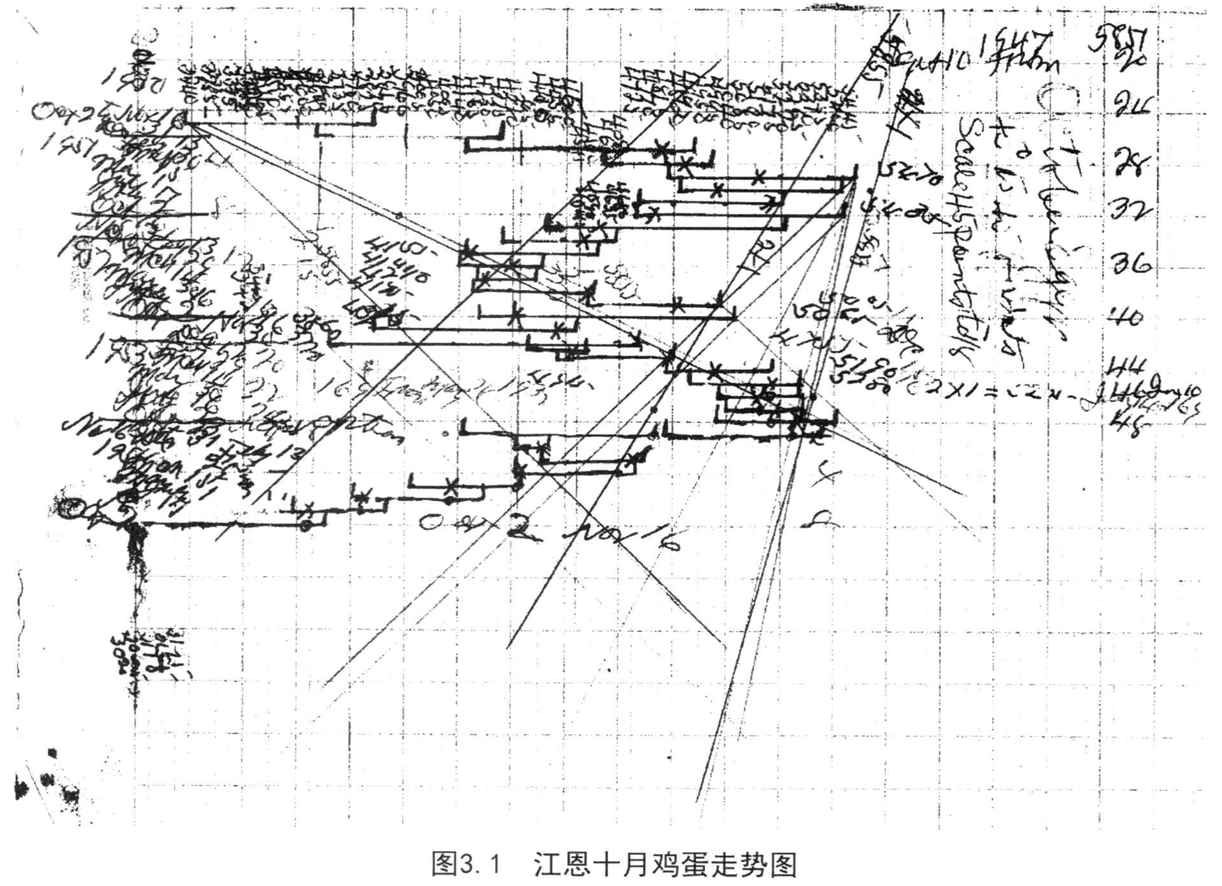

图3.1 江恩十月鸡蛋走势图

以下一段是关于摆动图和角度的讨论。

对上升走势进行的多年研究与经验证明，第一波上升走势后出现超过 3 天以上的回调，此上升走势可以设定角度线来预测以后的重要头部。此法则也适用于周线图和月线图。当第二个和第三个头部形成之后，第三个头部出现大的下跌时，由这个底部绘制的角度上升走势线一定可以预测下一轮上升走势的底部与头部。你可以注意到，1 月 24 日到 2 月 8 日之间出现了猛跌，价格下跌到从极端低点 4485 发出的角度线，由第三个头部绘制的 2×1 角度线可以预测第二个也是最后一个底部 4560。从 4560 我们开始绘制每天 8 点的角度线，它预测 3 月 2 日的低点，然后预测 3 月 30 日的 4850 顶部，这个位置出现了 2 天的回调。最后，在 1949 年 5 月 3 日，这条绿色角度线在 5020 处穿越了第一个头部的角度线。

在下一段中，江恩将百分比回调点、摆动图和角度线相结合。

5 月 3 日的价格收盘在当天波动区间的中点。5 月 4 日是个信号日，开盘价是 50 美分，高价是 5005，低价是 4980，收盘价是 4985。自从 4 月 18 日以来，这是第一次当天价格跌破前一天的低价而且收低。由 4560 到 5025 之间，共有 58 个交易日，考虑到期货已经交易超过 6 个月，预计将有大幅回调。由前一个低点 4795 绘制的 45 度线最重要，跌势可能在此获得支撑而且出现反弹。这波下跌至少会持续 5 天，反弹不会超过 1 天。

然后，江恩解释了在摆动图中获得的数据。5 月 3 日形成头部的其他理由如下：

- 第一波上涨由 4485 到 4760，涨幅为 275 个点。
- 第一波跌幅为 215 个点。
- 第二波上涨由 4560 到 4850，涨幅为 290 个点。
- 第二波跌幅由 4850 到 4775，下跌 75 个点。
- 第三波上涨由 4775 到 5025，涨幅为 250 个点，较第一波涨幅少 25 点，比第二波涨幅少 40 点。

在下面这段中，江恩通过摆动图解释了时间的重要性。

从 1 月 24 日到 2 月 8 日这个重要时间段是 11 个交易日。在 4 月 18 日之前的最近一次上涨所花费的时间是 11 个交易日。因此，如果行情下跌超过 11 个交易日，重要时间周期将失去平衡。如果跌幅超过 75 点，价格和反弹空间也将失去平衡，这将意味着进一步的下跌。

接下来的内容是透过基准图形来解释行情的，同时，其中也有从几何角度来讨论时间和价格。(图 3.2)

仔细研究基准图形中之前的那些头部和底部，你可以发现如何确定几何角度线。

5010 对应于 60 美分的 180 度线，4890 位于 1050 这个极端低点的 45 度线上。4950 位于 45 美分的 180 度线上，由 30 美分、60 美分的一半，发出的 45 度线穿越 48 美分。所以，在 4 月 13 日到 18 日之间，行情在 48 美分附近形成三个底部。基准图形也显示出相同的压力区，你可以通过时间周期来学习市场走势的基本数学与几何法则。

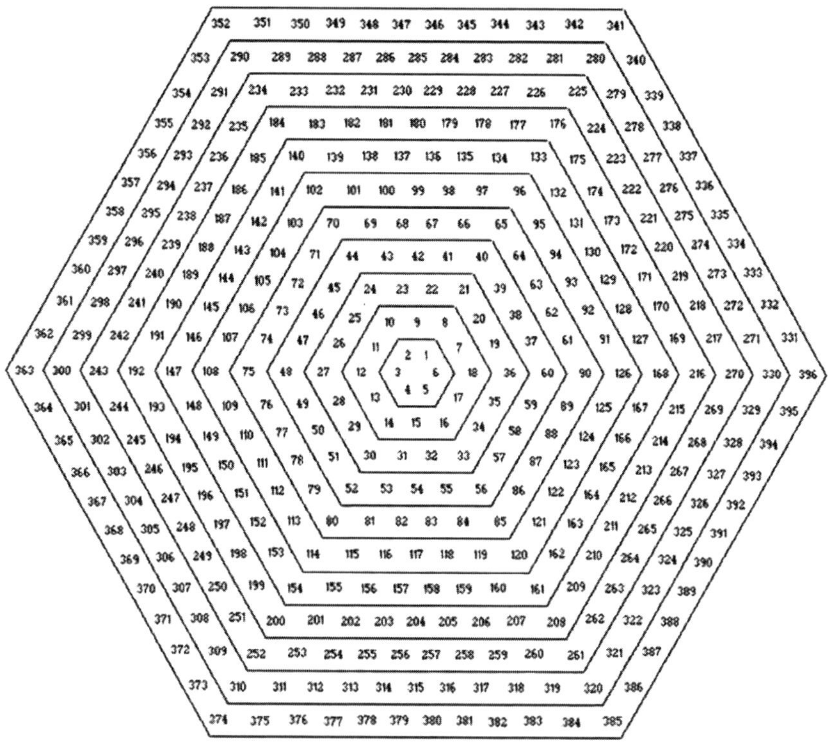

图 3.2　江恩六边形图

观察过去的记录，深入研究所有重要的头部和底部，就可以了解市场运作的法则。

由于蛋类期货的最小变动单位是 5 点，相当于 7.20 美元，720 是 2 个 360，也即 720 的 $^{1}/_{2}$ 是 360 度，这使得每天 $2^{1}/_{2}$ 点的角度线变得非常重要。目前的波动最适合采用 360 度。过几天之后，我将给出另一份基准图形，其中显示每 15 度的角度线，用来决定压力和转折点。

最后，在仔细分析过摆动图、回调百分比、支撑与压力角度，以及基准图形后，江恩终于得出结论，并进行交易。

10 月蛋类期货目前的低价是 4485，高价是 5025，区间是 540 点。540 点扣掉一个圆周 360 之后，余 180。也就是说，行情已经上涨了 $1^{1}/_{2}$ 的圆周或者循环，而 180 度角出现在 1949 年 5 月 3 日。1949 年 5 月 3 日，在

5015 卖出 10 月蛋类期货。

虽然这笔交易在实际中并不符合预期，但我很有兴趣了解买入点的判断程序。研究江恩的第一手资料，我发现了江恩在交易决策中的重要方法。当开始进行交易时，江恩结合行情图、回调百分比与角度线来决定价格的支撑，并通过摆动图与时间周期来决定时机。稍后，他又发展出价格和时间的基准图形来进行交易，此图形不在本书的介绍范围之内，因为前提是需要掌握许多基本技巧方能应用，而且其中涉及的特定交易工具也仅能够由兰伯特—江恩出版公司提供。

总体上说，江恩理论是结合形态、价格和时间来指导交易的。如前所提，这是江恩理论的核心部分，也是完善交易系统必须考虑的重点。所以，虽然江恩本人的交易技巧涉及许多其他领域，但本书的讨论主题将是形态、价格和时间。

江恩理论的基本原理

振动法则

在某次访谈中，江恩曾经透露他的交易秘诀是理解了商品价格的振动。他所谓的“振动法则”可以解释商品价格涨跌循环的原因。下列这段叙述摘自江恩的一篇论文，对于此问题有非常详细的说明：

我很快就注意到了股票与商品价格涨跌的周期性循环，这引导我得出结论：自然法则是市场运动的基础。经过对现代科学的详尽研究，我发现振动法则可以让我判断股票与商品价格在某特定时段内的上涨和下跌的精确价位。当整个市场什么也没有意识到之前，此法则就已经决定了市场行为的原因并预测其影响。大多数的投资者都仅能认识到实际的影响，却忽略损失发生的原因。

虽然我不能在此详尽描述振动法则在市场上的应用，但是外行人也应该知道无线电报、无线电话与照片的基本原理也是振动法则。如果没有这个自然法则的存在，上述的发明将是不可能的。

综观市场历史与大量的统计数据，很明显，股票价格的变动是受到某种法则的主导，在市场走势的背后的确存在周期性或循环性的法则。大量的观察发现，交易所中会出现定期性的活跃与冷清。亨利·霍尔(Henry Hall)先生在最近的著作中，利用相当大的篇幅讨论“繁荣与萧条的循环”。我所运用的法则不仅显示这类的长期循环与摆动，还包括股票每天甚至每小时的波动，了解每只个股的精确波动之后，我可以准确判断支撑与压力的位置。

那些和市场密切接触的人，可以察觉股票价值的起落和涨跌。有时，股票的交易非常活跃，交易量很大；有时，股票的交易几乎完全停顿，成交量很小。我发现振动法则主宰了这一现象，同时我还发现，控制股票上涨阶段的法则完全不同于下跌阶段。

我发现，股票本身与其内在的驱动力量之间存在和谐或非和谐的关系。因此，所有这一切活动的奥秘都很明显，通过我的方法，可以确定每只股票的波动幅度，再考虑到特定的时间因素，我大体上可以比较准确地判断股票在既定情况下的走势。

我之所以具有确定市场趋势的能力，主要归功于我了解每只股票的性质与不同类型股票的波动率。股票就像电子、原子与分子一样，它们对于基本振动法则的反映具有自身的稳固性质。科学告诉我们：“任何的原始波动最后都会演变成为周期性或韵律性的活动”，而且“就像钟摆来回摆动，就像月球运行在轨道里，就像新的一年都会由春天开始，一旦原子的重量上升，要素的特性也会定期发生”。

经过深入的观察、研究与应用测试，我发现不仅每只股票都会波动，而且控制股票走势的驱动力量也处在振动状态。唯有通过股票的走势与市场价格的变动，才能够知道这些振动的力量。由于市场中所有的大幅震荡都具有循环的性质，它们的行为完全符合周期性法则。

如果希望避免投机行为的失败，我们必须仔细考虑原因。一切存在的事物都是基于精确的比例和完美的关系，大自然中没有巧合，因为更高层次的数学法则是所有事物的基础。正如同法拉第所说："宇宙中除了数学之外，其他空无一物。"

通过振动法则，市场中的每只股票都有其特定的活动领域，例如剧烈程度、成交量和方向。所有基本素质的演变都刻画在其自身的振动率上。如同原子一样，股票实际上是能量的中心，受到数学力量的控制。股票创造自己的行为领域与力量，吸引或是排斥的力量，这可以解释某些股票有时领涨市场，有时却像"死掉"了一样。所以，如果希望科学地投资，绝对需要遵循自然法则。

经过多年的耐心研究之后，我已经能够向自己与他人证明，振动可以解释市场所有的阶段与情况。

这些论点可以帮助我们了解江恩如何发展他的分析技巧，这篇论文应该被视为背景资料来阅读，因为它已经超出了本书的内容范围。在本书中，我接受江恩对于市场走势的基本解释，市场受到振动法则的影响。但是我不打算证明振动法则的存在，仅希望说明如何将江恩理论运用在实际的交易中。举例来说，我假定循环与振动都存在，但并不去证明它们的存在或者它们的存在对股票和商品价格走势的影响。

振动法则的起源

我经常听到有人说江恩是振动法则的"发现者"。这种说法显然并不准确，因为根据我的研究，早在1909年江恩接受《股票经纪人和投资银行家》采访之前，这个法则就已经被"发现"。所以，我相信更恰当的说法应该是，江恩将振动法则运用于股票分析。

研究振动法则的过程中，我曾经偶然阅读了两份刊物，两者全部在江恩接受采访的文章之前出版。第一个刊物是邓肯的《新知识：有关物质新理论之新物理学与新化学的一般概论》（《*The New Knowledge*：*A Popular Account of the New Physics and the New Chemistry in Their Relation the New Theory of Matter*》，下面简称《新知识》）。在这本书的第23页，我发现了一段熟悉的陈述：“……正如新的一年里春天的到来，随着原子重量的上升，元素的特性也会周期性地重现……”

这段陈述之所以看起来熟悉，是因为江恩曾经在1900年接受《股票经纪人和投资银行家》采访时，直接引用了这段陈述。关于这段陈述与其访问之间的关联，最初让我觉得讶异，认为纯属偶然，直到我更深入阅读《新知识》之后，才认定并非如此。我在《新知识》中看到："类似元素的数目一般是不同的，有时候是7或7的倍数；换言之，相同一群数之间的彼此关系，就如同音乐不同音阶所呈现的。”此处提到了数字7与音乐音阶、旋律的关系。

在继续研究振动法则的过程中，我又看到了1909年9月《新英格兰医学公报》（New England Medical Gazette）的叙述：“从技术层面简单来说，该法则显示‘元素的性质是原子重量的周期性函数’，这个陈述构建了一种特殊事实。”让我们继续引用邓肯的说法，其意义正是：“如果你知道某元素原子的重量，那么只要你想知道，你就可以知道其性质，因为那是固定的。就如同钟摆来回摆动，就如同月亮会顺着轨道运行，就如同时间前进会带来春天的玫瑰一样，元素的性质也会随着原子重量增加而重复发生。”

除了江恩接受访问时提到振动法则之外，我两次看到这段文字被引用，因此我认定江恩的振动法则并非如同某些人认为的来自自然界行星运行的原理，而实际上是跟元素原子重量的振动有关。有了这方面发现之后，我看到很多书的论述都跟振动法则有关。

数学

江恩是一位罕见的数学家。他研究数字、数论和数学运算。他总是宣称自己的分析理论是建立在自然法则和数学的基础上。

由于价格的涨跌是由数字来衡量，由此我们可以了解为什么江恩对于数字、数字学及数字的演进有如此浓厚的兴趣。值得注意的是，他没有个人电脑，甚至没有计算器，只有铅笔。

江恩认为他的交易方法是以自然与数学法则为基础。多年来，他拒绝透露详细的方法和内容。虽然方法是基于自然法则，但是内在的理论则是以数学为架构。由于价格与时间都是以数字来表示，他的系统包含了数学运算。根据江恩的说法，他追溯很早以前的历史，甚至前往印度研究古印度的记录与哲学。

当我们研究江恩的著作，可以发现某些数字在他的交易方法中占有支配地位。某些数字的平方对于他具有特别的意义：16、25、36、49、64、121 与 144。他认为价格与时间对于这些平方数据非常敏感。例如，底部的反弹经常在 64 美元或 64 周时遇见压力。同样，顶部的下跌常在 144 美元或者 144 周时获得支撑。这种技巧结合他所设计的其他方法，就成为江恩分析工具的主要部分。（图 3.3）

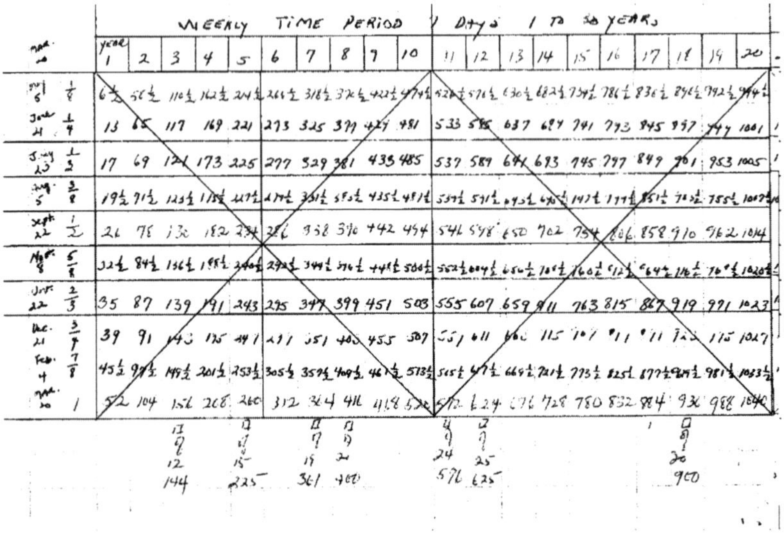

		WEEKLY TIME PERIOD / DAYS 1 TO 50 YEARS																			
Mar. 20		YEAR 1	2	3	4	5	6	7	8	9	10	11	12	13	14	15	16	17	18	19	20
May 6	1/8	6½	58½	110½	162½	214½	266½	318½	370½	422½	474½	526½	576½	630½	682½	734½	786½	836½	846½	792½	944½
June 21	1/4	13	65	117	169	221	273	325	377	429	481	533	585	637	689	741	793	845	897	949	1001
July 23	1/3	17	69	121	173	225	277	329	381	433	485	537	589	641	693	745	797	849	901	953	1005
Aug. 5	3/8	19½	71½	123½	175½	227½	279½	331½	383½	435½	487½	539½	591½	643½	695½	747½	799½	851½	903½	955½	1007½
Sept. 22	1/2	26	78	130	182	234	286	338	390	442	494	546	598	650	702	754	806	858	910	962	1014
Nov. 8	5/8	32½	84½	136½	188½	240½	292½	344½	396½	448½	500½	552½	604½	656½	708½	760½	812½	864½	916½	968½	1020½
Nov. 22	2/3	35	87	139	191	243	295	347	399	451	503	555	607	659	711	763	815	867	919	971	1023
Dec. 21	3/4	39	91	143	125	247	299	351	403	455	507	559	611	663	715	767	811	871	923	975	1027
Feb. 4	7/8	45½	97½	149½	201½	253½	305½	357½	409½	461½	513½	565½	617½	669½	721½	773½	825½	877½	929½	981½	1033½
Mar. 20	1	52	104	156	208	260	312	364	416	468	520	572	624	676	728	780	832	884	936	988	1040

12 × 12 = 144　15 × 15 = 225　19 × 19 = 361　20 × 20 = 400　24 × 24 = 576　25 × 25 = 625　30 × 30 = 900

图 3.3　江恩时间周线图

江恩曾说："数学是整个文明世界所同意的唯一真正的科学。数学是历史重演的明确证据，并展示了循环理论或谐波分析是可以确定未来走势的。"历史事件发生的时间也一样是有规律螺旋数学关系。如美国独立战争，1776 年发表《独立宣言》，正式宣布独立。5 年之后，1781 年北美英军投降；7 年后，1783 年英国承认美国独立；13 年后，1789 年华盛顿成为美国第一任总统；34 年后，1810 年南美殖民地开始独立战争等，存在黄金比率的关系。

关键数字

现在，一些读者可能会因为江恩方法非常晦涩而有所疑虑，我希望你们放下怀疑。江恩基于各种理由认为某些数字非常重要。不论他的看法是否合理，这都不是目前的重点。重要的是，他将这些当作交易的基础，并且如果适当纳入交易系统，结果确实有效。

江恩以许多独特的角度研究数字与循环。他的许多研究专注数字的特定意义，以及它与市场走势的关系。他的研究范围涵盖古埃及关于循环的资料，甚至还包括《圣经》中的循环内容。有记录表明，古埃及人认为"7"是现世和永生的象征，因为"7"可以表示时间与韵律。江恩借此发展出一套"7 天循环理论"来判断短期市场走势。

另外，江恩认为 7 的半数 $3^1/_2$ 也是一个重要的数字，《圣经》中无数次出现这个数字。

江恩认为 9 也是一个重要的数字，《马太福音》中有九福之训，这可帮助信徒们自我提升。另外，12 也很重要，对江恩来说，它可以表示空间。以色列有 12 支族，基督有 12 个门徒，黄道有 12 宫。

其他重要的江恩数字如下：一年有 365 天，这是地球环绕太阳一周的时间。太阳的活动产生了四季，影响气候与作物，对于我们的生活也有显著的影响。基于相同的理由，30 天的阳历循环也很重要。除了前面有关 7 的讨论之外，它的重要性与阴历循环也有关。

对于江恩来说，144 也是非常重要的，因为一天之内有 1440 分钟，它也是圆周的 40%（360°×0.4 = 144°），又是 12 的平方。数字在不同的科学领域反复出现，例如：数学、几何与物理学，这些对于江恩来说都很重要。

通过数学与数字形态的研究，江恩找到一种特殊的应用方法，并应用到股票与商品市场中。将他的强大数学方法运用到市场之后，江恩认为市场的行为都遵守数学的法则。由此他发展出交易理论。整套理论基本上表明市场走势由形态、价格与时间来控制。

形态

在江恩理论中，形态被定义为对市场波动的研究。摆动图形决定趋势的变动。例如，当市场突破头部时，趋势变为向上；当市场穿破底部时，趋势转头向下。交易者也可以从走势图中了解市场运动的幅度和期间。这也即价格（幅度）和时间（期间）与形态之间的关系。另外，交易者可以通过分析形态来了解特定市场的特征。例如，图形中经常会出现双重顶和双重底、头部信号和底部信号，以及平衡走势。

价格

在江恩理论中，价格分析包括摆动图中的价格目标、角度线和百分比回调点。

摆动图中的价格目标

通过摆动图，交易者可以根据过去的价格资料预测未来的头部与底部。这些过去的价格资料可以视为价格平衡点。例如，如果最近的行情经常是在形成头部之前出现 7—10 美分的上涨，则由下一个底部开始，我们预测可能会是 7—10 天的反弹。反之，如果最近的行情经常由头部下跌 10—12 美分，跟着的下一个头部，交易者可以预测有 10—12 美分的下跌。如果波动幅度与前次相同，那么这个市场是平衡的。

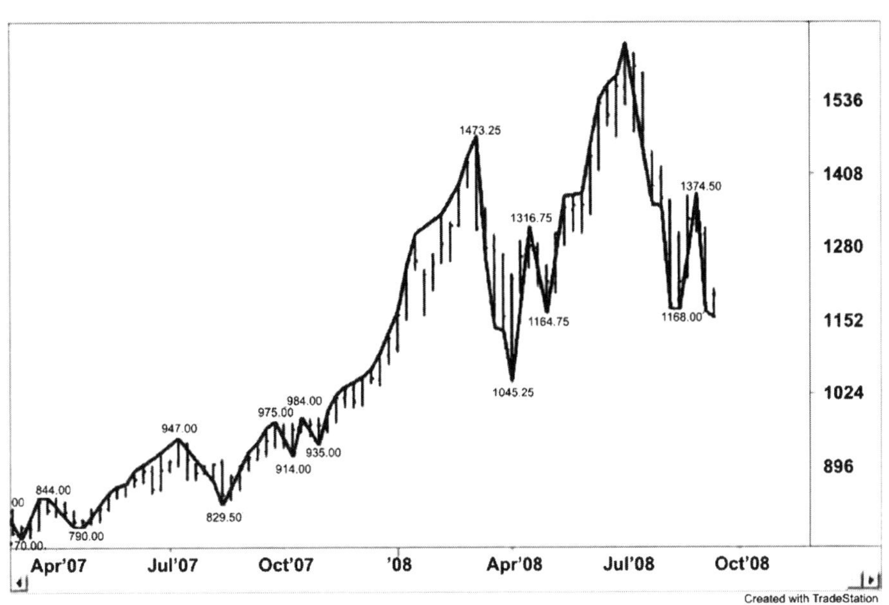

图 3.4　2008 年 11 月大豆交易摆动图

角度线

在江恩的交易方法中，几何角度是另一个重要的部分。市场的结构与运作都具有几何的性质，所以市场图形也遵循几何法则。江恩坚持对每个市场图形采用适当的刻度来维持价格与时间的和谐。所以，他根据几何规则来挑选价格刻度。他主要通过 45 度线将图形区分为重要的价格与时间区域。这个角度通常称为 1×1 的角度，它代表一个单位的价格和一个单位的时间。江恩还利用其他的几何角度来区分价格与时间，包括 1×2 与 2×1 的角度线，前者代表一个单位的价格与两个单位的时间，后者代表两单位的价格与一单位的时间。所有的这些角度线都很重要，因为它们指示出了支撑与压力，同时对市场未来的方向和价格行为也具有预测功能。总之，交易者可以通过角度线来预测未来头部与底部的价位，以及发生的时间。

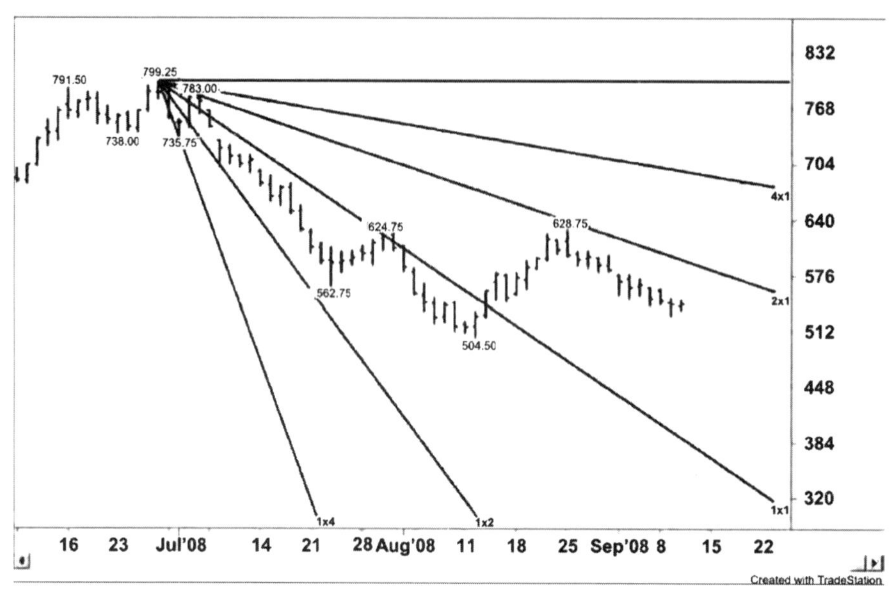

图 3.5　2008 年 12 月的玉米交易江恩角度线日线图

江恩百分比回撤

就如同江恩角度线能够提供价格与时间的信息一样，江恩百分比回撤可以显示支撑与压力，只要市场波动的价格区间不变，江恩百分比回撤点就维持固定。由于江恩百分比回撤规则，江恩为人所熟悉。江恩最经常运用的百分比是 50%，同时 25%与 75%也是重要比率。

江恩认为，如果适当运用摆动图均衡点、角度线与江恩百分比回撤点等价格指标来判断支撑与压力，交易通常都可以成功。但是，如果结合两种或两种以上的价格指标，则更能够精确判断支撑与压力。例如，从主要底部发出的上升 1×1 角度线与 50%的回调点，它们可以分别表示比较强的支撑，若两者汇集在同一区域则表示更强的支撑。

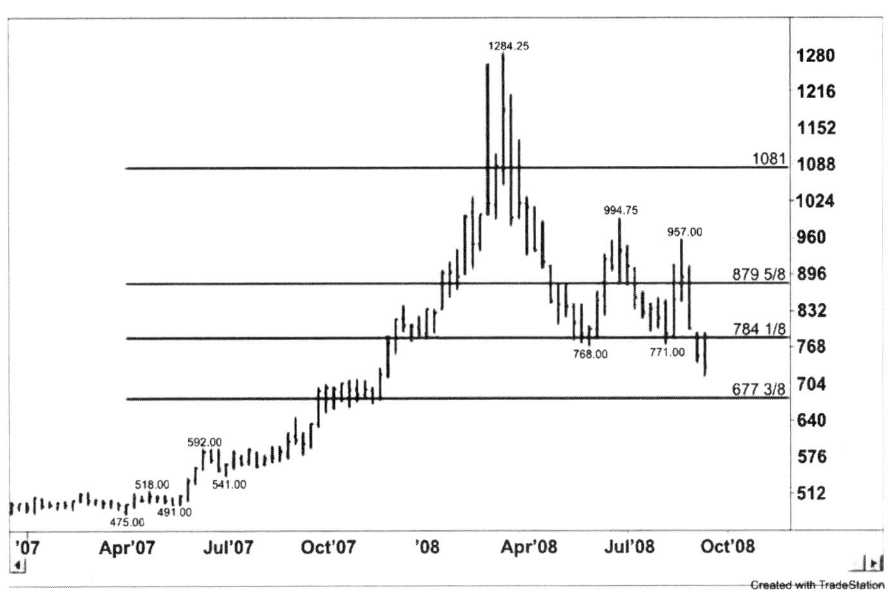

图 3.6　2008 年 12 月小麦交易江恩百分比回撤周线图

时间

江恩认为时间对于市场有非常强的影响，因为只要时间一到，趋势就会发生变化。江恩是利用摆动图、周年日、循环与价格四边形来衡量时间。

摆动图的时间

一个正确构造的摆动图，是价格波动持续期的重要资料。这些资料可以用来预测目前底部的上攻持续的时间，或是目前顶部下跌的持续时间。利用摆动图预测时间，基本前提是：市场形态可以复制。所以交易者必须详细记录过去上升走势与跌势的资料。一旦波动的头部与底部形成之后，交易者应该利用过去的波动资料预测目前波动的最长和最短持续时间。原则上说，价格波动将维持时间的平衡。但是，在强劲的上升趋势中，上涨时间将大于回调时间，而且后续上攻的持续时间将大于前一波。反之，在猛烈的下跌趋势中，跌势持续时间将大于反弹时间，而且后续下跌持续的时间将大于前一波。

周年日

在时间选择工具中，江恩使用“周年日”的概念。这个名词是指市场发生主要头部或底部的历史日期。由于周年日经常会重复发生，这些资料实际上反映市场的周期性。如果许多周年日汇集在某个日期附近，代表每年的这个日期都很有可能发生重要的头部或底部。例如，为了预测小麦的未来头部与底部，江恩宣称自己收集了 12 世纪以来的相关资料，不仅仅是价格，还包括高点与低点的发生日期。周年日的日期与时间跨度——头部到头部、头部到底部、底部到底部与底部到头部之间，都是要考虑的基本因素。这些数据对江恩的行情分析非常重要。

循环

正如前面所提到的，江恩尝试运用几何性质的分析工具。以周年日为例，他视这为一年循环。以几何学的观点来说，一年代表一个圆周或者 360 度。在这种市场的几何关系之上，江恩认为“季”也是重要的时间段。季代表 90 天循环、180 天循环和 270 天循环。通过运用一年和季的循环，你将发现许多日期都会相互重叠（最好是三个或三个以上的循环），它们都对应着未来的某个相同日期。当数个循环重叠发生于某个日期，这称为“时间汇集”。时间汇集可以用来预测主要的头部和底部，在江恩的分析方法中，时间循环（周期）非常重要，它和价格指标结合在一起形成有效的市场预测。

运用时间将价格区间变成四边形

价格与时间的四边形（the squarling of price and time）是江恩最重要的发现。他在交易课程中提道：“如果你严格遵守法则，对时间与价格形成四边形的时间始终密切留意。在这个时间与价格相遇的位置，就可以精确地预测趋势的变动。”

运用时间将价格区间变成四边形，这是根据价格上涨或下跌的点数，取相等数量的时段——天、周或者月份。江恩建议交易者将价格区间、低价与高价以四边形的形式表现出来。

将区间变成四边形

价格在一个区间内波动。通过江恩角度线，可以实现价格与时间的四边形。例如，价格的波动区间是100点，价格与时间的比例关系是1：1，也就是1个时间单位波动1点。从区间下端绘制1×1的角度线，底边取100个时间单位。由区间下端的时间位置起算，时间每经过100个单位，就很可能发生头部、底部或趋势变动。只要价格继续维持在该区间内，这个时间循环就持续有效。

低点的四边形化

低点的四边形化，这是由低点发生的时间位置，将低点的价格高度换算为时间长度，并绘制江恩角度线。例如，如果低价在100，价格刻度为1，由低价发生的时间轴位置（价格设定为0）起算，取100个时间单位，这是头部、底部或趋势变动的可能发生时间。只要市场价格没有创新低，这个低点的四边形时间就继续有效。

就图形的格式来说，低点的四边形化被江恩称为“零价的角度图”。换言之，由价格零与低价发生的时间位置为起点，向上绘制1×1的角度线。另外，在低价绘制一条水平线向右延伸。当前的1×1角度线与水平线交汇时，这是头部、底部或趋势变动的可能发生时间。

高点的四边形化

高点的四边形化，这是由高点发生的时间位置，将高点的价格高度换算成时间长度，并绘制江恩角度线。例如，如果高价为500美元，价格刻度为5，由高价发生的时间轴位置（价格设定为0）起算，取100个时间单位，这是头部、底部或趋势变动的可能发生时间。只要市场价格没有创新高，这个高点的直角化时间就继续有效。

就图形的格式来说，高点的四边形化称为“零价的角度图”。换言之，由价格零与高价发生的时间位置为起点，向上绘制 1×1 的角度线。另外，在高价绘制一条水平线向右延伸。当前的 1×1 角度线与水平线交汇时，这是头部、底部或趋势变动的可能发生时间。

在江恩理论的时间分析中，交易者需要研究市场的摆动、周年日、循环、价格与时间的直角化，借以判断未来头部、底部或趋势变动的时间位置。

进行时间研究，除了引用走势图中的历史资料之外，还涉及金融占星学与基准图形。下一节将简略探讨这两个复杂的技巧。

进阶的价格与时间技巧

自然界的循环与金融占星学

虽然本书仅准备讨论传统的时间分析，但江恩还运用许多自然界的循环。自然界的循环是不能被人类控制的。例如，我们虽然可以从历史资料中发现 28 天期的循环，对应着 14 天期的月亮循环。当我们找到更多的资料时，28 天期的循环可能会改变，但月亮的循环绝对不变，月亮是遵循自然法则而运行，因此我们可以预测很久之后的月亮的确切位置。在江恩的研究中，月亮、太阳及其他行星的循环很重要。例如，10 天期的太阳循环、12 年期的木星循环与 84 年期的天王星循环。

研究自然界周期循环和起源，以及与它们对于市场的影响之后，江恩在金融占星学的基础上建立交易系统。金融占星术是研究行星与其他相关天体现象，探讨它们如何影响商品与股票市场的一门学问。金融占星学者相信，天体的影响是造成行情涨跌的原因。

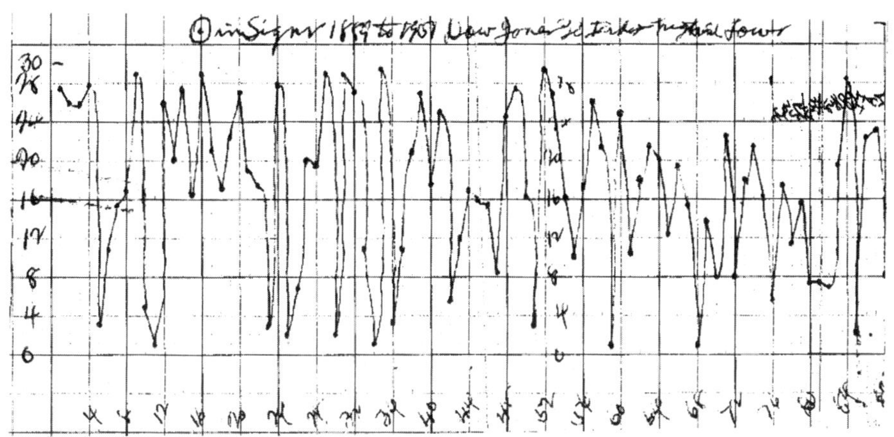

图 3.7　1889 年至 1951 年江恩太阳宫位信号跟道指 30 指数高位低位图

江恩认为自己的预测方法没有任何神秘之处。江恩曾说只要拥有适当的资料，就可以通过几何、代数与循环的理论来预测未来的事件。这显然是一种占星学的立场。另外，在江恩写的著作中，他是以希腊语的角度来解释循环（在希腊语中，循环与圆周同义，都是属于占星学的用词）。占星学利用数学、代数与几何学来计算形体的位置，研究星体之间的相对位置如何影响市场，然后运用这些资料来预测行情。

江恩经常通过图形来预测未来的价格，甚至是预测一年之后的行情，这显然是运用金融占星学的理论。这些预测包括确切的价位与发生的时间。

金融占星学的基本原理如下：行星的轨道、职权与相对关系，它们将影响地球的气候、人类的心智与行为，并造成股票与商品价格出现循环性的走势。读者对于金融占星学的态度或许有所保留，但江恩确实是一位金融占星学的专家，而且非常投入，并将这方面的知识运用于交易。(图 3.9)

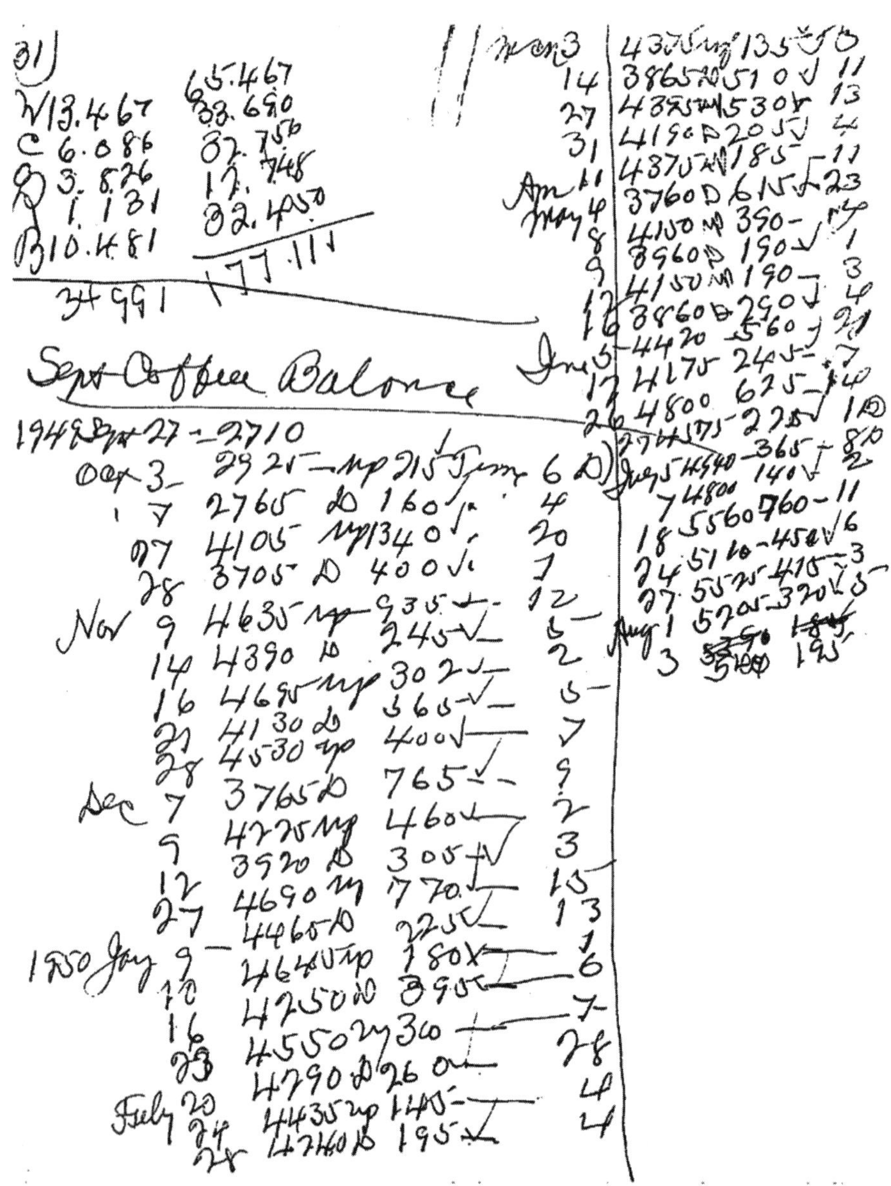

图 3.8　江恩用占星学计算咖啡交易

AUTHOR OF
TRUTH OF THE STOCK TAPE
WALL STREET STOCK SELECTOR
NEW STOCK TREND DETECTOR
HOW TO MAKE PROFITS IN COMMODITIES

W. D. GANN
820 S. W. 26TH ROAD
MIAMI 45, FLORIDA

- 2 -

ASTROLOGICAL, Continued

The Astrological Ready Reckoner and Students Assistant --Sepharial	1.00
Your Stars and Destiny --Paul Councel	1.00
Manual of Astrology --Sepharial	2.50
~~Text-Book of Astrology -- A. J. Pearce~~ (Old Rare)	3.00
The Witness of the Stars--Bullinger	1.00
Solar Biology --Butler	3.00
Cosmic Symbolish --Sepharial	3.00
Popular Astronomy --Flammarion and Gore	1.00
Eclipses in Theory and Practice --Sepharial	1.00
Sun Spots and Weather --W. T. Foster	.50
Popular Astrology for Everybody -- Fredrick Hathaway	.50

SCIENTIFIC AND MISCELLANEOUS

The Candle of Vision --A. E.	.50
The Path to Wisdom -- Richard Lynch	.50
The Doctor Prescribes Colors --Edward Podolsky, M.D.	1.00
Cosmic Causation in Geophysics --Paul Councel	1.00
The Master Key of Destiny --Gregorius	1.00
Evolution and Reincarnation --Essie M. Ducquan	1.00
Miracle of the Ages --Worht Smith	.50
The Kybalion --Three Initiates	3.00
Sixth and Seventh BOOKS OF MOSES -	.50
Mysteries Unveiled --William A. Redding	1.00
Pax Tecum or Peace and Relaxation through Technique and Truth, Henry C sper	.50
Faith as a Constructive Force --Swami Paramananda	1.00
Oracles of Nostradamus --Chas A. Ward	2.00
The Sickle -- William W. Walter (Cost $25.00)	10.00
Lessons in Truth --H. Emilie Cady	1.50
Secret -- Wesley W. Stout	.50
Open the Door --Wilfred Brandon	2.00
The Proofs of Astral Influence on Man -- Paul Choisnard	1.00
Spiritual Radio --Archbishop Du Vernet	.50
Yoga System of Study -- (Occult Chemistry) --Yoga Hari Rama	1.00
The Law of Psychic Phenomena --Hudson	1.00
~~Power of Will --Frank Channing Haddock, M.S. Ph. D.~~	2.00
Oahspe --Dr. John Ballou Newbrough (Cost $10.00 Price now...	5.00
Philosophy of Natural Magic --Henry Cornelius Agrippa (Rare)	2.00
The World Book of the Ages from Adam to the Millennium --H. J. Kerns	1.00
Bible Mystery and Bible Meaning --T. Troward	2.00
God-Man. The Word Made Flesh --Carey -Perry	2.00
Tertium Arganum --P. D. Ouspensky (Cost $10.00) Price ...	5.00
The Chemistry and Wonders of the Human Body --Dr. George W. Carey	1.00
The Wrold's Greatest Thought Discovery --Mack Stauffer	1.00
The Goal of Creation --Ed,imd Shaftesbury	1.00

图 3.9　江恩读过的有关占星学及科学的书

他尽可能避免公开金融占星术的运用，因为这将影响他的声誉，当然也会影响他所经营的顾问与经纪业务。

江恩显然拓展了金融占星术的领域。大多数的占星学家仅能够运用经纬读数与期间。可是，江恩能够将经纬读数转换为价格，并发展一套方法来判断支撑与压力。这或许可以解释他为什么可以精确预测股票的高价与低价，误差小于1/8。通过金融占星术，江恩可以预测数年之后的行情，以及每分钟的走势。

最后，即使你不相信金融占星术，但这方面的研究确实在江恩的预测技巧中占有相当重要的地位。本书不打算详细解释江恩如何运用占星术，但以下将摘录一些江恩的文章，说明他如何将占星术套用到价格与时间的分析中，并纳入交易系统之内。（图 3.10）这些分析中，江恩用了占星术的术语。

江恩首先解释行星的角度如何换算为价格，以此计算支撑与压力。

67（美分），加上 90 为 157 或室女座的 7 度，加上 135 为 202 或天秤座的 22 度，加上 120 为 187 或狮子座的 7 度，加上 180 为 247 或人马座的 7 度，加上 225 为 292 或摩羯座的 22 度，加上 240 为 307 或宝瓶座的 7 度，加上 270 为 337 或双鱼座的 7 度，加上 315 为 382 或白羊座的 7 度，加上 360 为 427 或双子座的 7 度，加上 271 1/2 为 438 1/4。5 月份黄豆的高价是 436 3/4。这点高点之后，次一个极端低价是 201 1/2。请注意，67 加上 125 是 202，405 的一半是 202 1/2，180 加上 22 1/2 是 202 1/2，这是为什么 5 月份黄豆的底部在 201 1/2 的数学理由。

价格水平能够以天、周或月的时间单位来衡量，当时间周期达到这些价格时，趋势就很可能发生变动，尤其是得到低价与高价的几何角度线确认。

此处，江恩利用太阳位置的黄经来决定支撑与压力。在下文中，江恩将利用主要行星的黄经来决定支撑与压力。

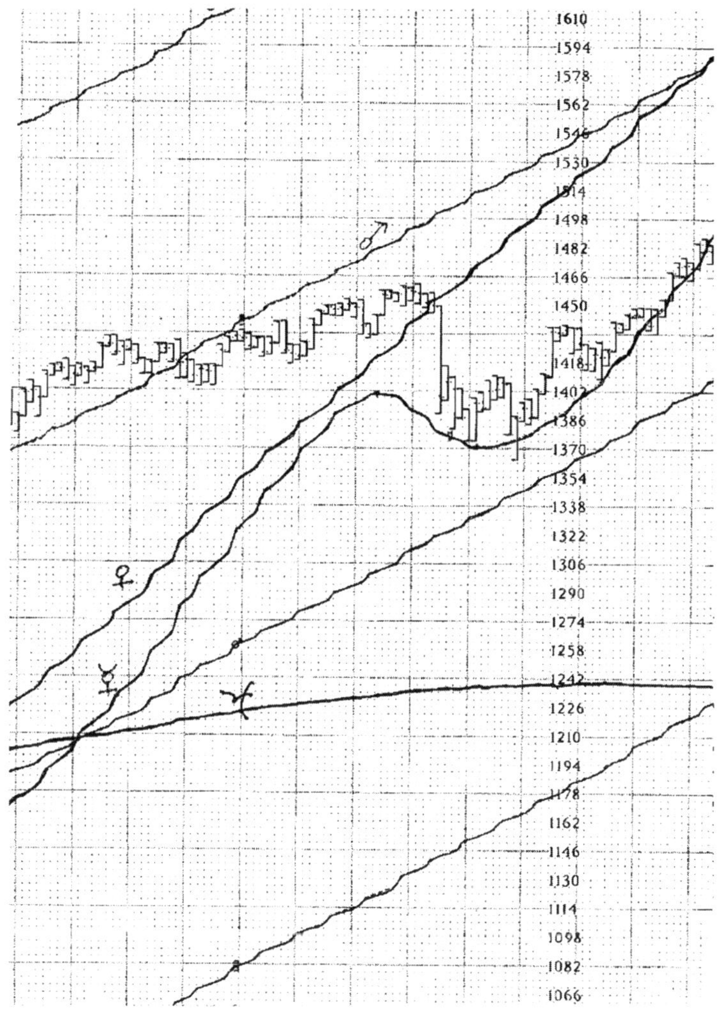

图 3.10　江恩黄经走势图

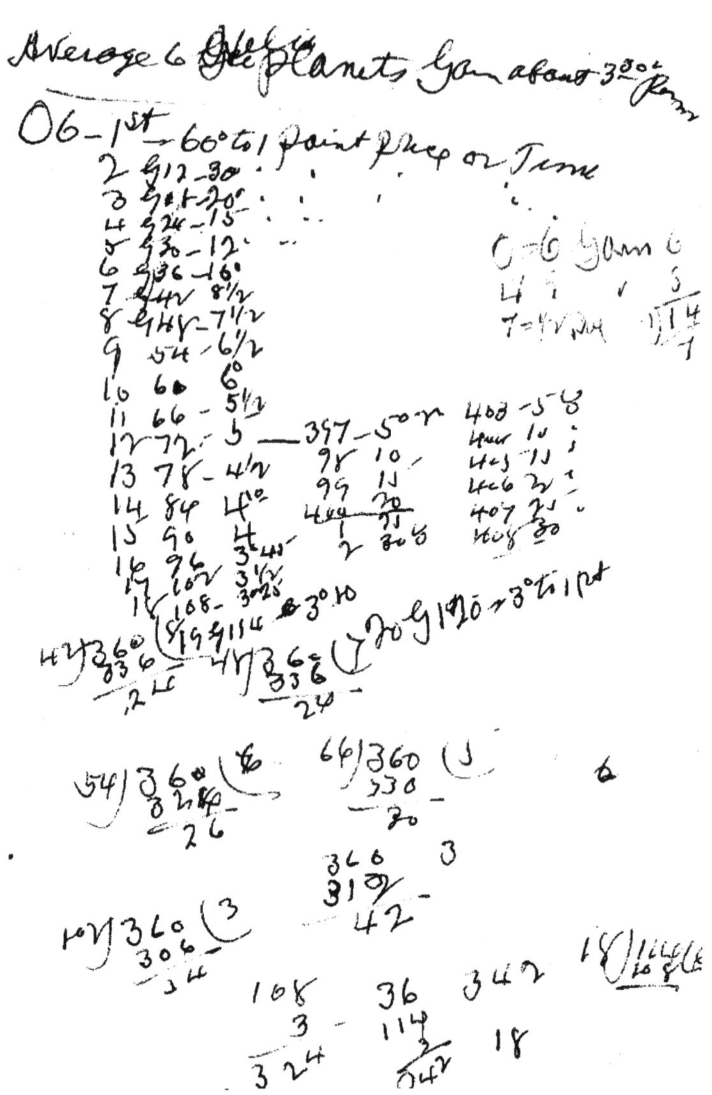

图 3.11　江恩有关太阳走势的计算

活动中的角度与度数

活动的角度是指主要行星处于直角化、三分一对座与对冲位置的价格与时间。

你必须计算围绕太阳运行的九个行星的平均值，这是最重要的奇数平方。“1”的平方是1，“1”是太阳。8加1是9，这是3的平方，并完成第一个重要的奇数平方，这对于时间与价格很重要。

活动中角度的范例：目前是1954年1月18日，土星的8度到9度是天蝎座。加上90度之后是宝瓶座的8度到9度，相对的是5月份黄豆价格为308—309。

木星位于双子座的21度，相对于81度的黄经。由木星减去135度是306或宝瓶座的6度。所以黄豆经常在306到311价格之间遇见压力。这些角度与价格所造成的价格压力水准很强劲，地球为中心的角度可以发生上升走势，但需要就土星与木星的角度来计算这些压力水准的时间，这是黄豆上升走势停止的位置。

1953年12月2日，5月份的黄豆的高价是311。这相对于是双鱼座的18度45分，接近木星的直角化或90度，土星的135度，天王星的120度，平均为180度。

价格在300时是室女座的30度。价格302在天秤座的30度。价格304在天蝎座的30度。1954年1月18日，土星以太阳为中心是8度的天蝎座，天蝎座的15度是价格303。因此，如果5月份黄豆跌到302，这将位在土星黄经之下，显示价格将继续走低。另外，以地球围绕太阳的365¼天为准，价格308½是土星的90度或直角化。所以，只要价格低于308½，将继续走低。可是，在第24个地球自转，当价格跌破304美元，将出现天蝎座的信号，代表价格走低。

所有商品期货的研究与分析，都类似我们对5月份黄豆所做的分析，在这些压力点，你必须给市场时间显示做头、打底，或趋势变动。不要随意猜测，等到明确的信号发生为止，然后针对压力区买进或卖出，并设定止损。就前述的资料来说，当然会在1953年12月2日沽空5月份黄豆，并于12月7日在296价格处回补，因为价格已经跌到月线图低价44为起点的45度线。

对于有经验的占星学家与交易者，这几段文章可以透露形态、价格与时间的重要关系。另外，虽然金融占星术是一种有用的交易工具，但交易者不应该放弃传统的绘图技巧，两者应该搭配运用。例如，星体度数的转换与解释，虽然需要占星学的知识，但还是需要依赖技术分析的知识来绘制图形，解释头部与底部，寻找支撑与压力，以及设定止损点。这一切显得非常复杂而难以掌握，但最根本的概念很单纯：形态、价格与时间。

基准图形

研究与交易相当耗费时间，尤其是江恩的年代需要依赖手工绘制图形。另外，他觉得需要发展某种简化的分析方法，同时涵盖形态、价格与时间，而且具有普遍性与永久性。这就是江恩发明基准图形的目的。

江恩曾经发展了许多基准图形，包括：九方图、四方图与360度基准图形。这些图形都纳入价格与时间技巧的最佳层面。这些基准图形都是永久性的图形，不论就圆周（循环）、四边形化与螺旋而言都是如此，它们代表价格、时间或成交量的自然角度与恒久的压力点。虽然有观点认为江恩在职业生涯的后期仅使用基准图形，但从《基准蛋类课程》中可以发现，除了基准图形之外，他还依赖传统的长条图。

请注意，基准图形或许是代表江恩交易生涯的终极贡献，除非透彻了解江恩理论的基本工具，否则不应该轻易尝试。由于基准图形的运用必须具备许多背景知识，所以我没有把它纳入本书的范围。另外，基准图形的资料仅能由兰伯特—江恩出版公司提供。

主宰的图表

价格及时间图表具有普遍性和永久性，江恩因此设计发明了主宰的图表。

经过多年，江恩设计的主宰的图表，包括九方图、四方图、360度图。这些图包括了时间及价格的特点。主宰的图表经常表现为圆形、正方形和螺旋形，都是用来描述自然的角度及恒常的恒力点。即使他声称只在他交易的末期用这些图表，但鸡蛋交易课程的例子中，他示范了如何利用这些图表结合传统的棒形图。

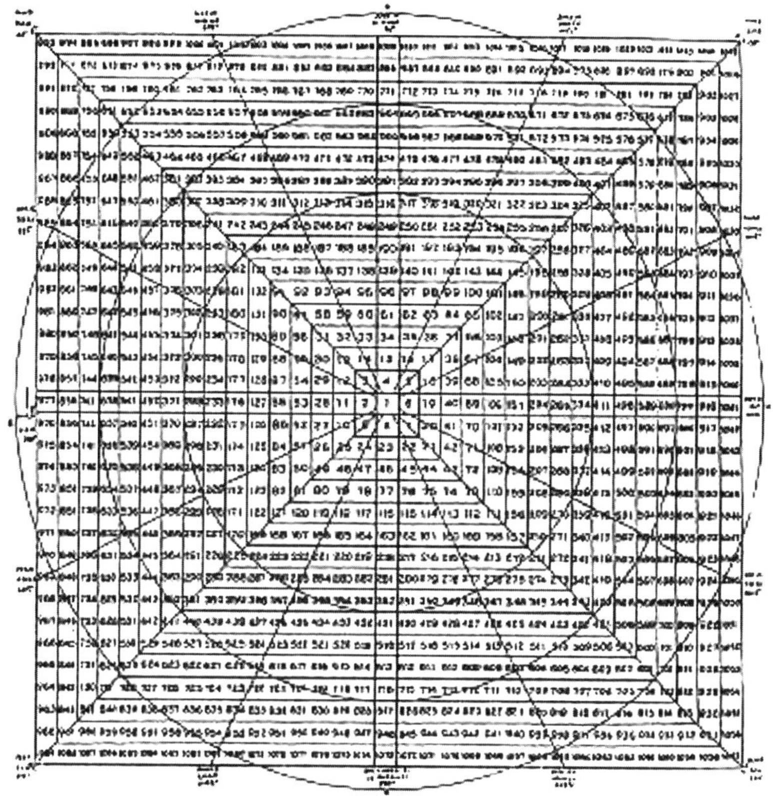

图 3.12　江恩九方图：小麦的时间及价格

江恩理论与实务运用

价格与时间的必然平衡是江恩理论的基础。市场始终处于变动之中，而且变动往往非常剧烈。江恩理论认为，市场的变动存在规律。通过适当的工具进行分析，就能够精确预测市场走势的未来方向。

为了预测未来的价格走势，首先必须寻找平衡点。江恩有许多方法寻找这些平衡点。第一是通过摆动图中的形态。第二是运用角度，以及价格与时间形成四方形的关系。第三是运用时间。

只有在完美的市场，平衡状态才能恒久维持。当价格超越时间，或时间超越价格的时候，会产生重大的市场走势。适当运用江恩理论的分析工具，可以协助你判断重大走势最有可能发生的时间。

现在，我们已经了解了基本的理论，但如何运用于实际的交易之中呢？

第一个步骤是绘制简略图形，适当地显示形态、价格与时间的概念。第二个步骤是绘制摆动图或趋势指标图，使交易者能够分析行情涨跌的价格幅度与时间长度。第三个步骤是运用摆动图所提供的资讯，预测未来的价格与时间。除了预测之外，这些图形也可以用来判断市场的趋势。

分析完摆动图中的形态之后，第四个步骤是绘制江恩角度线的图形。以摆动图中的头部与底部为基准，由底部向上绘制后再由头部向下绘制适当刻度的几何角度图。这些角度线都代表固定速率的价格变动，交易者可以利用它们来寻找支撑与压力，预测未来的行情走势，评估价格。

通过摆动图，也可以绘制江恩百分比回撤水准。摆动图中的每一组头部与底部，都可以决定对应的价格区间。百分比回撤根据每个价格区间，可以决定其中的百分比回撤水平，最强劲的百分比是50%，所以，第五个步骤是绘制每个价格区间内的百分比回撤水平。根据当时行情与江恩百分比回撤点之间的关系，交易者可以判断市场走势的强弱程度。例如，如果市场走势位在50%的回撤水平之上，则属于强劲的走势；如果市场走势位在50%的回撤水平之下，则属于疲软的走势。

第六个步骤是将时间的观念引进市场的分析中。运用历史走势图中的资料，交易者可以寻找周年日与循环，用来预测未来头部与底部的发生日期。衡量摆动图中过去的价格涨跌期间，根据这些资料预测未来头部与底部的可能发生日期。江恩角度线的图形也可以用来预测价格与时间在什么位置将处于垂直的关系。就时间方面的分析，百分比回撤图形可以显示目前区间的主要时间区分，以50%最重要。

第七个步骤，将之前论述有关形态、价格与时间的资料结合为交易策略。这是最重要的步骤，因为这将反映三种图形如何衔接。例如，摆动图告诉交易者趋势何时将变动。上升走势中如果趋势向上变动，交易者可以运用先前的上升走势来预测随后上升走势的价格幅度与时间长度。在上升趋势中，由摆动图底部所绘制的江恩角度线、代表固定速度的支撑。另外，运用角度线中的价格、时间的固定关系，交易者可以判断市场的发展将在什么时候到达目标价格。50%的回撤水平代表下行的强劲支撑，或代表上行的强劲压力。摆动图中的最强劲支撑、压力点，是江恩角度线与50%回撤水平的交汇区。最后，通过过去类似走势中的周年日与循环资料，交易者可以判断价格目标是否能达成。

结合形态、价格与时间，可以建立一套适用的交易策略。这种策略尝试掌握图形中某些位置的价格与时间均衡，之前的三种分析方法可以提供必要的协助。如果不能适当运用这三种分析工具，交易者将错失重要的市场资讯。市场存在规律，通过适当的分析工具，交易者就可以研究它们，这就是江恩理论的精髓。

图 3.13　江恩实战图谱：使用江恩线，精确地预测了价格高点 120 美分

第四章　图形基础

本书对江恩图形进行了大量的解读。显然，有些图形比其他图表更重要。我尽量展示各种不同类型的图形，并让你意识到某类图形更容易掌握。这种想法主要来自心理层面的暗示，更有可能是基于个人的思考方式。图形是基于市场走势中的数据得出的，而不是来源于摆动指标或移动平均线。后者对市场数据进行了平滑处理，偏离了市场原貌。如我之前所述，价格、时间和形态是我们主要的观察对象。每次绘制本书所教的分析图形时，这三个基本点都将凸显出来。有些操盘手会在摆动图找到关键的操作信号，另一些操盘手会认为江恩角度线更容易使用，但很少人懂得如何结合这两种图形，一同使用。即使上述提及的分析方法可能难以掌握，也必须意识到此类图形是操盘手不可或缺的工具。

书中的图形分析方法可应用于外汇、股指期货及股票市场。医生必须依赖特殊仪器，律师必须依赖法律书籍与判例，筑师必须依靠设计图。同样地，图形分析者也必须拥有工具进行分析、预测和交易。

江恩图形

江恩的图形应该包含以下重要数据：开盘价、最高价、最低价和收盘价。图形可以采用一般的棒形图（美国线，OHLC chart），或者采用江恩风格：一条垂直线表示价格区间，垂直线的两端向左画两条小横线，分别代表最高价和最低价；一个小圆点在垂直线左侧，代表开盘价；收盘价标识在垂直线左侧适当的位置，也是以小横线表示。（图4.1）这两种图形都代表着相同的含义，由于不同的偏好，分析员会选择自己喜欢的一种图形。

因为市场上很少有软件能提供江恩风格的图形，所以一般来说用美国线（OHLC chart）就可以。

刻度

江恩图表的价格与时间刻度很重要，因为图表必须反映每个时间单位的价格变化。江恩在绘制图表时，时间变化 1 个单位，价格就跟着变化 1 个单位。江恩非常喜欢以 1 英寸格子为基础的 8 格和 12 格的图纸。按照江恩的传统，当我们从顶部或底部绘制江恩角度线时，必须采用正方形的图纸。用一条直线衔接一个方格的两个对角，夹角恰好是 45 度。

如果你没有“江恩交易者 2”软件，也没有兴趣手绘图形，那你只有使用其他的绘图软件。使用其他绘图软件时，调整时间和价格的刻度非常重要，使时间与价格的刻度比率保持为 1：1 的关系。例如，黄豆期货的图形可以绘制为每天 1 美分，美国国债图形可以绘制成每天 4/32 点。如果图形中每个方格的垂直与水平距离都相同，利用一条直线衔接一个方格的两个对角，一定是 45 度直线。

使用功能强大的江恩软件，你在学习江恩的操作技巧时，就会事半

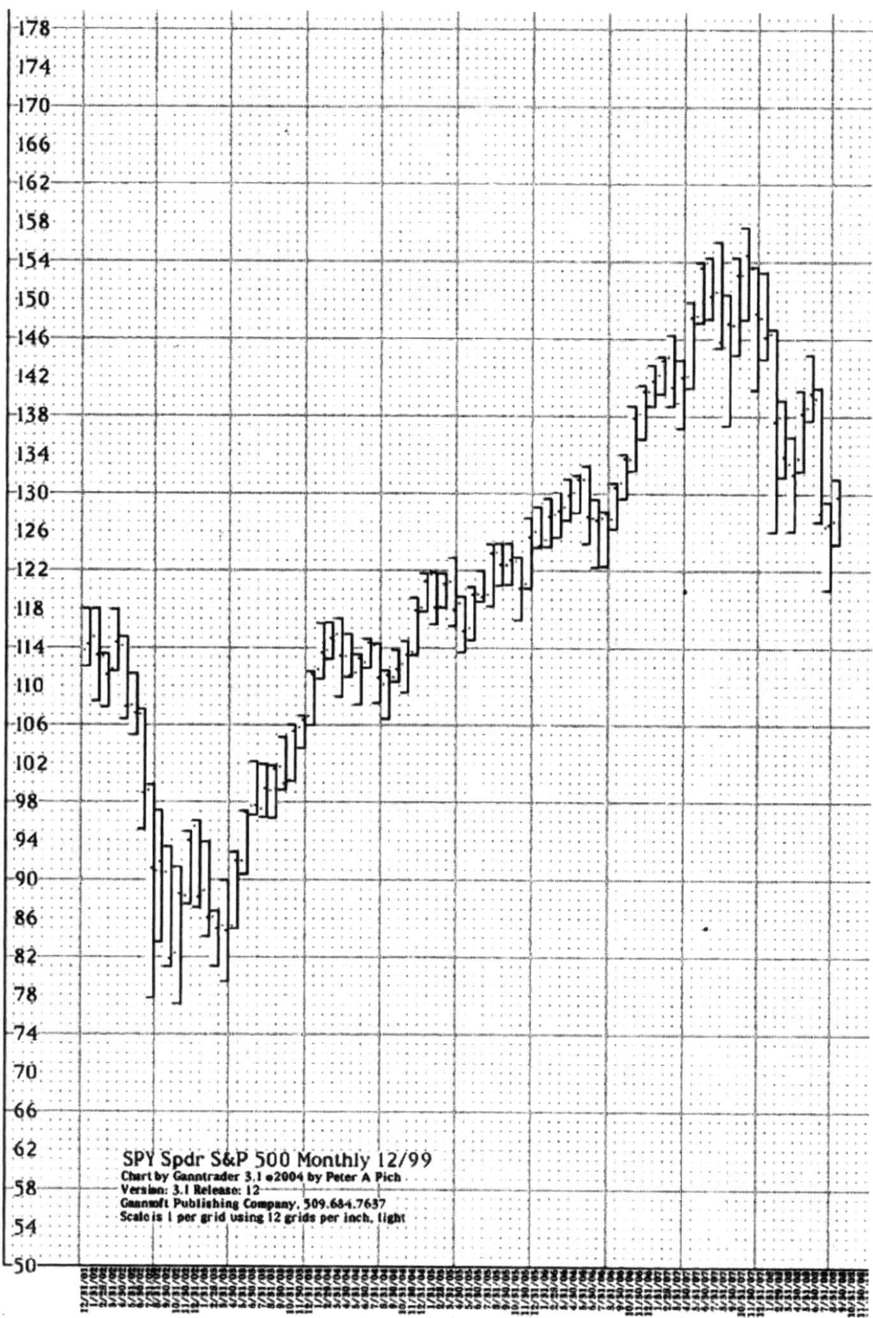
178
174
170
166
162
158
154
150
146
142
138
134
130
126
122
118
114
110
106
102
98
94
90
86
82
78
74
70
66
62
58
54
50
SPY Spdr S&P 500 Monthly 12/99
Chart by Ganntrader 3.1 ©2004 by Peter A Pich
Version: 3.1 Release: 12
Gannsoft Publishing Company, 509.684.7637
Scale is 1 per grid using 12 grids per inch, light

图 4.1　江恩图形

功倍。无论是绘制角度线、划分时间周期，还是使用江恩九方图等重要图表，都会让你在判断支撑和压力、识别趋势反转日期时得心应手。所以，对于江恩的学习者而说，选择一款能力强大的江恩软件至关重要。而免费的 Gannalyst 软件是首选。

小龙注

江恩理论重视刻度，正确的刻度能够让你画出正确的图表。“江恩交易者 2”软件已经是 DOS 的软件，在大部分电脑中是没法正常运作，所以额外教授 Gannalyst 5.0 的软件。

江恩手稿中有一张 1950—1953 年 10 月鸡蛋期货走势图（图 4.2）。这是江恩角度线的走势图。注意此图是从左侧由下往上标示价格，而下方从左往右是时间。江恩也在图表上标示角度线是 45 度 = 45 点。江恩还在图形中表示了 50%的江恩百分比，还有其他百分比水平。最后留意当时图表上的转势时间，10 月鸡蛋的市场有两个角度线相交的地方会产生转势，或者超过两个角度线相交的时间，可能加速向一个方向发展。这是一个很好的例子，说明了价格汇聚（price cluster）。向下的江恩角度线是压力，同时向上的江恩角度线是支撑。

小龙注

这说明如果两条江恩角度线相交，这就是转势的时间点，即转势日。

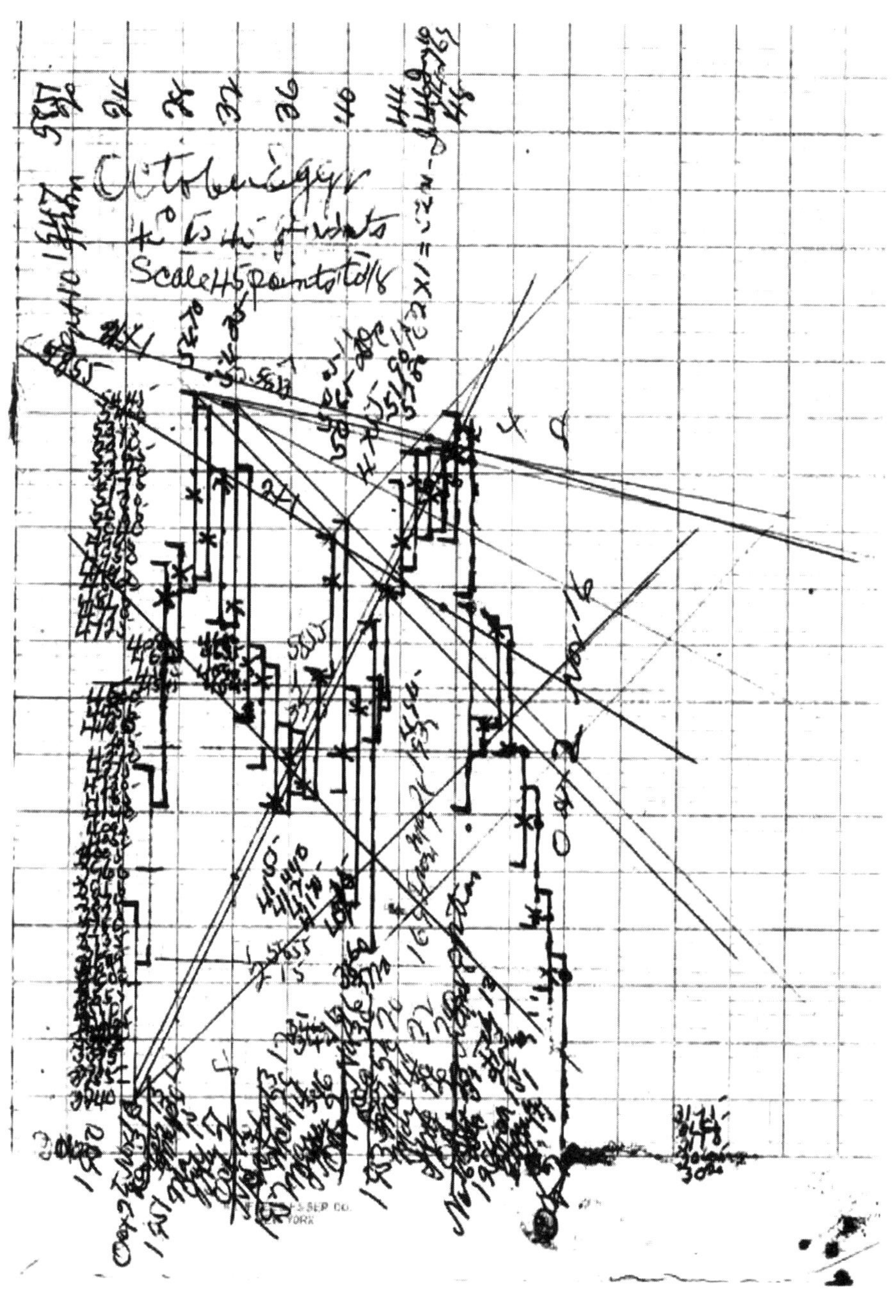

图 4.2　1950—1953 年 10 月鸡蛋期货走势图

尺寸

因为江恩图表相对来说很复杂，所以会令人难以阅读，原因是许多重要的江恩角度线画出的支撑和压力点都会压缩在一个狭小的空间里。虽然电脑软件很容易在图形上放大或确定图中的关键信息，但过程往往相当烦琐。所以，江恩的价格和时间分析通常只适合人工绘制的图形。虽然每天、每周和每月更新图形非常耗时，但图形中所显示的支撑与压力非常有助于精确预测未来的走势，把时间花费在这方面相当值得。(图 4.3、图 4.4a)

因此大型图形是必需的。所有相关的角度线都必须清楚显示在图形中，不仅仅是最近的角度线，而且把历史高点或低点所绘制的角度线都画出，因为可能影响目前的走势。另外，仅画出最近的角度线会扭曲支撑位和压力位，从而错误判断形势。

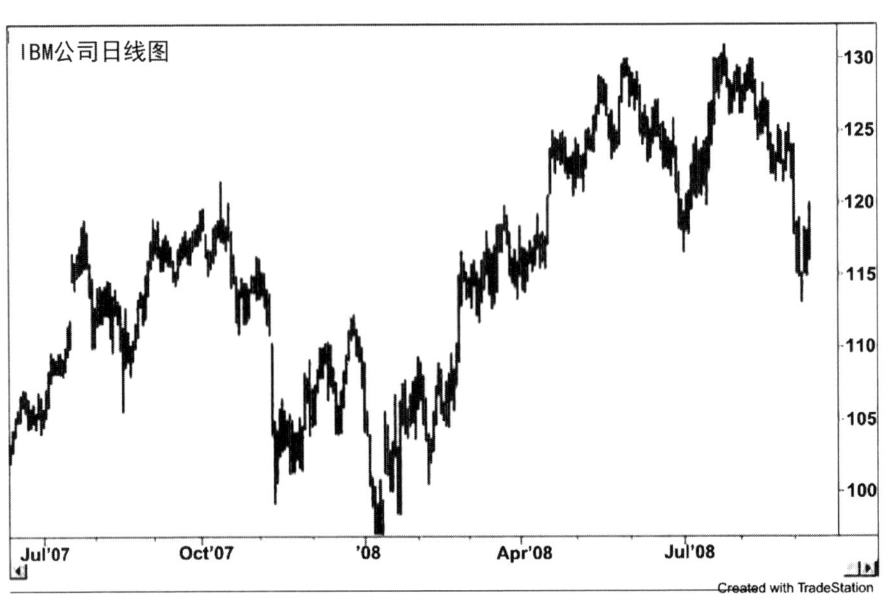

图 4.3　经过压缩的长条图，很难通过江恩技巧进行分析

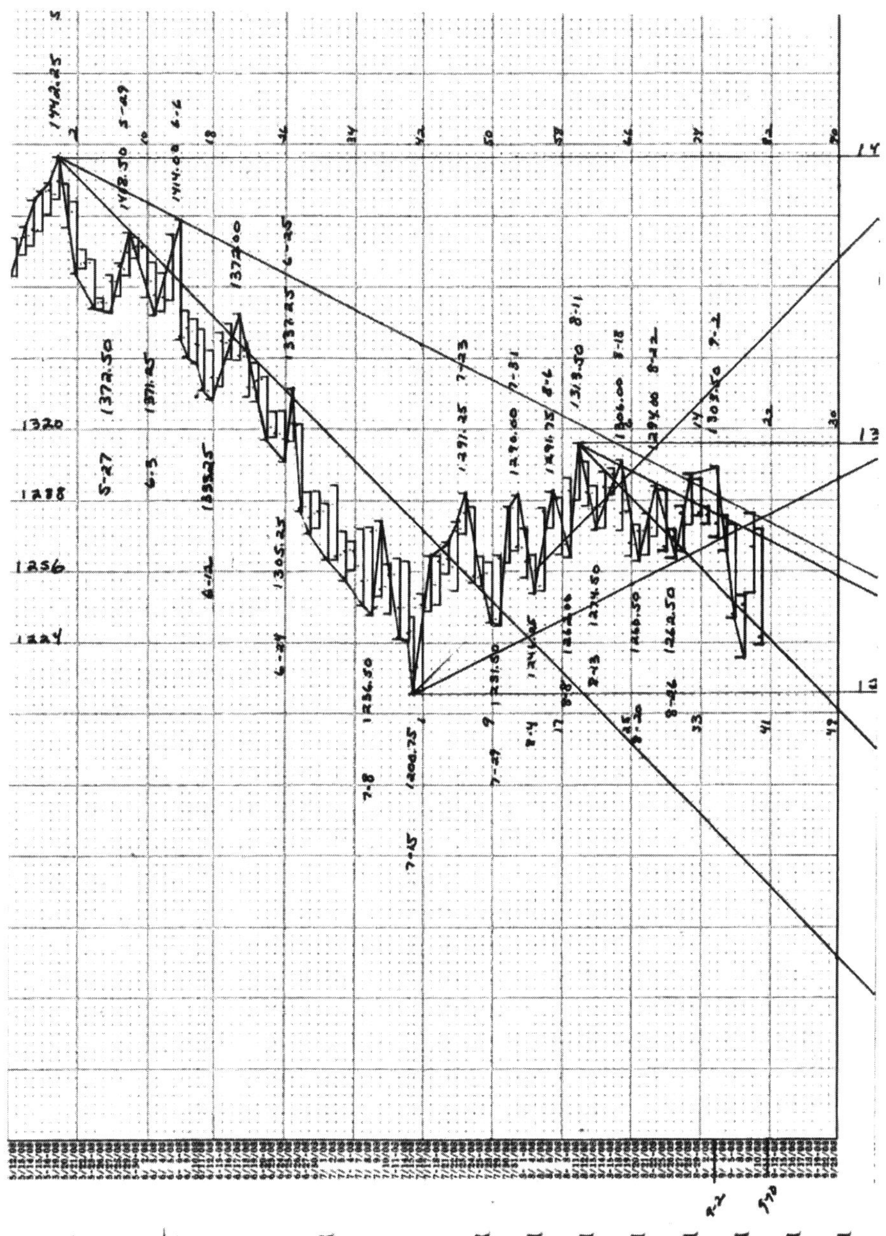

图 4.4a　2008 年 9 月 E-mini 标准普尔 500 指数合适刻度的江恩日线图（江恩角度线与市场保持数学关系）

江恩曾说："已有的事，后必再有；已行的事，后必再行。日光之下，并无新事。"有时候当你掌握江恩的图表之后，你就会发现很多时候，股市的转势价格或时间可用几年前、十几年前或更长的时间的江恩角度线或其他工具预测。

图 4.4b　恒生指数周线图

图 4.4b 是恒生指数周线图，你会发现在 2012 年 12 月的高位画出 1×1 的角度线，之后 2013 年 2 月的高位及 2015 年 5 月牛市的高位正好受阻于此江恩角度线。这正说明了画出长期江恩角度线的重要性。

合适的图形结构

当绘制长期图形时，分析者必须了解一些图形格式的调整。江恩强调长期走势图必须具备合适的结构。例如，他建议衔接两个相同月份的期货，而不是采用两个最近月份期货的一般连续图形。因此，当 1995 年 11 月黄豆期货到期时，图形随后应该衔接 1996 年 11 月到期的期货，以此类推。这不同于一般所采用的最近交割月份衔接方式，例如，将11月黄豆期货衔接1月黄豆期货，然后衔接3月黄豆期货，等等。

如此构建长期走势图，是为了保持相同月份期货合约的头部和底部之间的数学关系。这也避免了一个问题：旧作物的合约到期后，新作物合约按照最近交割月份衔接时，经常会形成走势图中的大的跳空缺口。虽然大的跳空缺口也经常出现在相同月份期货的连续图中，但是市场通常在一个特定的重要点位或是在此点位附近开始交易，而且这个点位对于特定期货来说是唯一的，如整体价格区间的50%。近期期货合约出现的主要头部与底部，可能并没有出现在远期期货之上。绘制相同月份对相同月份的期货，而不是衔接最近交割月份的期货，通常可以清楚分辨特定期货独有的头部与底部，有助于比较循环与交易波动。

在这点上，我个人的看法不同于江恩。根据我的研究显示，这类图形适用于长期的分析，但未必适用于短期的交易。这是因为大部分交易者都专注于目前最活跃的月份期货。另外，在江恩的年代，资料相对稀少，而且当时的期货通常仅能交易到三个月或六个月之后。目前因电脑出现，所以读者应该不单单画几个月的图表，而是画两年或两年以上的图表。如果将资料合并会失去很多宝贵的资料。而你应该画出从第一天交易日开始的月线、周线及日线等图表，因为这能够找到重要的周期及主要的支撑及压力。我的研究表明，某特定年份的期货应该由第一个交易日开始绘制图形，可以获得至少十二个月的资料。以2009年11月黄豆期货的月线图、周线图以及日线图为例，如果从第一个交易日开始绘制图形的话，在时间与价格两个维度上的精确性与相关性，都高于2008年11月结合2009年11月黄豆期货的原型。

我并不鼓励放弃江恩的这种结合相同月份期货绘图的方法。交易者仍然应该这样做，以便寻找历史的头部与底部，以及主要循环与季节性日期。但是，为了取得更精确的交易信息，图形分析者应该尽可能运用当前交易最活跃期货所提供的所有价格与时间资料附加佐证，当 1997 年 11 月黄豆期货处于交易最活跃状况时，如果你分析与交易 1998 年 11 月黄豆期货，则上述的结论更明显。

如果你是交易 1998 年 11 月黄豆期货，为什么还需要知道 1997 年 11 月黄豆期货的市场表现呢？因为你所需要知道的所有资料都存在于 1998 年 11 月份黄豆的走势图中。江恩建议采用相同期货的延续，这并没有什么错误，因为在他那个时代，期货的延伸期间并不会超过一年。

总之，继续用相同月份期货的连续图形来观察主要头部、底部以及循环周期，但用目前最活跃期货的第一个交易日以来的走势图来进行交易。

江恩的长期图形衔接方法，未必适用于没有“新旧作物”之分的市场，例如，外汇、股指与美国国债。金融期货的相邻月份期货延展，并不会显著影响走势图的形态，这不同于将旧作物黄豆延展为新作物黄豆。可是，这并不意味着你不需要绘制金融期货的相同月份的连续图形。这类走势图还是有助于判断某特定月份期货的头部与底部。但就交易的目的而言，绝对有必要采用目前交易最活跃期货的图形。

另一个难点就是，江恩长期走势图应该在什么时候延展。图形的延展可以在第一个通知日与最后交割日之间的任何一天。当期货进入交割月份时，行情的波动转为剧烈。这类突兀的走势可能扭曲图形的结构。

江恩建议将相同月份的期货相衔接，他的意图很好，但目前的情况已经不同了。他的方法也没有错，因为他所建立的图形确实可以提供重要的资料，但这种方法并不适用于目前的环境。江恩经常鼓励交易者研究与实验，也愿意根据期货与市况的变动而调整相关的方法。为了配合目前的环境，交易者的分析方法应该保持弹性。因此，图形分析者应该尽可能运用每一种期货所能提供的资讯。总之，在目前的环境下，除了江恩所主张的长期连续图形之外，还应该绘制目前最活跃期货第一个交易日以来的月线、周线和日线走势图。

价格与时间的绘制要求

价格与时间的图形必须包括相关期货的所有交易日。（图 4.5）假日与周末不需要留空白，这是因为价格与时间属于对应的函数关系。每个时间点，对应着某一个特定的价格。如果交易日留下空白，角度线所对应的未来价格就会被扭曲。

江恩图表分自然日和交易日，自然日包括假日。到底用自然日还是交易日，本人认为两个都需要参考，国内交易师软件及 Gannalyst 5.0 都支持自然日、交易日两种图表。

例如，假定今天是 1 月 5 日，从感恩节前几天的底部绘制 1×1 江恩角度线。这条江恩角度线绘制在包含了感恩节、圣诞节和新年交易空白的不准确的图形上。如果图形的刻度是每天 2 美分，所绘制的角度线在 1 月 5 日将高出 6 美分，由此，交易者的买入价格会不经意地高出 6 美分。所以，主要的绘图规则就是涵盖所有的交易日，跳过市场休市的日子。在早期的期货交易中，交易冷清，整天的开盘价、最高价、最低价和收盘价可能都是一个价格。在这些日子里，仅标示收盘价。（图 4.6）

按照日历每天绘制的日线图，看起来会与市场日线图不同。如果包含非交易日，角度线所对应的未来价格也会被扭曲。

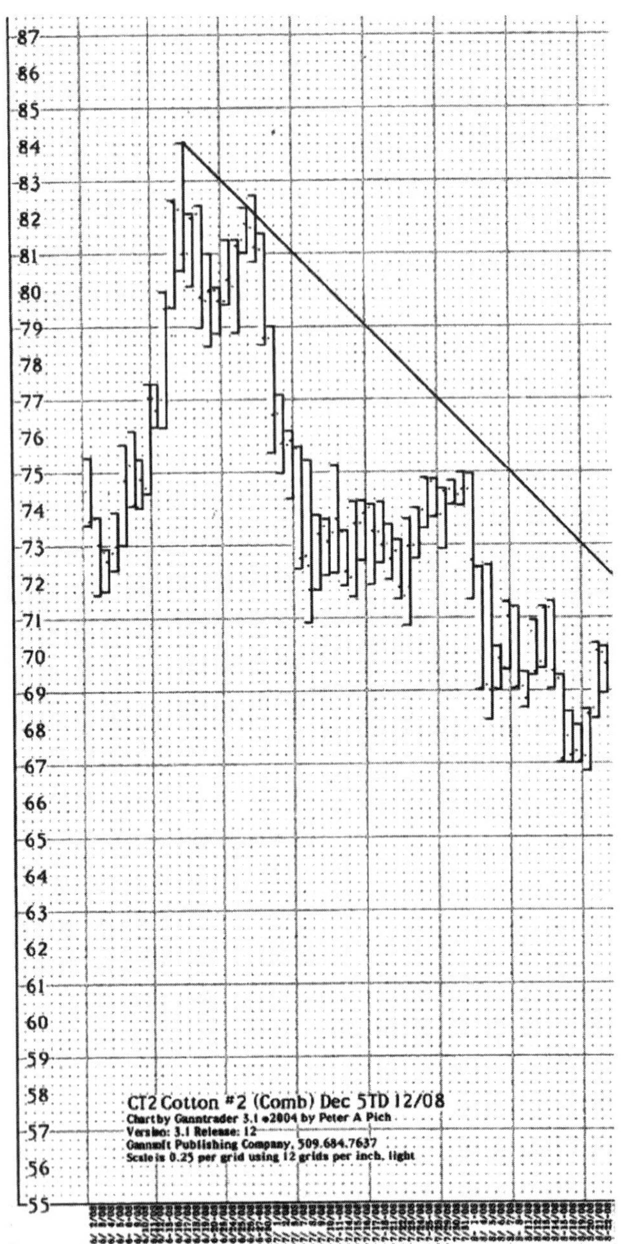

图 4.5　2008 年 12 月棉花期货日线图

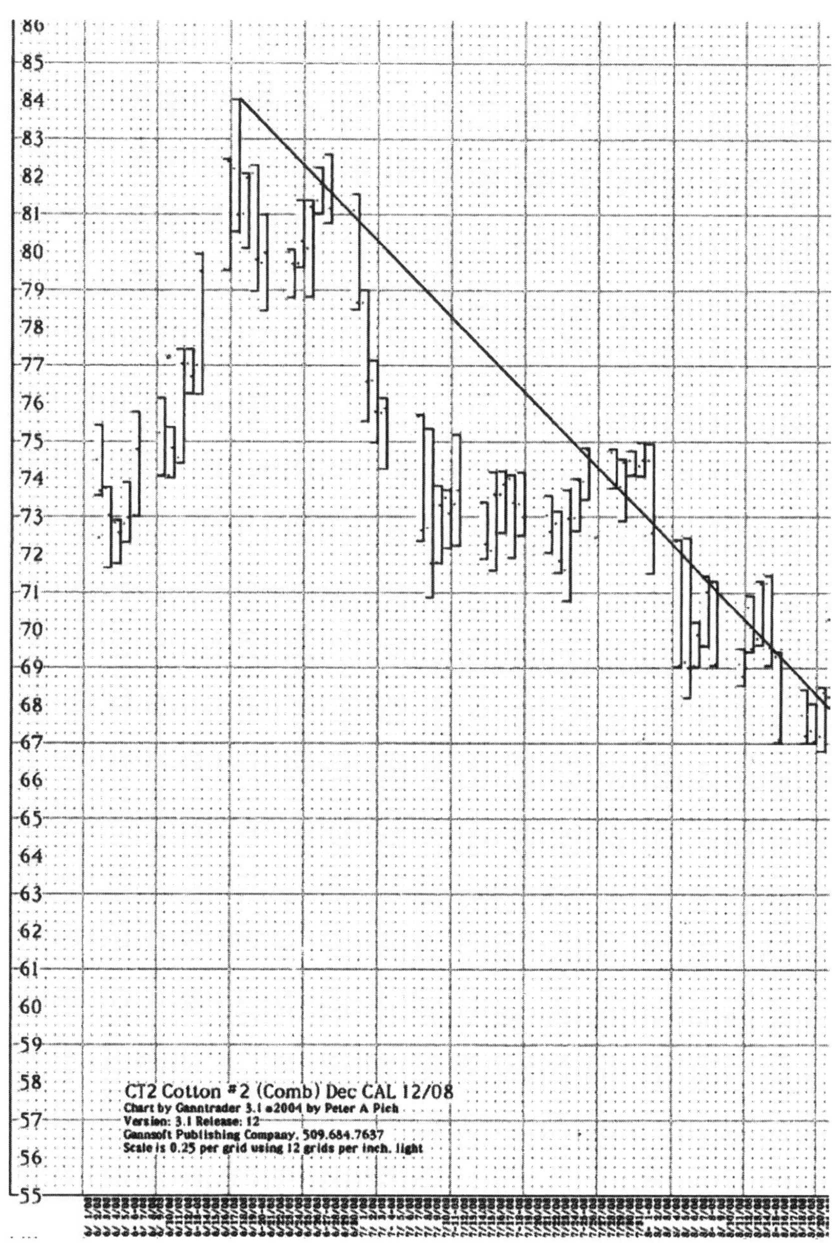

图 4.6 按自然日绘制的 2008 年 12 月日线图

交易平台、电子平台及 24 小时交易

相较于过去，交易者目前有很多不同形式的价格资料可供使用。交易者现在也可以每天 24 小时不间断去交易。因此不会碰到盘后消息所造成的价格跳空裂口。这两方面的发展有革命性意义，但同时也造成了分析与交易上的问题。传统的交易平台在有限时段内提供交易服务，而一些新兴电子平台可以提供 24 小时不间断的交易了。

交易者的分析资料多多益善。你既可以使用传统交易平台的数据，也可以使用新兴电子平台的数据，这是最好不过。但是，在从事研究时，注意不要把两类平台的数据混在一起。为什么呢？这主要是为了保持图表数据的一致性。这也是江恩之所以重视相同月份期货头部、底部之间的数字关系的原因。另外，随着金融行业的发展，传统的交易平台将被逐渐淘汰，所以这类图表数据的问题将会消失。

想要正确分析图表，数据就必须前后一致。如果把新兴电子平台的“24 小时交易时段”与传统交易平台的“白天交易时段”的资料混在一起，绘制图表时就会失真。区间、百分比回调、摆动图与江恩角度线都会出错。虽然两类平台的走势偶尔会很相似，但千万不要混在一起使用。你可以对两类平台的数据进行单独研究。

数据的准确性是江恩分析的前提。无论是绘制江恩角度线，还是衡量时间周期，都需要真实、精确和清晰的数据。交易者要重视数据。

使用完整资料的重要性

优秀的分析师应该尽可能掌握各方面的因素，而最重要的莫过于使用完整的资料。交易过程中所产生的价格资料，如果有些是不正确的，

这样有可能会改变价格形态。当天的最高价或最低价，有时候不等于盘中走势的最高价或最低价。有时候，网络可能会中断，资料也有可能会遗漏。分析师必须知道这类状况，而且要知道如何妥善处理才行。

最常见的问题之一，就是结算价格。大多数资料供应商都宣称他们所采用的结算价格与交易所的结算价格完全一致。有时候应该检查此两者之间可能的误差。结算价格是每天最重要的价格，结算价格如果不正确，此价格所传达的所有信号也就不正确了，如此一来就有可能会导致交易错误或错失机会。走势图有时候是错误的，结算价格有时候会采用最近交易价格，但最近交易价格未必是当天的结算价格。进行历史资料测试时，务必确定测试资料与实际交易资料彼此是一致的。交易者经常会因为价格资料错误，结果进行了原本不该进行的交易而造成亏损，或是错失了交易机会，最终因此而抛弃掉原本可用的交易系统。

绘制江恩角度线时，也要反复确定主要高价与低价，否则江恩角度线的作用会随着时间逐渐退化，在识别支撑、压力与时间时出现偏差。另外，如果不能准确地识别高价或低价，在计算百分率回调时也会失误。由于百分率回调价位不准确，会导致交易者过早或过晚进场，或是徒劳地等待某个根本不存在的价格。

盘中走势的绘图技巧

在分析盘中走势时，也面临同样的交易时段的问题。绘图者也必须区分“整个交易时段”或“白天交易时段”。如果绘图方式不正确，也会扭曲摆动图、江恩角度线与江恩百分比的效果。如果交易者只利用整个交易时段的走势图，就必须适当衔接白天与晚盘的价格资料。对于交易冷清的市场来说，晚盘可能没有或只有很少交易成交，但不应该留下空白。总之，横轴上的每个时间点都必须对应着特定的价格。如果交易提早结束（例如假日之前的情况），图形也必须提早结束，并立即衔接到下一个交易时段的开盘。基本观念就是要避免在盘中走势图留下空白，除非那是因为电脑当机而无法取得资料，或是因为电脑下载资料而造成价格资料的时间延迟。

绘图软件

如同先前所说，图表包括的数据愈多愈好。如“江恩交易者 2”可以绘制很大的图形。这套程序可以阅读 CSI（商品系统公司）的资料，并且可以很方便地选择在图形中套用或不套用江恩技巧。另外，使用者也可以决定绘制当时的完整线形或尚未完成的线形。套用完整分析技巧的图形虽然有助于分析，但每出现一个新的线形就必须更新图形。这些图形能够留下很大的空白方便更新资料。如果运用类似 Trade Nagivator 或 TradeStation 等分析软件，使用者可以储存角度线的资料以供未来使用。随着行情的发展，这些绘图软件也可以更新角度线。较大的图形可以让图形分析员观察所有的相关资料，有助于绘制江恩角度线、百分比回调点与未来的重要头部、底部。这是“江恩交易者 2”所提供的主要益处，使用者可以将所有重要的分析工具延伸到未来，使得预测未来的市场走势成为可能。

我会在本书讲解免费、更为易用的 Gannalyst 软件。

值得注意的是，前述的电脑软件都会根据使用者的指示而绘制江恩图形。例如，一旦确定头部与底部之后，“江恩交易者 2”可以绘制江恩角度线。还有一些功能可以自动绘制摆动图与江恩角度线，但有时候必须根据当时的市况选择相关的资料。

另外，如果运用 Trade Nagivator 与 TradeStation，使用者必须指定从哪一个位置绘制江恩角度线。电脑软件不能自行决定这些关键点。因此，如果交易者想充分利用此类软件，深入了解江恩理论是非常必要的。

这些电脑软件可以帮助交易者运用江恩理论迅速发现要点，但它们还是不能取代用江恩理论手工绘制的图形。虽说如此，我还是强烈建议那些对于江恩理论非常有兴趣的读者购买这些软件。

图表的类型

年线与季线的图表（图 4.7）能够显示主要的长期的头部与底部，并能够利用江恩百分比去预测长期的走势。但是这些图表因为变化得太慢所以不建议使用。长期的走势图表是用来分辨主要周期，而短期的是用作找出入市及出市的时机。由于本书的重点是讨论交易的技巧与策略，所以我们选择月线图、周线图和日线图来形成交易系统。

月线图

如果你有五年以上的资料，那江恩的月线图就变得非常重要。（图 4.8）月线图中标示每个月份的开盘、最高、最低与收盘价。透过月线图，交易者可以观察及追踪主要顶部、底部及江恩百分比支撑及压力位置，目的是找出主要的周期或季节性的走势。同时月线图会消除很多日线图及周线图的干扰，能够让你找到主要顶部及底部。

周线图

如果你有两年以上的资料，那江恩的周线图就变得非常重要。（图 4.9）周线图标示每个星期的开盘、最高、最低与收盘价。通过周线图，交易者可以观察和追踪主要顶部、底部及江恩百分比支撑及压力位置，目的是找出主要的周期或季节性的走势。因此能够找到主要顶部及底部。

日线图

如果你有一年以上的资料，那江恩的日线图就变得非常重要。（图 4.10）日线图标出了每个交易日的开盘价、最高价、最低价与收盘价。通过日线图，交易者可以观察及追踪主要顶部、底部及江恩百分比支撑及压力位置，目的是找出主要的周期或季节性的走势。因此能够找到主要顶部及底部。

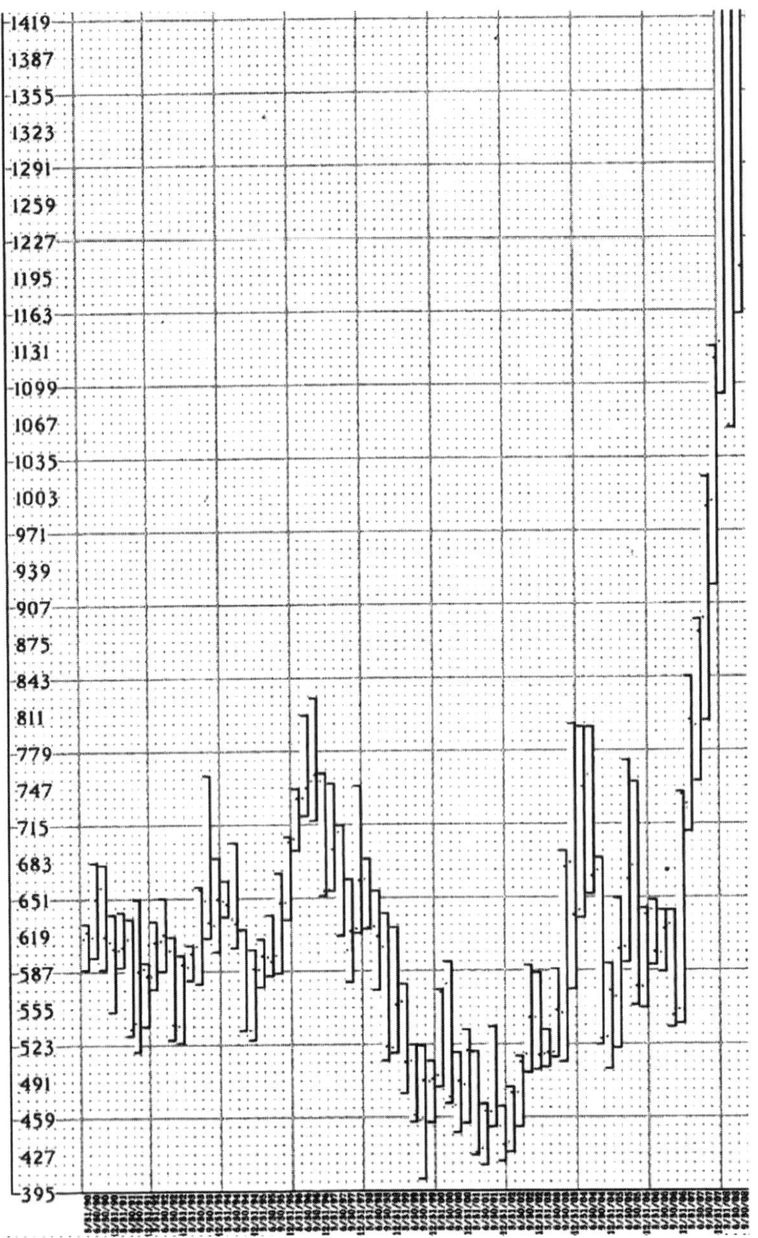

图 4.7　2004 年 11 月黄豆期货江恩季线图

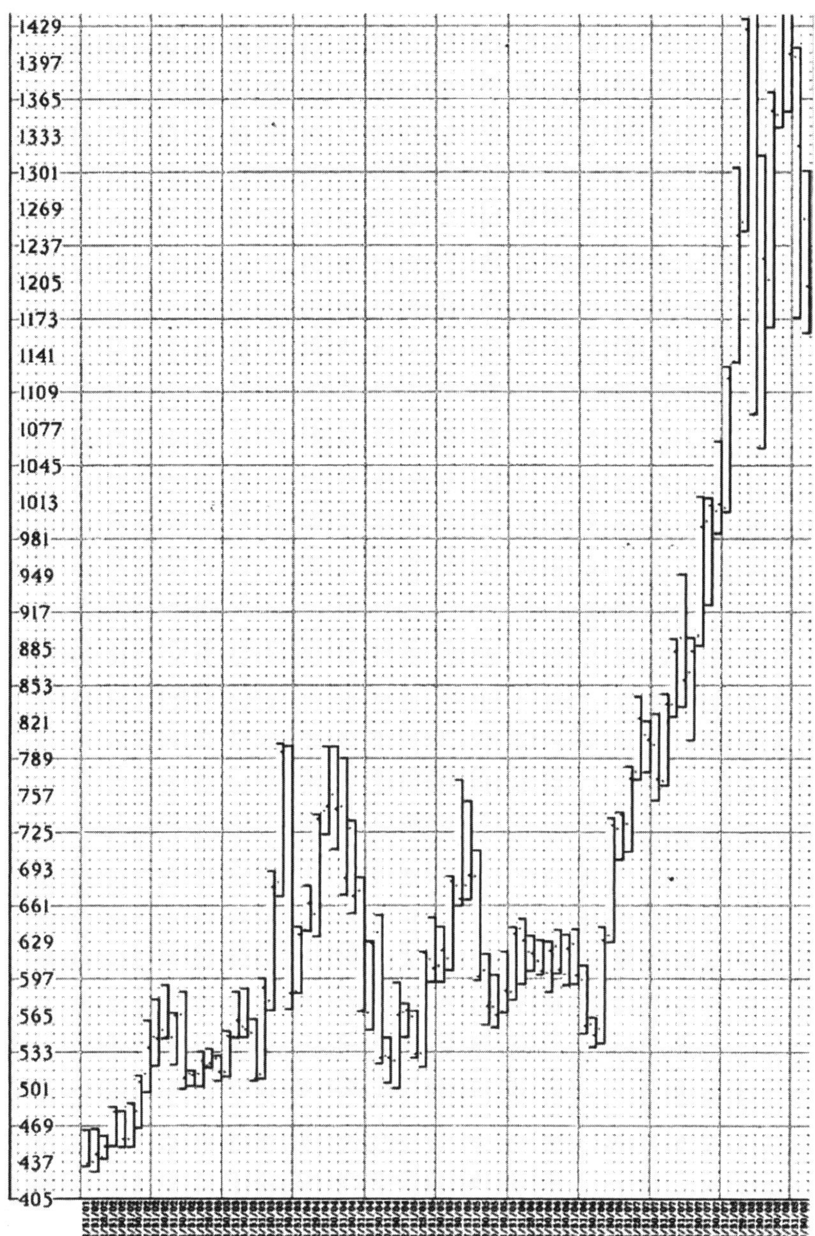

图 4.8　2004 年 11 月黄豆期货江恩月线图

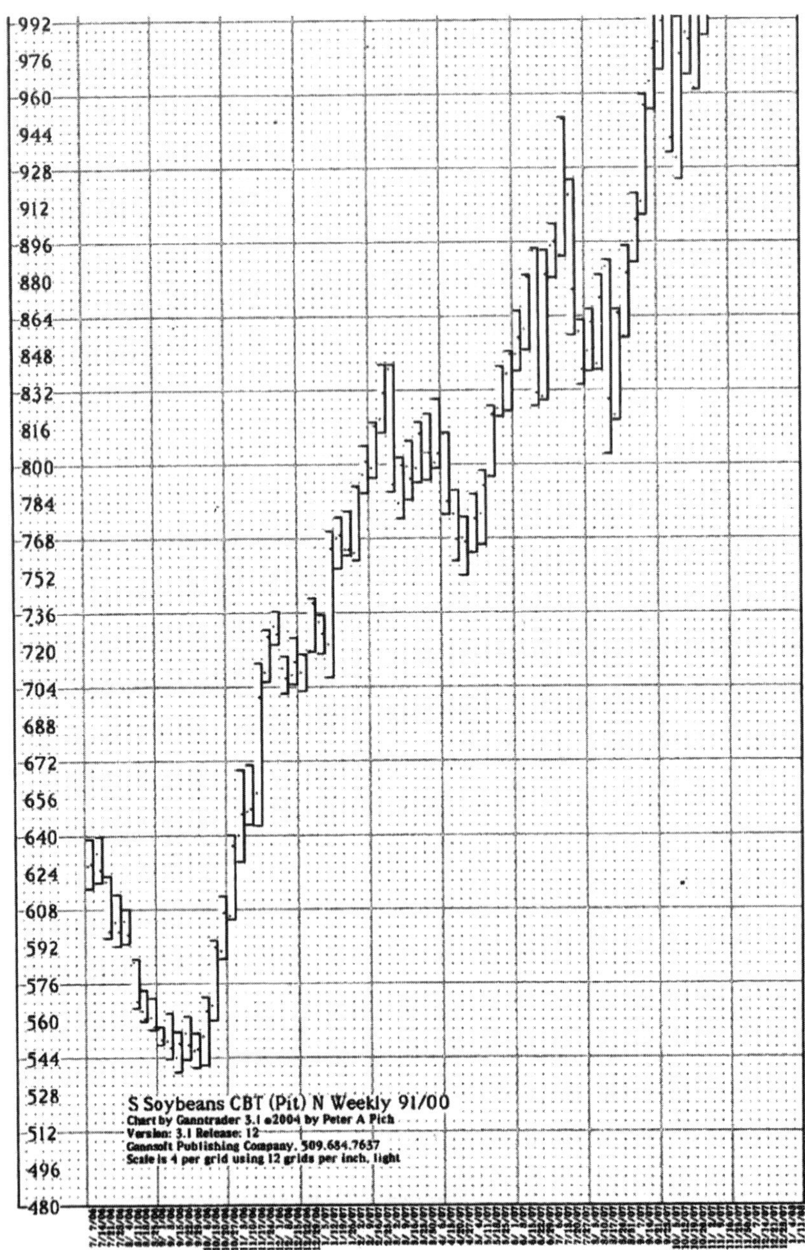

图 4.9　2004 年 11 月黄豆期货江恩周线图

盘中走势图

在观察盘中走势图时，可以从周线的摆动头部或底部开始。至少也要从日线的主要头部或主要底部开始观察。这样，当最佳交易机会出现时，交易者就能够完整地参与从头至尾的走势全程。同时日线图的摆动头部与底部也是盘中走势图的摆动头部与底部。为了清楚盘中走势图，最起码要在盘中走势图中标示出日线图的主要头部与底部。这样有助于交易，你只需要参考日线图的主要支撑与压力，就能随时知道盘中交易的情况。

水平、对角及垂直走势图

江恩理论是建立于形态、价格及时间的交互关系上。市场走势有时是形态主导，有时是价格及时间主导。这可能是因为时间循环或江恩角度线发挥作用。三个因素的平衡点出现即是最佳的交易时机。所以运用正确的工具就可以协助分析者判定形态、价格及时间的最佳组合。

江恩一直强调：必须研究水平、对角及垂直走势。水平走势关注的是顶部、底部及价格的折返；对角走势考虑的是江恩角度线；垂直走势关注的是时间。将价格、形态与时间有效地综合应用。

以下是三种概念的整理：

形态：水平指标、趋势或摆动指标、图形形态、摆动头部及底部及江恩百分比。

价格：对角指标、江恩角度线、行星黄道。

时间：摆动图计数、时间周期、重要的历史时间、重要的占星周期、对角数周期。

我的理解是时间先行。江恩曾说："当时间到达，成交量将推动价位升跌。"如果我们在特定的时期，得到了相应的价格，市场会有很大机会转势。我称它为时间及价格共振。

趋势指标或摆动图

观察市场的交易形态之后，分析者必须从图形中寻找有用的资讯。首先必须绘制的图形是趋势指标图（trend indicator chart）及摆动图（swing chart）。（图 4.10）所有其他图形的绘制都是建立在摆动图的基础上。摆动图可以应用于任意的时间框架，例如，月、周、日或盘中。它可以追踪向上或向下的市场波动。这是因为所有的市场都会摆动，我们通过分析摆动去了解趋势。摆动图是必要的图形工具，因为当结构正确时，它可以为交易者提供重要的价格与时间信息，这对于预测未来的价格走势与头部、底部非常有效，同时可以建立交易系统。

摆动图可以根据价格与时间来绘制。最常用的方法是画出次要摆动图、中期摆动图及主要摆动图，然后进行比较。有些交易者会使用日线图绘制次要摆动图，使用周线图绘制中期摆动图，使用月线绘制主要摆动图。所有时段的图表都可用于绘制摆动图。

通过分析这三种摆动图，交易者应该能判断市场目前的走势，包括市场经常会出现的三重顶、三重底，从而判断是顶部还是底部的信号。这是有利于分段加注的交易战略。摆动图除了包括价格支撑及压力之外，更有时间的长度、循环周期、向上和向下摆动的时间及幅度等。

除了摆动图中所显示的形态、价格与时间资料以外，交易者还必须了解"垂直线及水平线"。水平线代表头部和底部，因为从这些头部与底部延伸出的线总是水平的。图形中的垂直线表示时间，标示未来重要头部与底部的日期。这些线交叉的点是重要的支撑位与压力位，时间区域延伸至无穷大。反之在走势图上，时间永远以垂直线去表示，用来追踪未来头、底的日期。这些直线的交叉点即表示未来的支撑、压力及时间。

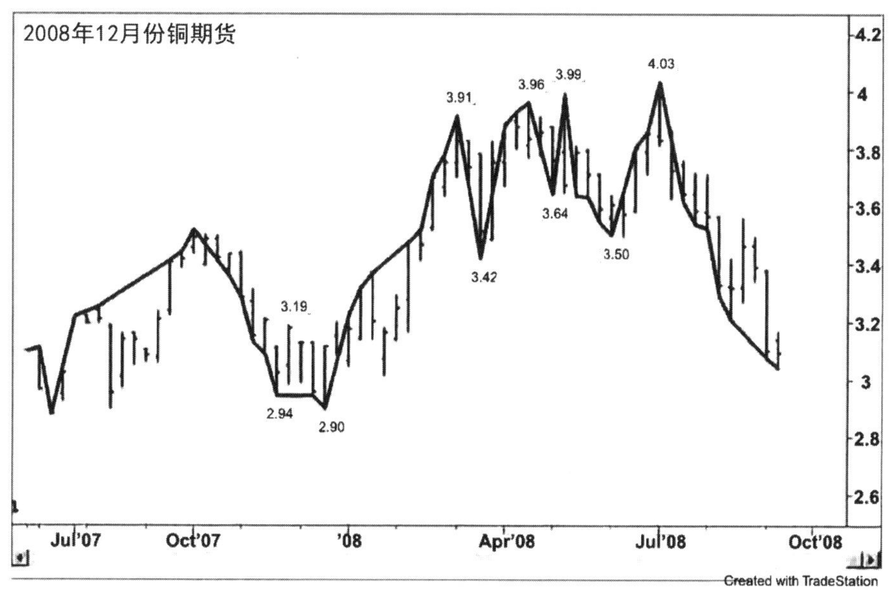

图 4.10　2008 年 12 月铜期货的摆动周线图

江恩百分比

江恩百分比这种图形也是绘制在摆动图上。摆动图的头部与底部形成价格区间，这些价格区间有些重要的百分比，例如，33%、50%与 67%。这些本身就代表重要的支撑位与压力位。如果一个江恩百分比位置，恰好对应着先前的头部、底部，或者角度线汇集的价位，将代表重要的支撑与压力，可能导致趋势变动。

头部与底部所构成的区间，以及江恩百分比，它们同样代表重要的时间位置。也就是说，头部、底部与趋势变动可能发生在这些时间位置。结合重要的价格与时间，有助于预测和及早判定支撑与压力位。

江恩角度线

在水平与垂直的区域内，市场也呈现对角的走势。（图 4.11）这些对角线或角度线同时代表价格与时间，并构成形态，可以以此判断市场的力量与方向。由于这些角度线反映时间与价格，它们具有预测价值，使交易者能够推测未来的价格走势。

角度线由市场的某个时段的头部与底部开始绘制。（图 4.12）由某个头部与底部绘制的角度线，将反映该头部或底部的特征。例如，由三支线底部所绘制的角度线。其强度高于小型底部所绘制的角度线，同理，月线图中的角度线就强过周线图或日线图上的角度线。这从另一个方面说明，摆动图中的主要头部与底部必须要正确标示出来。图形中只要失掉一个波动头部与底部，未来的分析就可能误入歧途。只要正确画出过去的图表及资料，那就能了解现在及将来。这个观念充分反映在江恩的《基准蛋类课程》中："多年的研究与经验显示，如果市场发生 3 天以上回调，我们应该在此画出角度线。如果第二个与第三个头部也形成，第三个头部如发生重大跌势，从这个浪的底部画出江恩角度线必能预测下一段浪的底部、顶部。"

为了绘制角度线，交易必须知道相关市场的正确价格刻度。如果没有正确的刻度，角度线中所反映的价格、时间关系将不正确，预测功能丧失。最后，必须特别留意不同角度线的汇集位置，它们代表强劲的支撑与压力区域。例如，这些相互汇集的角度线可能都来自日线图，也可能分别来自周线图与月线图。

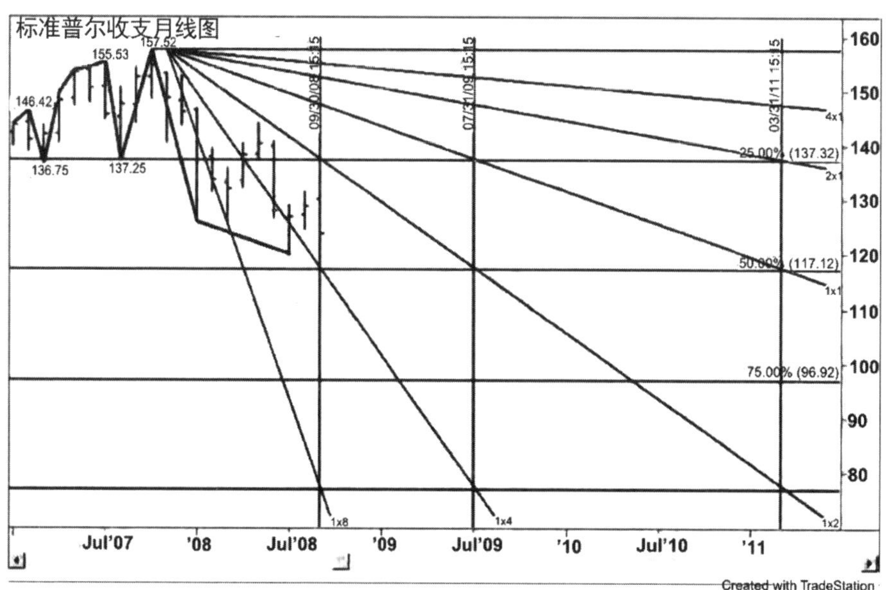

图 4.11 SPY 公司 区间角度化月线图

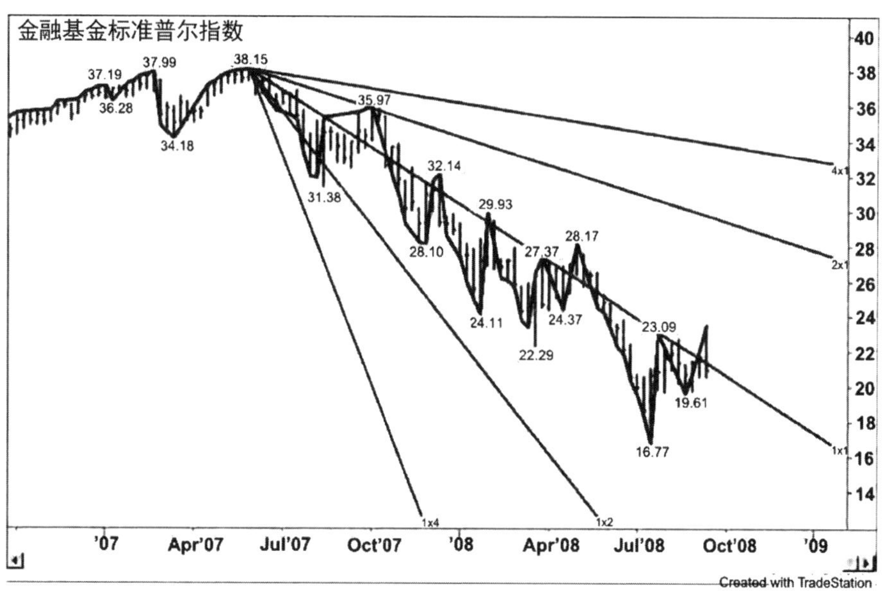

图 4.12 金融基金标准普尔指数

时间走势图

在所有使用的走势图上，分析者都应该标示时间。时间是以垂直线段或箭头来标示的。时间含循环计数的区段长度（30天、60天、90天、120天等）、主要头部或底部的周年日（如5年周期的头部）、季节的起始或结束日期、费波纳奇数列（Fibonacci sequence）或占星日期（合相、对角与对立）。走势图也可以标出重大的经济资讯的发布日期，这也往往有助于辨识趋势目标。

总结

价格与时间数据有两种格式：表格和图形。第一种格式是属于原始资料，储存于电脑档案中，包括日期、开盘价、最高价、最低价、收盘价、成交量与未平仓量。任何电脑的使用者都熟悉这类资料。第二种格式是将表格数据表示为图形。不论是哪一种格式，最主要的内容就是价格、时间与成交量。本书处理的主要对象是价格和时间，以及两者相结合形成的图形。成交量与未平仓量未被涉及，虽然它们也是形态、趋势的重要决定因素。

交易者应该尽量去研究与实验所有可供运用的庞大资料。但前提是资料务必要讲求一致性，尤其是资料来源，如资料是来自24小时走势图或交易时段走势图，绝对不该混淆。优秀交易者会尽量运用所有可供运用的资料借以正确判断股市走势。这可能意味着交易者应该综合采用市场活动的资料。务必查核资料正确性，特别是关于开盘、最高、最低价。只要有任何资料错误，江恩角度线工具的判断就有可能会错误。

价格可以表示为各种单位：美元/磅、美元/蒲式耳、美元/盎司等。在进行价格与时间的分析时，图形的价格刻度非常重要。只有采用正确的价格刻度，图形才能反映价格与时间的正确关系。仔细研究图形中市场的走势，分析者才能够决定正确的价格刻度。如果价格刻度不正确，交易者就不能精确判断支撑与压力的位置，价格与时间的关系也会被扭曲。因此，怎样强调刻度的重要性都不过分。

绘制图形也必须考虑时间的因素。分析者应该尽可能观察不同时段的图形。这些时间段从长期（年份）到短期（分钟）不等。不同时段的图形可以帮助交易者了解市场的本来面目，精确判断行情的转折点。

根据价格与时间而适当绘制的图形，可以显示清晰的形态，协助交易者判断行情的可能演变。另外，采用一致性的图形，有助于建立有效的资金管理与交易系统。成功的事业必须有完备的记录，否则免不了失败。交易的情形也是如此，务必要记录与保存完备的图形资料。研究过去可判断未来，图形就是代表过去的资料。如同市场随着时间发展一样，交易者也需要花费时间绘制必要的图形来研究市场中的多空变化。为了跟踪并发现形态、价格与时间中的关键点，交易者必须绘制一流的图形。

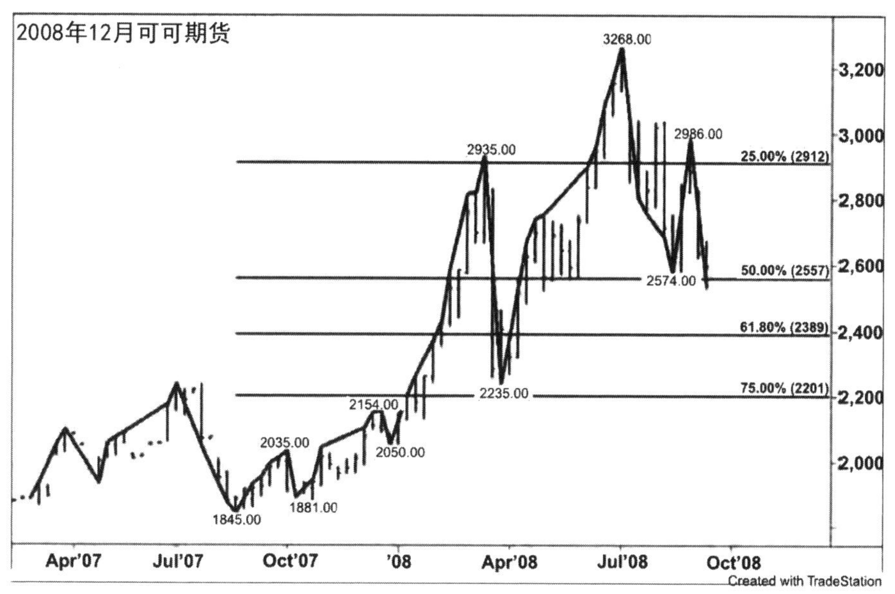

图 4.13　2008 年 12 月可可期货的江恩百分比走势图

根据简单的柱状图，交易者可以绘制摆动图来标明趋势、头部与底部。摆动图也会形成形态，供交易者判断趋势变动的过程。另外，交易者也能够根据摆动图中的水平支撑线与压力线，来发现关键的时间点。(图 4.13) 摆动图中的角度线可以显示对角的支撑与压力，它们具备起始头部或底部的性质。也就是说，起始头部（底部）所表现出的支撑（压力）愈强，所绘制的角度线也代表愈强的支撑（压力）。每组波动都会构成价格区间，由此可以计算百分比回调点，这也是水平的支撑和压力。这些水平点与垂直点相互结合之后，将显示趋势发生变动的位置。前述的分析也可以纳入时间的因素，用来判断主要的循环日期。最后，结合形态、价格与时间，将成为交易系统的发展基础。

第五章　形态：交易指标图表

趋势指标图也称为摆动图表，用于识别任何时期市场上顶部及底部的走势。为了避免混淆，我们提出每月、每周、每天或者是日内交易，我们会将此交易时段标注为每一支竹线图。

趋势指标图跟随市场上下波动。基本上，每次市场从一个低价到一个比之前更高的价位，趋势线向上移动。这个趋势使低价成为底部。来自每次市场做出低价低于前期的低价走势。由每一次高价向下移动到新的低点。这会令趋势线由高价向下移动到新低。这个趋势使这个高点成为一个顶部。来自底部的趋势线和来自顶部的趋势线的组合形成了一个摆动，这是重要的信息，这些在止损那一部分再讨论，交易者将会因此知道将止损放在低于摆动图的底部，而不是低于底部，或高于摆动的高点，不是高于最高的位置。交易者应学习低位及摆动低点之间的区别，以及高位及摆动高点。

一旦形成第一次摆动，交易者就可以预测趋势的变化。如果摆动图从第一个交易月、周或日开始，趋势线上升到新的高点，这并不意味着趋势已经出现。相反，如果第一步走低，这并不意味着趋势下降。趋势向上的唯一方法是跨越顶部，趋势下降的唯一方法是跨越底部。此外，如果趋势上升且市场下跌则不然。如果趋势上升且市场下跌而没有穿越之前的摆动底部，这是一个修正。如果趋势下降了，市场上的摆动并没有穿越之前的摆动顶部，这也是一个走势的修正。市场由这两种类型的上下移动组成。摆动图用来提醒注意这些类型的移动。

总之，在使用摆动图时，交易者只是追踪着单支线形的向上或向下走势。下降趋势线与随后向上的趋势线的交汇处，代表了摆动底部，上升趋势线与随后向下的趋势线的交汇处是摆动顶部。摆动的顶点和底部形成了趋势指示图，波动底顶的交叉使趋势上升，波动底点的穿透使趋势下降，市场由上升趋势、下降趋势和趋势修正组成。

小趋势指标

在研究外汇、股票和商品市场图表时，交易者将不可避免地发现市场的小波动。这些小波动共同造成小趋势。虽然它们本质上是次要的，但这些趋势提供了有用的信息。交易者可以用来确定市场的小趋势以及何时会改变。

交易员会对小趋势非常迷恋，因为通过这个指标捕捉市场的小幅波动，看起来有巨大的利润。不幸的是，这样操作的人很快就会知道情况完全相反，因为这会产生很多的错误信号和令人望而却步的成本。虽然有必要构建此图表以了解小趋势在中长期趋势中所扮演的角色，但它不被推荐为趋势信息的唯一来源。

习惯于赌博心态的交易者会发现自己陷入困境，他们迷上了交易小波动，情感及贪婪扼杀了对整个市况的判断，以及害怕错过“大行情”。完全依赖于市场小幅波动的交易者最后可能会对自己的能力疑虑，并且经常会淡化系统损失或错误。失去信心会对他未来的交易产生重大的影响，因为在他们尝试更复杂的体系时，他们脑中总会闪过怀疑。

必须警惕小趋势交易的陷阱。小趋势可以作为未来市场变动的指标，只是交易者需要了解小趋势所具有的作用。请注意，应该使用小趋势来了解更多关于中期的信息和主要趋势。这是最有效的运用方式，除非交易者因为职业缘故而被迫进行当日冲销的短线交易。虽然可以通过交易证明，从长远来看主要的市场波动会赚更多的钱。如果是愿意负担风险的人，可以选择在交易成本低的时候进入市场，这时开发或优化自己的交易系统会有明显的效果。

使用小趋势交易是一项全职工作。交易者必须随时构建图表。这是因为任何时候都可能发生重大变动，交易者必须做好准备。在小趋势中取得成功，需要在微小的波动中控制好风险及处理损失，换取更多利润。交易者如果无法接受交易亏损次数多于获利，思想封闭且不能快速接受趋势变化，应避免交易小趋势。

小趋势可以作为预测未来市场的指标。只要正确地画出图表，交易者能够通过小趋势图表了解每一个微小的高点、低点及发生的时间。另外，交易者也将能够确定何时发生了轻微的趋势变化和价格方面的波动。

次要趋势定义

由于小摆动图表可用于识别任何小的顶部和底部时间段，避免混淆每月、每周、每日或日内图表，我们称每个交易时间段为一支竹线图。

小摆动图表或竹线图，会遵循每一支竹线图在市场的运动。每次市场在低点中比起之前的价格一浪高于一浪，表示一条小型小趋势线从最近的低点向上移动到新的高点。这个动作使得以前的低价格是一个次要底部。（图 5.1）在市场的高位，如果出现一个低于前一个竹线图的低点，则一条小趋势线从最近的高点向下移动到新的低点。这个动作使之前的高价成为次要的顶部。（图 5.2）这个来自底部的小趋势线和顶部的小趋势线组合形成小摆动。这是重要的信息，因为当讨论止损位置时，交易者将被告知将止损设置在小摆动底部，而不是低位。了解低位、高位、摆动底部、摆动顶部之间的区别，这将有助于您更快地减少损失。

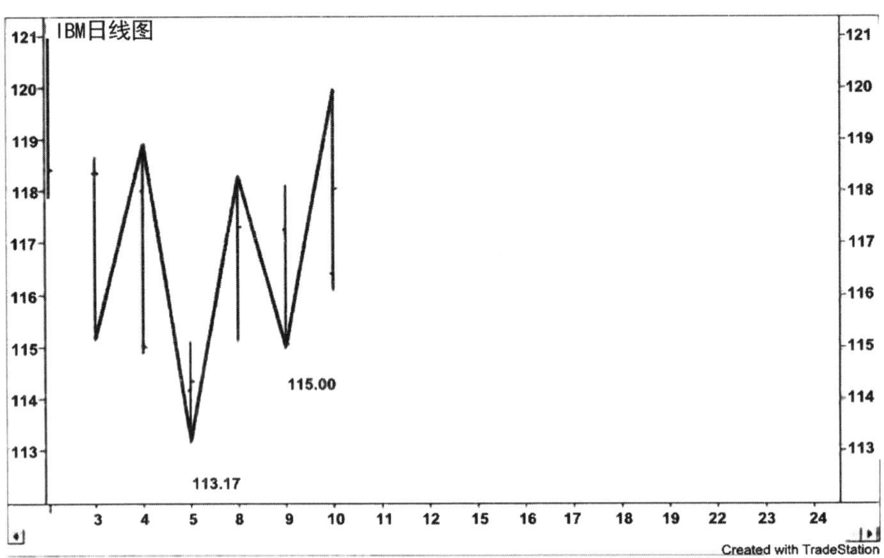

图 5.1　小型底部在 113.17 及 115.00，当市场涨到高点，低价将成为次要的底部

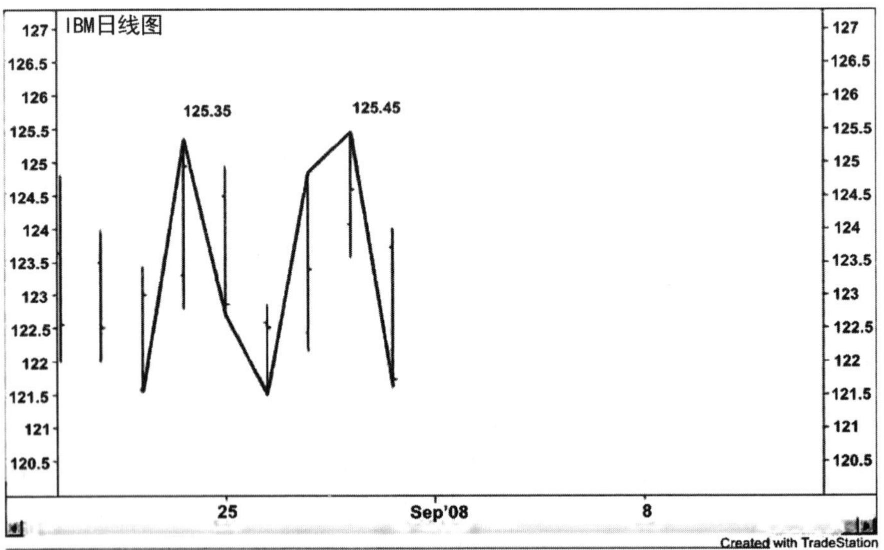

图 5.2　小型顶部在 125.35 及 125.45，当市场在更低的低位时，高价将成为小型的高点

一旦形成第一次小摆动，交易者就可以预测到小趋势的变化。(图5.3) 如果小的摆动图表从第一个交易月、周或日开始，并且次要趋势线上升到新的高点，这并不意味着小趋势已经出现。相反，如果第一步是下跌，那么并不意味着小趋势下降。小趋势出现的唯一方法是跨越一个小的顶部，唯有当价格向上穿越小型头部时，小趋势才是向上；唯有当价格向下穿越小型底部时，小趋势才是向下。(图 5.4) 另外，如果小趋势向上，行情出现向下摆动与先前小型摆动底部，这就是修正。同理，如果小趋势向下，行情出现向上摆动而没有穿越先前的小型摆动头部，这也是一个修正的走势。市场是由两种类型的向上与向下走势所构成。小型摆动图反映了这两类走势：(1) 上升趋势的向上走势及修正的走势。(2) 下降趋势的向下走势与修正走势。

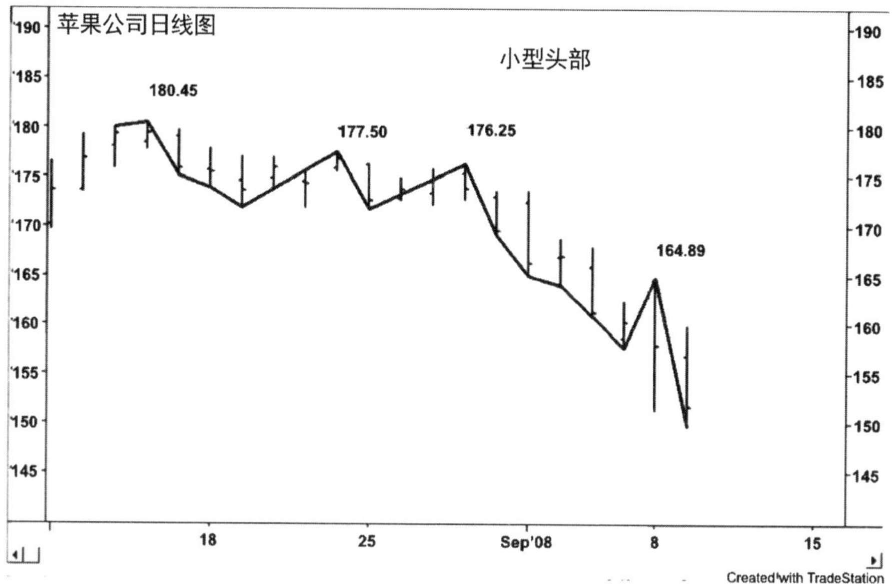

图 5.3　从高价绘制的小型趋势走势图，单支线形向下摆动而形成小型头部，小型趋势线从顶部下跌创出新低

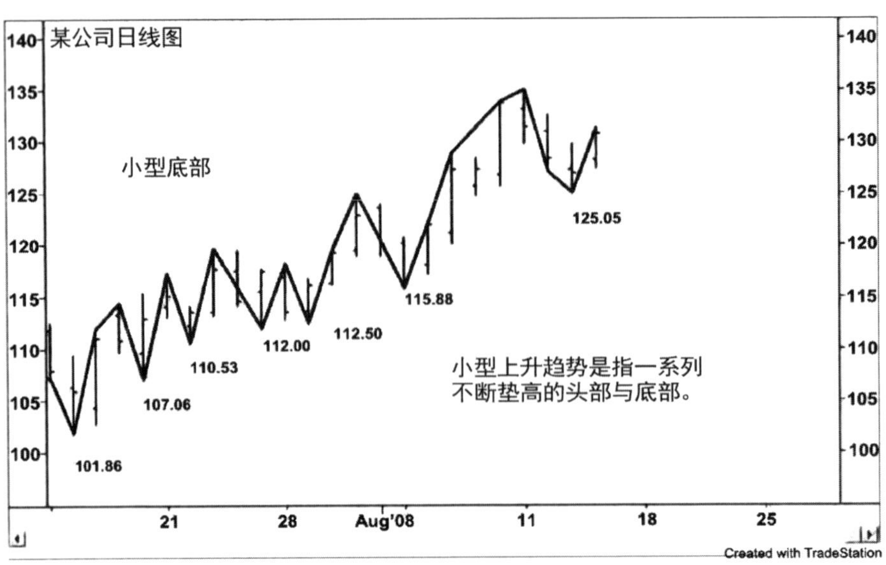

图 5.4　从低价绘制的小型趋势走势图，单支线形向上摆动而形成小型底部，小型趋势线从底部上升创出新高

总之在小型摆动图内分析者只是单纯地追踪单支线形的向上或向下走势。(图 5.5) 向下趋势线与之后的向上趋势线的交汇处，即代表小

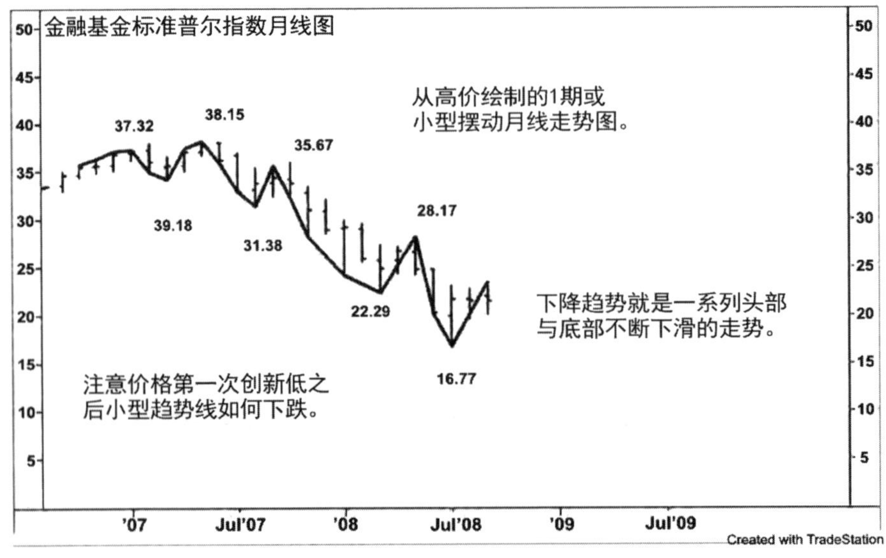

图 5.5　从高价画出小型趋势月线图

型摆动底部。之后向上趋势线与随后向下趋势线的交汇处，则代表小型摆动头部。趋势指标图是由摆动头部与底部所构成。价格向上穿越小型摆动的头部，表示小型趋势转而向上；价格向下跌穿小型摆动的底部，表示小型趋势转而向下。市场就是由上升趋势、下降趋势与修正走势构成的。(图 5.6)

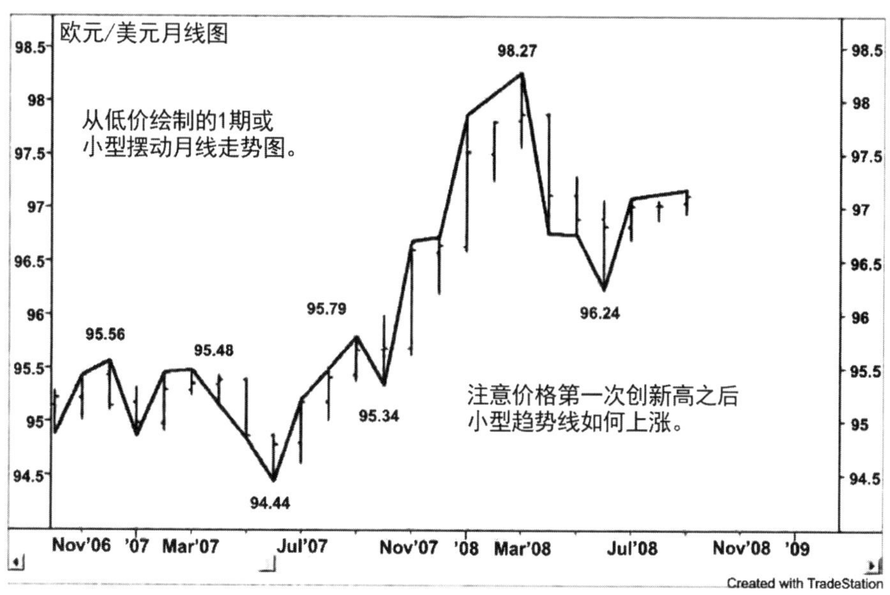

图 5.6　从低价画出的小型趋势月线图

中期趋势指标图

在学习了小型摆动图的结构以及了解其缺陷后，分析者自然会考虑中期的摆动图。交易者会发现，中期摆动图可以提供更好的成功交易机会。另外，中期趋势指标图能够提供比较“真实”的趋势变动，反复信号发生的可能性较少。最后，同小型趋势图相比，中期趋势所产生的信号要少，因此交易的成本也比较低。(图 5.7、5.8)

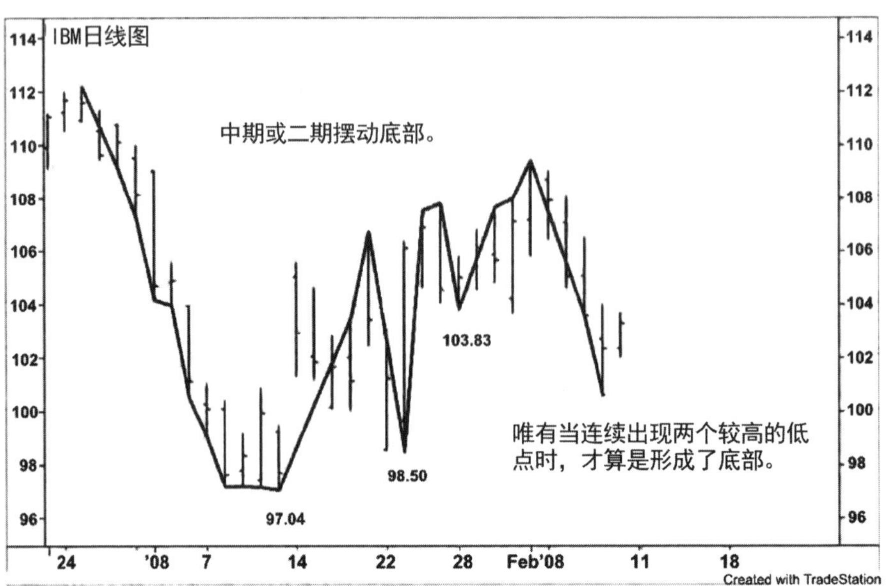

图 5.7　中期或二期摆动底部，位置在 97.04、98.5 及 103.83

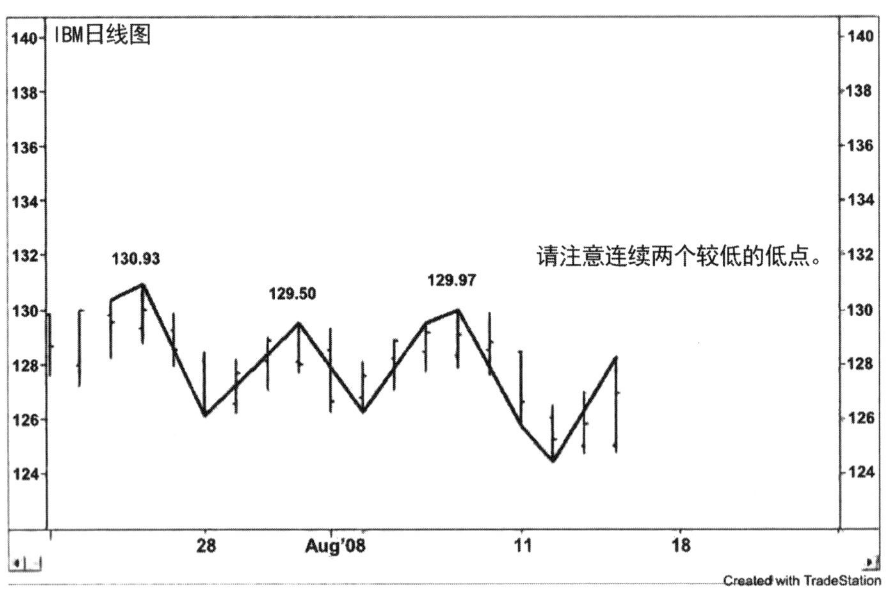

图 5.8　中期或二期摆动底部，位置在 130.93、129.5 及 129.97

利用中期摆动图进行交易，可以有如下好处：

（1）中期趋势提供的交易机会少于小型趋势，这样可以使交易成本最小化。

（2）中期趋势所提供的交易信号少于小型趋势，所以信号反复的可能性比较低，也不太容易产生连续的亏损。

（3）相对于小型趋势，中期趋势的发展比较缓慢，也比较容易预测。这使交易者能够从容观察行情的演变，在必要时进行调整。

（4）虽然小型趋势图与中期趋势图的绘制方法基本相同，但是后者可以节省很多时间，尤其是当行情处在曲折的上升或下降趋势时。

（5）小型趋势发生方向变动的频率高，容易过度交易，经常发生连续损失。利用中期趋势进行交易，这种情况比较少，交易者的精神压力也比较小。

（6）研究小型趋势图有助于判断中期趋势所将发生的趋势变动。同理，研究中期趋势图有助于判断主要趋势图中的趋势变动（参阅第六章）。

在了解了小型趋势图的缺点与中期趋势图的优点之后，交易者经常会选择中期趋势图作为唯一的趋势资料来源。适当绘制中期趋势图之后，交易者可以辨识每个中期头部与中期底部，以及它们的发生日期。另外，交易者也能够判断中期趋势何时发生变动，以及价格与时间的中期波动区间。根据这些资料可以建立简单的交易系统。

定义：中期趋势

由于中期摆动图可以用来判别任何交易时段的中期头部与底部，为了避免月线图、周线图、日线图还是盘中走势图所带来的困扰，我们将利用单一线形代表每个交易时段。（图 5.9 及图 5.10）

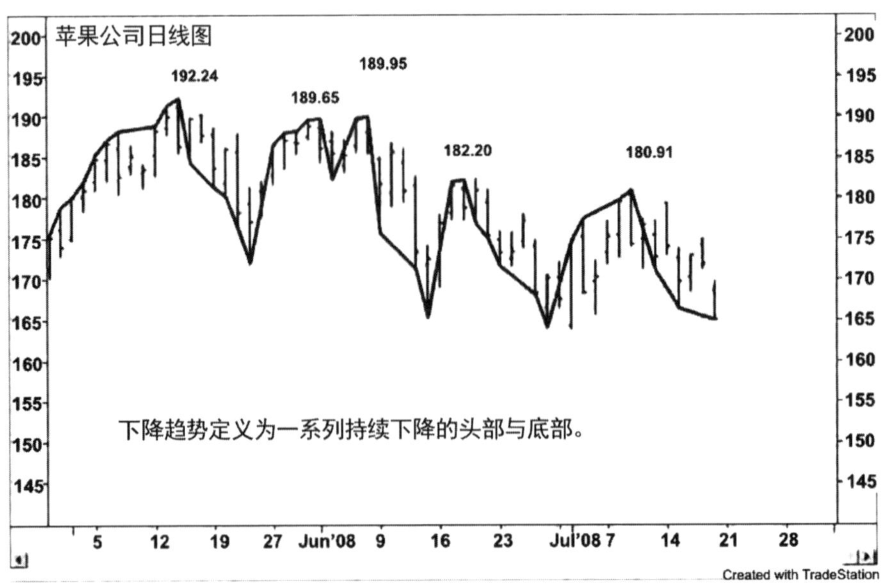

图 5.9　从高价画出的中期日线趋势

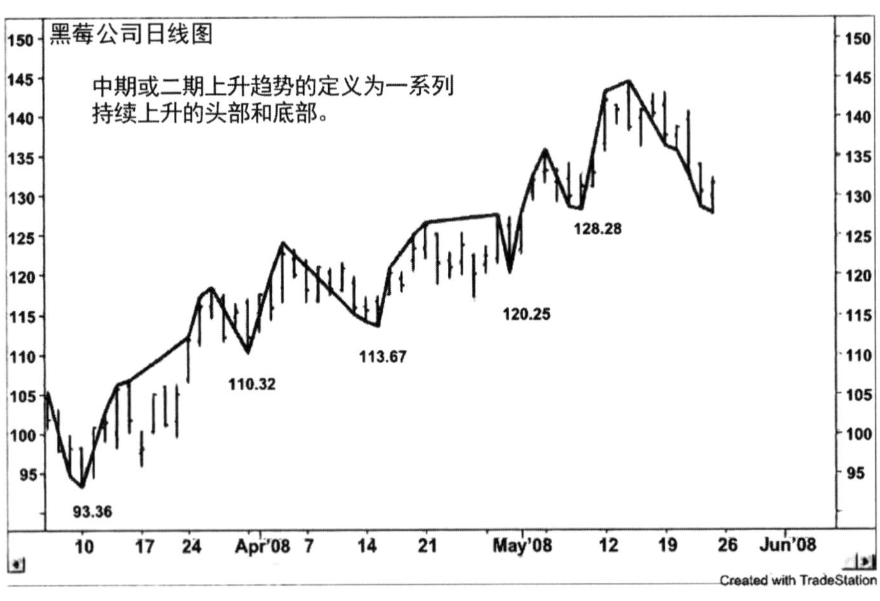

图 5.10　从低价画出的中期日线趋势

中期摆动图追踪的是两只线形的变动。（图 5.11）由一个低价开始，在连续两个交易时段内，当每只线形的高价高于前一只线形的高价时，将两只线形前的低价与新的高价连接起来，就形成向上的中期趋势线，两只线形前的低价就成为中期底部。由一个高价开始，在连续两个交易时段内，当每只线形的低价低于前一只线形的低价时，将两只线形前的高价与新的低价连接起来，就形成向下的中期趋势线，两只线形前的高价就成为中期头部。将向上与向下的中期趋势线结合起来，就形成中期的波动。

这是非常重要的信息，因为交易者应该把止损位设定在中期波动的底部（而不是低点）之下，或在中期波动的头部（而不是高点）之上。交易者必须研究和了解低点和中期底部，以及高点与中期头部之间的差别。

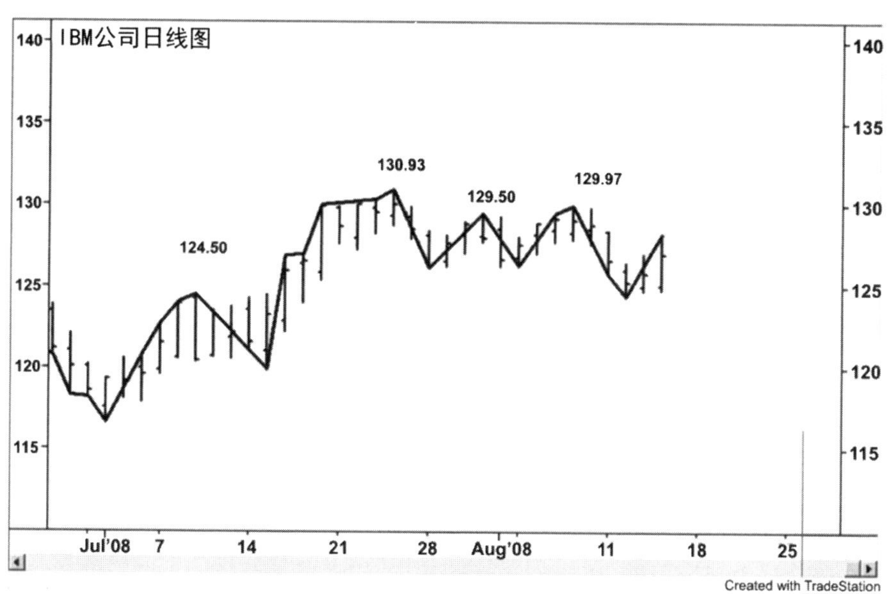

图 5.11 中期或二期日线图的趋势指标

当第一个中期波动形成之后，交易者可以预期中期趋势的变动。如果由交易的第一个月、第一周或第一天开始绘制中期摆动图，并且中期趋势线向上创出新高，这并不意味着中期趋势向上。反之，如果走势向下，这也不意味着中期趋势向下。只有当价格向上穿越中期底部时，才能确认中期趋势向上的。同样，只有当价格向下穿越中期底部时，才能确认中期趋势向下。另外，如果中期趋势向上，行情出现下调但没有击穿之前的中期底部，这就是修正。同理，如果中期趋势向下，行情出现上涨但没有突破中期头部，这也是修正。市场是由向上与向下的两种走势构成。中期摆动图反映了这两种走势：上升趋势中的向上走势与修正走势，下降趋势中的向下走势与修正走势。

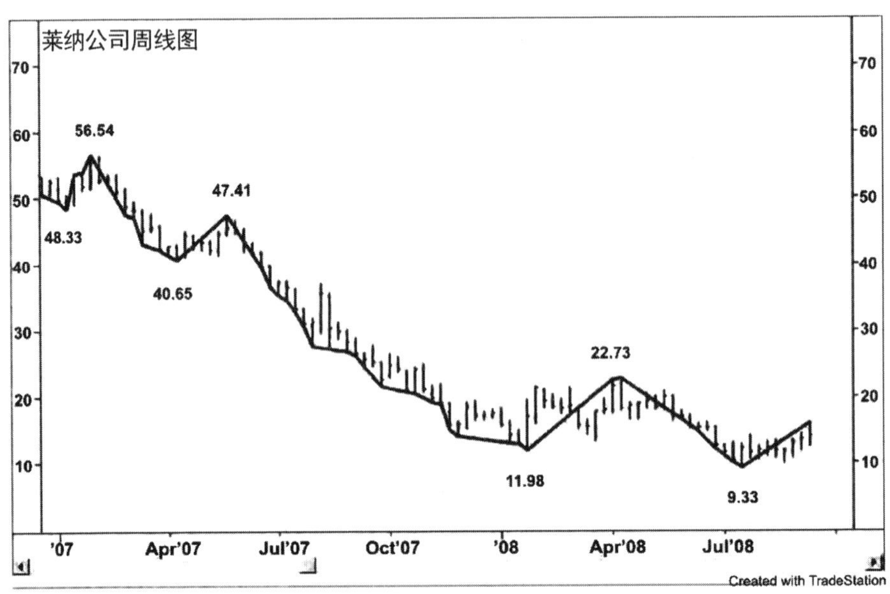

图 5.12　中期或二期趋势周线图，忽视了小型或单支线形的走势，只考虑了两支线形

总之，在研究中期摆动图中，分析者仅是追踪两只线形的向上与向下走势，向下趋势线与随后向上趋势线的交叉代表中期波动底部，向上趋势线与随后向下趋势线的交叉代表中期波动头部。中期趋势指标图则是由中期波动头部与底部构成。（图 5.12）价格向上穿越中期波动头部，中期趋势转变为向上，价格向下穿越中期波动底部，中期趋势转变为向下。市场就是由上升趋势、下降趋势与修正走势构成。

主要趋势指标图

在研究了小型与中期摆动图并了解它们的一些缺点和优点之后，分析者自然会考虑主要的摆动图。小型趋势图中的交易机会很难掌握，中期摆动图相对容易操作，但交易者可能想要发展长线指标。小型趋势指标最积极，其次是中期趋势指标，主要趋势指标最保守。但是这并不代表主要趋势图形最理想，然而，绘制这些图形的目的就是在交易中获利。小型趋势图变动频繁，交易成本高。利用主要趋势进行交易，虽然佣金成本较低，但有可能失掉机会。理想的方法是将主要趋势图与中期趋势指标配合起来运用。例如，如果主要趋势图形显示行情处于牛市，最好在中期趋势指标的修正走势中寻找买进的机会。相反，如果主要趋势图形显示行情处于熊市，最好在中期趋势指标的修正走势中寻找卖出机会。主要趋势图形的构建绝对不能掉以轻心，因为每个市场的主要趋势都代表交易者的首要利害关系。(图 5.13)

为了正确分析市场并进行成功交易，分析者必须同时采用主要趋势图、中期趋势图与小型趋势图。毕竟，短期波动组成了长期波动，虽然每种图形都各有优点与缺点，配合起来使用可以发挥最大的功能。方式如下，遵循主要趋势的方向进行交易，利用中期趋势进场和离场，积极的交易者在主要与中期趋势中利用小型趋势寻找买点、卖点。不要使用任何一种图形作为交易的唯一指导。在主要趋势中利用图形的组合进行交易，通常绘制主要趋势图之后，交易者可以辨识每个主要头部与主要底部，以及它们的发生日期。(图 5.14）另外，交易者也能够判断主要趋势何时发生变动，以及价格与时间的主要波动期间。根据这些资料可以建立简单的交易系统。

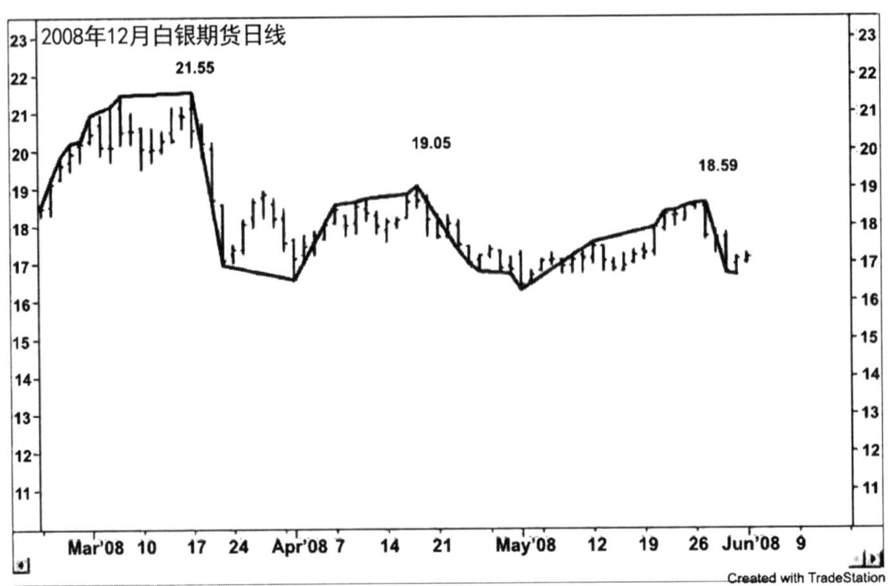

图 5.13 主要或三期指标，从 21.55、19.05、18.59 这几个高点开始，趋势线在遇到三个更低的低点之后，就开始往下移动

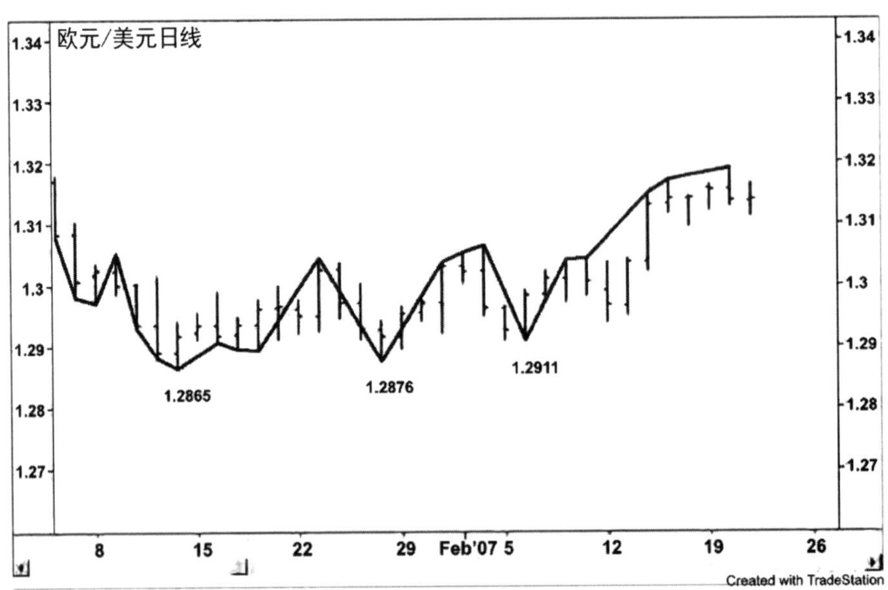

图 5.14 主要或三期摆动的底部，从 1.2866、1.2876、1.2911 这几个低点开始，趋势线在遇到连续三个更高的高点之后，便开始向上反弹，并形成底部

定义

使用主要摆动图，可以识别所有交易时段的主要头部与底部。它可应用于月线图、周线图、日线图，甚至盘中走势图。每个图表分别对应了各自的交易时段。（图5.15）

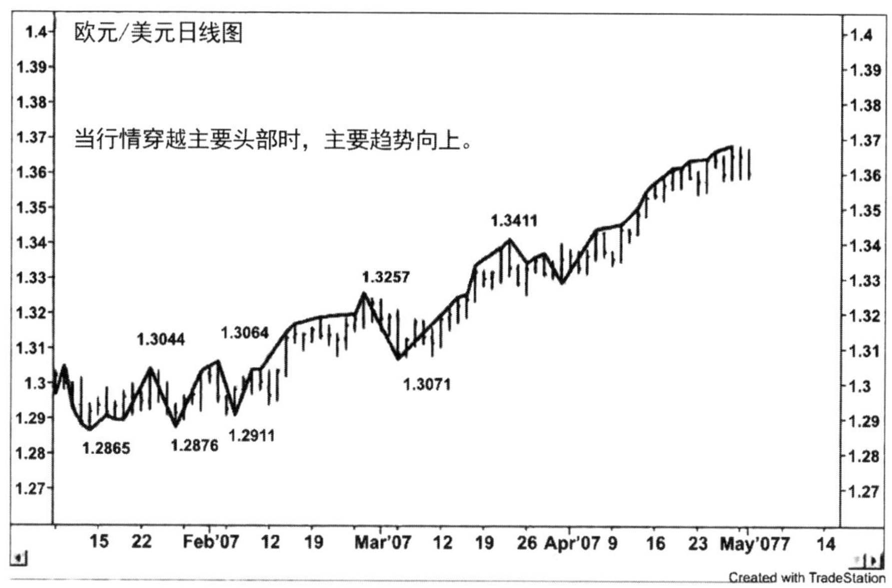

图 5.15　主要或三期趋势指标（趋势向上）

主要摆动图追踪的是三只线形的变动。由一个低价开始，在连续三个交易时段内，当每只线形的高价高于前一只线形的高价时，将三只线形前的低价与新的高价连接起来，就形成向上的主要趋势线，三只线形前的低价就成为主要底部。由一个高价开始，在连续三个交易时段内，每只线形的低价低于前一只线形的低价，将三只线形前的高价与新的低价连接起来，就形成向下的主要趋势线，三只线形前的高价就成为中期头部。将向上与向下的主要趋势线结合起来，就形成主要波动。

当第一个主要波动形成之后，交易者可以预期中期趋势的变动。如果由交易的第一个月、第一周或第一天开始绘制中期摆动图，并且主要趋势线向上创出新高，这并不意味着主要趋势向上。反之，如果走势向下，这也不意味着主要趋势向下。只有当价格向上穿越主要底部时，才能确认主要趋势是向上的。同样，只有当价格向下穿越主要底部，才能确认主要趋势是向下。另外，如果主要趋势向上，行情出现下调但没有击穿之前的主要底部，这就是修正。同理，如果主要趋势向下，行情出现上涨但没有突破主要头部，这也是修正。市场是由向上与向下的两种走势构成。主要摆动图反映了这两种走势：上升趋势中的向上走势与修正走势，下降趋势中的向下走势与修正走势。

总之，在研究主要摆动图中，分析者仅是追踪三只线形的向上与向下走势，向下趋势线与随后向上趋势线的交叉代表主要波动底部，向上趋势线与随后向下趋势线的交叉代表主要波动头部。（图 5.16）主要趋势指标图则是由主要波动头部与底部构成。价格向上穿越主要波动头部，主要趋势转变为向上，价格向下穿越主要波动底部，主要趋势转变为向下。市场就是由上升趋势、下降趋势与修正走势构成。

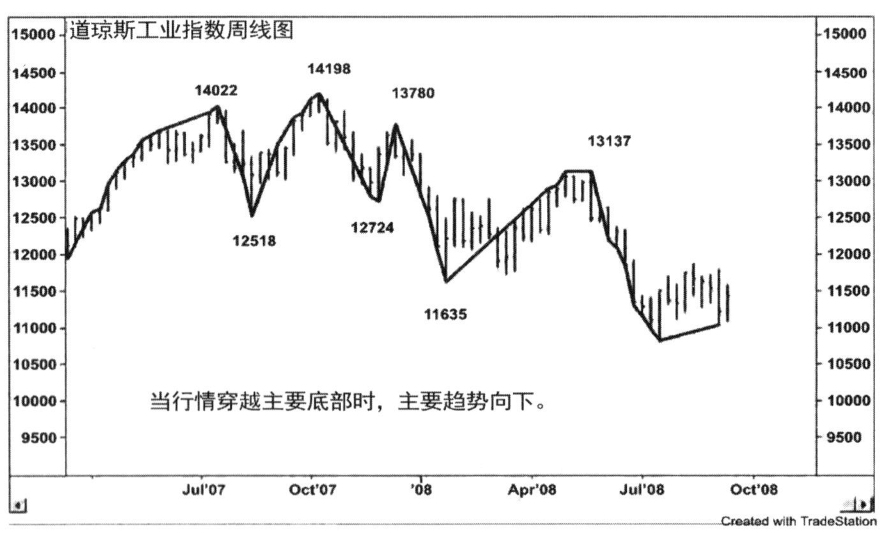

图 5.16　主要或三期趋势指标

趋势指标图结构

趋势指标图有两种建构方式。第一种方式是手工画图。另一种方式则是使用绘图电脑软件。我们建议读者先用手工方式绘图，实际感受一下市场的脉动，唯有当熟悉相关讯息之后，再考虑采用电脑绘图。如果采用电脑绘图软件，分析速度将会显著提升，有助于获得信息。尤其是关于摆动大小与期间长度方面的信息。

手工画图需要准备的有：线形图、价格与时间数据、红笔、绿笔、黑笔和直尺。黑笔用来更新线形，绿笔用来绘制向上的趋势线，红笔用来绘制向下的趋势线。为了避免错误，趋势线最好用直尺来画。价格与时间的数据用来确认高点和低点的位置，肉眼的观察可能会有误差。

期货开始进行交易之后，就应该绘制趋势指标图，等到该期货成为交易最活跃期货时，交易者就已经拥有相当完整的趋势指标图，随时可以根据图形推论价格与时间，这份走势图就代表市场的“手指纹”，因为每个市场的独特形态都会反映在图形上。所以，交易者必须随时拥有精确的图形。

内侧线形

当交易者追踪市场的小型波动时，值得注意的重要现象是内侧与外侧的走势。由于此形态可能发生在任何交易时段（月、周和天)，我们将其称为“内侧线形”。(图 5.17)

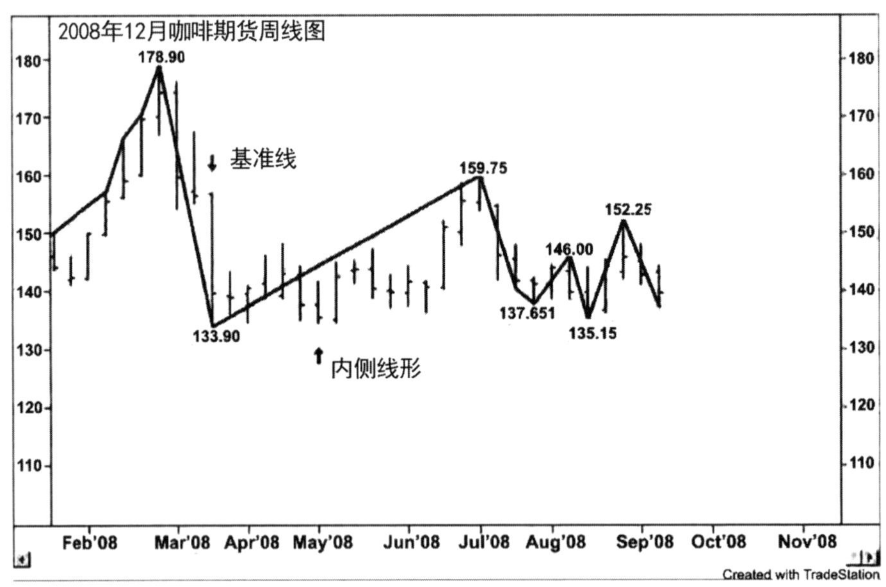

图 5.17 内侧线形：在趋势指标图的建构过程，有可能忽略

如果某只线形的高价低于前一只的高价，而且低价高于前一只的低价，这就是内侧线形。在绘制趋势线时，分析者会忽略内侧线形，等待观察下一线形的交易区间。由于内侧线形被忽略，交易者必须根据前一个线形来判断小型趋势的方向。此线形就被称为“最近的活跃线形”(last active bar)，在内侧线形发生的隔天，如何决定当时的趋势方向呢？内侧线形发生之前，如果趋势线向上，而且下一支线形的高价高于最近的活跃线形的高价，则中期趋势线向上。在内侧线形发生之前，如果趋势线向上，而且下一支线形的低价低于最近的活跃线形的低价，则趋势线向下。在内侧线形发生之前，如果趋势线向下，而且下一支线形的低价低于最近的活跃线形的低价，则趋势线向下，在内侧线形发生之前，如果趋势线向下，而且下支线形的高价高于最近的活跃线形的高价，则趋势线向上。总之，交易者可以忽略内侧线形，然后再根据最近的活跃线形来判断趋势线随后的发展方向。

外侧线形

如果某个交易时段的高价高于前一个交易时段的高价，而且低价低于前一个交易时段的低价，这就是外侧交易时段。（图 5.18）与内侧线形不同，交易者必须注意外侧线形高价与低价发生的先后顺序。如果小型趋势线向上，而且外侧线形的高价发生在低价之前，则将小型趋势线连接到外侧线形的高价，然后再到外侧线形的低价。而中期与主要趋势指标图则会将这个线形视为一个向上移动的线形。假如小型趋势线向上，而外侧线形的低价发生在高价之前，小型趋势线就会先往下连接到低价，再往上连接到高价，而中期与主要趋势线仍旧会维持向上，而忽略先前发生的低价。除此之外，如果小型趋势线向下，而外侧线形的高价发生在低价之前，小型趋势线就会先往上可能上升到高价，再往下连接到低价，而中期与主要趋势指标图则有将其视为一个向上的移动。最后，如果小型趋势线向下，而外侧线形的低

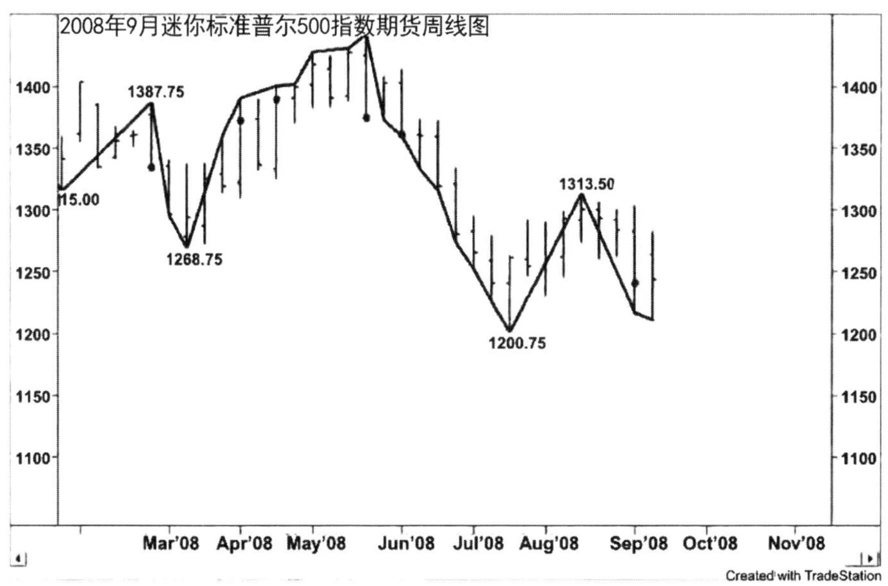

图 5.18　外侧线形：必须了解外侧线形中高价与低价发生的顺序

价发生在高价之前，小型趋势线就向先往下连接到低价，再往上连接到高价，而中期与主要趋势指标图则会根据先发生的低价，将其视为一个往下的移动。

务必要留意外侧线形高价与低价发生的顺序，因为市场的发展可能维持原先的趋势，或者交易者也有可能被迫调整止损点。当我们回过头来，去观察趋势指标图的历史资料时，已经不能判断一根外侧线形的高价与低价的发生顺序。此时通常可以假设，较为接近开盘价的极端价格先发生，较为接近收盘价的极端价格后发生。

市场一旦出现外侧线形，就必须特别留意中期与主要趋势指标图表。原因是外侧走势如果够大的话，就有可能会突破摆动头部或底部，这种走势有可能并不需要 2、3 支线形的走势，就足以造成突发的趋势向上或向下变动。

止损指令

我们稍后会详细说明止损点的设定方式，但此处先给出一般原则：止损价位应该设定在底部稍下方或顶部稍上方的位置。这是因为止损价位一旦被触及，就代表趋势已经改变。另一方面，如果将止损价位设在高点或低点附近，止损单就比较容易被触发，交易者有可能会在趋势还没变动之前过早采取行动。另外，交易者应该避免把止损价位设定在市场的正常波动范围之内。如果根据摆动图进场交易，绝对不应该采用固定金额止损点，因为交易者很可能在价格的正常波动中被止损出局。

止损点应该由市场决定。交易者准备进场时，应该先研究小型摆动图，由此决定他的资金能否承受这个市场的价格波动。如果交易者不能接受该市场所设定的宽松止损，说明他没有足够的资本在该市场中交易。他应该在其资金允许的范围内，寻找波动幅度较小的市场。

市场上的买卖活动经常会决定波动幅度的大小，同时也决定了止损的幅度。例如，如果当时市场处于高价区，价格波动的幅度就会高于低价区。止损价位应该设定在头部稍上方或底部稍下方 2、3 个价格跳动单位的位置。止损点设定的确切位置，是取决于当时的价格水平与波动程度。举例来说，如果市场处于历史低价区，止损位置与头部或底部的距离，就应该比市场处于高价区时来得紧密一些。交易者应该利用长期走势图，判断市场当时所处的位置，以设定适当的止损点。

当我们讨论特定的市场时，就会详细说明如何根据头部、底部与当时的价格水平，来决定适当的止损位置。

运用相关的资料

务必要详细记录价格的波动，因为顶部、底部的价位有可能成为当前市场的重要支撑与压力，或者是未来几年的历史重要支撑与压力。除了价位之外，头部与底部的发生日期也很重要，因为它可以用来判断目前行情的时效，或是未来几年的时效。

在辨识头部与底部之后，应该记录“头部到头部”“头部到底部”“底部到头部”与“底部到底部”之间的价格与时间。这些资料可以用来判断市场是处于扩张还是收缩状态。另外，还应该根据价格水平与日期来总结小型波动，从而了解特定时期内各种价格水平上的市场行为。除了循环的资料以外，图形中还包括重要的季节性资料。应该同时分析不同价格水平上的上升（下降）趋势强度以及其修正走势。为了便于计算价格与时间的变动，可以运用电子数据表来处理资料。保存这些波动的记录非常重要，因为这有助于预测未来价格与时间的波动。

交易者应该随时准备这些图形，用来判断相关时段的趋势。另外，必须注意各种时段的图形之间的相互关系，这样才不会浪费某个时段的图形。在分析图形时，交易者应该采用“由上往下”的视角。也就是说，先使用大的时段，再使用小的时段。“月线图上的小型头部或底部最重要，其次是周线图上的小型头部与底部，再次是日线图上的小型头部与底部，最后是小时图上的小型头部与底部。”

趋势指标图的性质

一旦准备妥当各种时段的趋势图，并分别标示头部与底部之后，应该特别留意下列数点，以便了解各种图形之间的关系。后文中讨论百分比回调与江恩角度线的部分，将再次强调这方面的观念。

交易时段与摆动之间的关系

（1）月线图上的小型头部，必定是周线图、日线图与小时图上的小型头部。

（2）周线图的小型头部，必定是日线图与小时图上的小型头部，但未必是月线图上的小型头部。

（3）日线图上的小型头部，必定是小时图上的小型头部，但未必是周线图或月线图上的小型头部。

（4）小时图上的小型头部，未必是日线图、周线图或月线图上的小型头部。

（5）月线图上的小型头部，必定是周线图、日线图与小时图上的小型底部。

（6）周线图的小型底部，必定是日线图与小时图上的小型底部，但未必是周线图上的小型底部。

（7）日线图上的小型底部，必定是小时图上的小型底部，但未必是周线图或月线图上的小型底部。

（8）小时图上的小型底部，未必是日线图、周线图或月线图上的小型底部。

（9）月线图上的一个小型上升趋势与一个小型下降趋势，它们是由周线图、日线图与小时图中的一系列波动所组成。交易者应统计月线图上每个上升趋势与下降趋势，平均是由多少个周线图、日线图与小时图中的波动构成。

（10）周线图上的一个小型上升趋势与一个小型下降趋势，它们是由日线图与小时图中的一系列波动构成。交易者应该统计周线图上每个上升趋势与下降趋势平均是由多少个日线图与小时图中的波动构成。

（11）日线图上的一个小型上升趋势与一个小型下降趋势，它们是小时图中的一系列波动构成。交易者应该统计日线图上每个上升趋势与下降趋势，平均是由多少个小时图中的波动构成。

（12）小时图上的一个小型上升趋势与一个小型下降趋势，它们是由其他盘中走势图（如 30 分钟、15 分钟或 5 分钟走势图）的一系列波动构成。交易者应该统计小时图上每个上升趋势与下降趋势，平均是由多少个盘中走势的波动构成。

摆动类型的关系

- 小型摆动上升趋势是由一系列小型摆动所构成。
- 小型摆动下降趋势是由一系列小型摆动所构成。
- 中期摆动上升趋势是由一系列小型与中期摆动所构成。
- 中期摆动下降趋势是由一系列小型与中期摆动所构成。
- 主要摆动上升趋势是由一系列小型、中期与主要摆动所构成。
- 主要摆动下降趋势是由一系列小型、中期与主要摆动所构成。
- 中期摆动头部必定是小型头部，不过小型头部未必是中期头部。
- 中期摆动底部定必是小型底部，不过小型底部未必是中期底部。
- 主要摆动头部必定是中期与小型头部，但中期与小型头部未必是主要头部。
- 主要摆动底部定必是中期与小型底部，不过中期及小型底部未必是主要底部。

总结

趋势指标图或摆动图可以运用于任何交易时段，而构出小型（1期）摆动、中期（2 期）摆动或主要（3 期）摆动图。

趋势指标图会追踪市场的摆动。交易者只是随着向上与向下发展而分别向上与向下连接趋势线。当趋势突破先前的头部或底部时，趋势便将向上或向下变动，但趋势线本身的发展方向不变。这些行为将会形成上升趋势、下降趋势、修正走势三种情况。当趋势线变动方向时，先前的低点会形成底部，先前的高点则形成头部。绘制趋势指标时，必须忽略内侧线形。另一方面，交易者应该特别留意外侧线形的走势，因为外侧线形高价与低价的发生顺序，将会影响趋势指标图的结构，一旦出现外侧线形，务必要留意高价与低价的发生顺序。

避免将止损点设定在高点或低点附近，而应该设定在头部稍上方或底部稍下方的位置。止损点的设定，应该考虑当时行情相对于历史交易区间的关系。研究与分析小型摆动图的资料，可以协助交易者判断“头部到头部”“头部到底部”“底部到头部”与“底部到底部”的价格与时间波动区间。这项资料用来判断当时的行情是处于扩张还是收缩阶段。另外，研究各个价位水平与交易时段的市场行为，可以协助交易者判断行情的属性。最后，交易者也应该了解月线图、周线图、日线图与盘中走势之间的关系，以此掌握重要的支撑与压力位。

第六章　形态：摆动图的交易

趋势指标图构建完成之后，观察它在市场上的运用状况，接下来要建立一套简单的交易系统。最简单的交易系统可以让交易者完全通过机械方式进行操作。通过摆动交易方法进出市场，关键在于识别市场与各项趋势指标的性质。本章将讨论如何通过摆动图，制定交易策略。我们将讨论通过极端价位、反转止损点，还有各种方法进场交易。

趋势指标图的法则

小型趋势指标图

单一线形或小型趋势指标的走势图很容易建立，它反映单一线形的涨跌走势。(图 6.1)

如果某一线形原本在一个相对较低的位置，而下一个线形创下较高的高价，我们就会用一条小型趋势线，将之前那支线形的低价与之后那支线形的高价衔接起来，形成一条向上移动的小型趋势线。此时先前的那个低价就会成为一个小型的底部。只要线形持续出现较高的高价，小型趋势线就会继续向上移动，从而将每个高价衔接起来。这个程序会持续发展，直到某个线形出现较低的低价为止。如果发生这种情况，小型趋势线就会从原本的高价位置，衔接到后一支创低价线形的低价位置。这样一来，先前的高价就会成为一个小型的头部。以上即是单一线形或小型趋势指标的基本形式。

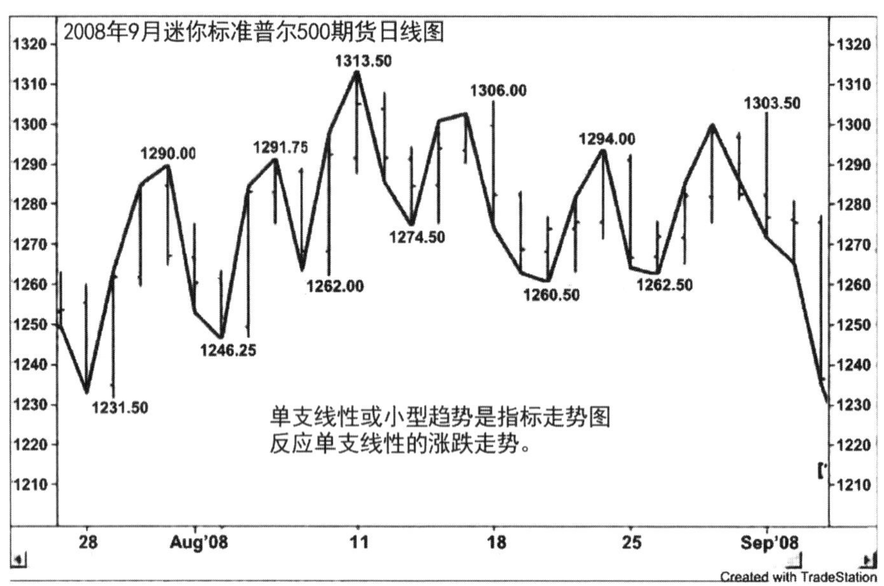

图 6.1 小型趋势指标图

中期趋势指标图

中期或两只线形指标图也比较容易建立。它类似于小型趋势指标图，但其反映的是两只线形的涨跌走势。(图 6.2)

如果某一个线形原本在一个相对低价的位置，接下来的两只线形连续创下较高的高价，用一根中期趋势线，将之前那只低价线形的低价与之后第二只线形的高价衔接起来，形成一条向上移动的中期趋势线。此时先前那个低价，就会成为一个中期的底部。一旦两只线形引发了向上的趋势线，随后就不再需要连续两个较高的高价来保持中期趋势线向上。只要市场不断创新高，向上的中期趋势线就不断连接到新的高点，直到连续两只线形出现较低的低价为止。如果此种情况发生，中期趋势线就会从原本的高价位置，衔接到第二支创低价线形的低价位置。这么一来，先前的高价就会成为一个中期的头部。以上就是两只线形或中期趋势指标的基本形式。

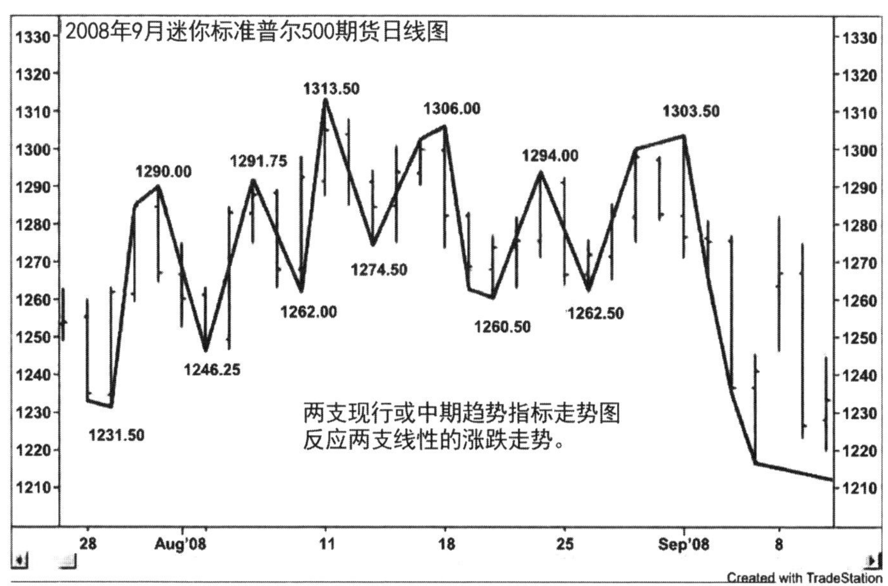

图 6.2 中期趋势指标图

主要趋势指标图

三只线形或主要趋势指标图也类似于单只线形或两只线形的趋势指标，但反映的是三只线形的行情涨跌。(图 6.3)

如果某一个线形原本在一个相对低价的位置，接下来，三支线形连续创下较高的高价，我们就会用一条主要趋势线，将之前那只低价线形的低价与之后第三只线形的高价衔接起来，形成一条向上移动的主要趋势线。此时，先前那个低价，就成为一个主要的底部。一旦三只线形引发向上的趋势线，之后就不再需要连续三个较高的高价来保持主要趋势向上。只要线形继续创新高，向上的主要趋势就会继续向上移动，将每个高价衔接起来。这个程序会持续发展，直到连续三只线形出现较低的低价为止。如果此种情况发生，主要趋势线就会从原本的高价位置，衔接到第三只创低价线形的低价位置。这样一来，先前的高价就会成为一个主要的头部。以上就是三只线形或主要趋势指标的基本形式。

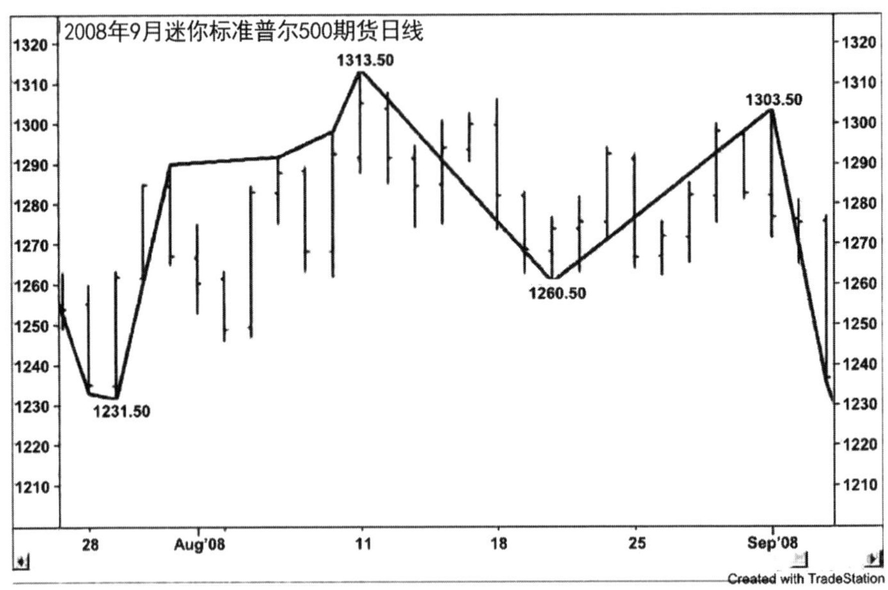

图 6.3　主要趋势指标图（3 只线形或主要趋势指标图反映市场 3 只线形的走势）

共同的性质

交易者最好当合约开始进行交易时，就绘制三种指标的图形。如此一来，当该合约最活跃时，交易者已经拥有完整的摆动图。在合约交易还很冷清的时期，例如交易的最初几个月，市场有时仅提供收盘价。在绘制图形中，如果收盘价高于或低于前一天的交易区间，就可以把收盘价视为是最高价或最低价。绘制过程中，应该分别标示每个波动头部与底部的价位与日期，这样将来才可以追踪过去头部与底部的资料。

将历史资料录入电子数据表中，分别计算价格之间、时间之间的距离，这些数据有助于分析头部到底部、底部到头部、头部到头部以及底部到底部的变化。这些资料必须涵盖价格与时间，如此才能评估每个波动的幅度与期间，这些是预测未来市场波动所需要的。另外，头部和底部持续的记录可以用来进行季节与循环的分析。

交易者必须注意各个价位的市场活动。例如，必须记录高价与低价区的波动幅度与期间。一般来说，低价区的波动幅度比较小，高价区的波动幅度比较大。这些资料有助于交易者判断行情的发展阶段。收集头部到头部的波动幅度与期间资料，分析者可以了解市场在上升走势即将结束时的头部特征，运用这些资料可以避免在高价区或主要波动的结束点做多。同样，交易者也可以收集底部到底部的波动幅度与期间资料，避免在低价区或主要循环的底部做空。

在这三种趋势指标图中，进、出场的基本法则都相同。例如，当价格向上突破前一个波动头部时，交易者可以做多。只要行情继续创下较高的头部与较高的底部，交易者就可以继续持有多头头寸，将保护性的反转止损单设定在最近的波动底部下方。同理，当价格向下跌破前一个波动底部时，交易者可以做空。随着行情发展，到达价格、时间的极端领域时，非常适合运用以上技巧。

基本的交易方法

买点与卖点

相关的趋势指标图准备妥当，研究了波动头部、底部与止损点之后，交易者可以容易地使用这些工具建立头寸。下面将介绍趋势指标的基本进场方法。

在使用趋势指标时，只有当趋势发生变动时，才可以进场或出场。根据绘制的趋势指标图，你可以判断目前市场相对于历史区间或当时交易区间的位置，因为这套方法特别适用于历史高价或低价区，或在市场出现一段延伸性的重大走势之后。

趋势指标随时都可能发出买进或卖出的信号，但某些情况下的信号成功概率高于其他时刻。发生在极端价位的信号，成功的机会通常高于主要走势过程中的信号。以下将介绍如何在四个常见的价位区建立头寸。

极端低价区的趋势指标买进信号　当市场出现一段连续性的重大跌

势而进入极端低价区时，空仓者将买进点设定在最近波动头部的稍上方，然后等待买进点被触发。（图 6.4）当做多的头寸建立之后，将卖出点设定在最近波动底部的下方。如果市场持续上扬，头部与底部不断抬高，就继续持有做多头寸，同时把卖出止损单始终保持在最近波动底部的下方。如果市场反转并跌破最近的波动底部，而且卖出止损单被触发，交易者将平仓离场。

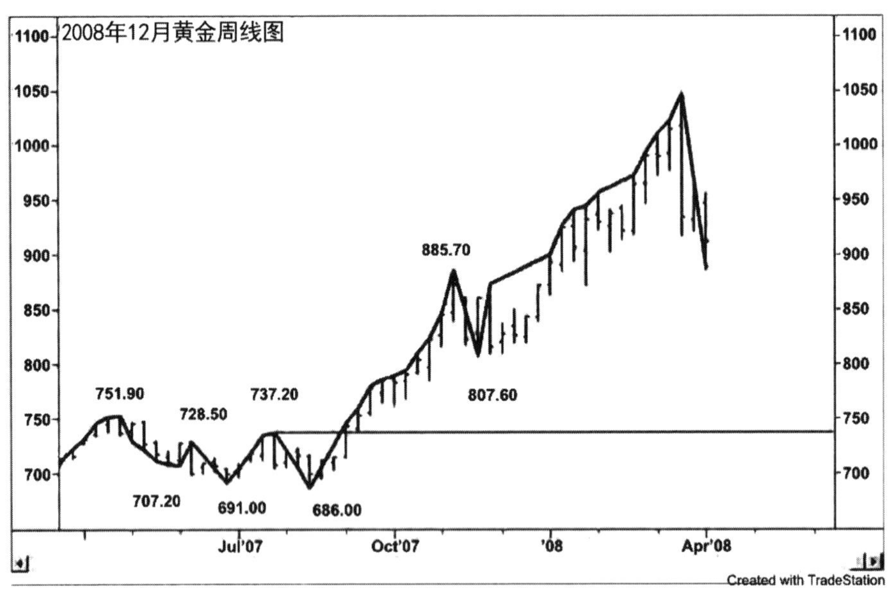

图 6.4　极端低价区的趋势指标买进信号，中期趋势穿过 737.20 向上反转

极端高价区的趋势指标卖出信号　当市场出现一段延伸性的重大涨势而进入极端高价区时，空仓者将卖出点设定在最近波动底部的下方，然后等待卖出点被触发。（图 6.5）当做空头寸建立之后，将买进止损单设定在最近波动头部的上方。如果行情持续下跌，头部与底部不断下滑，就继续持有做空头寸，同时把买进止损单始终保持在最近波动头部的上方。如果市场反转并跌破最近的波动头部，而且买点被触发，交易者将平仓离场。

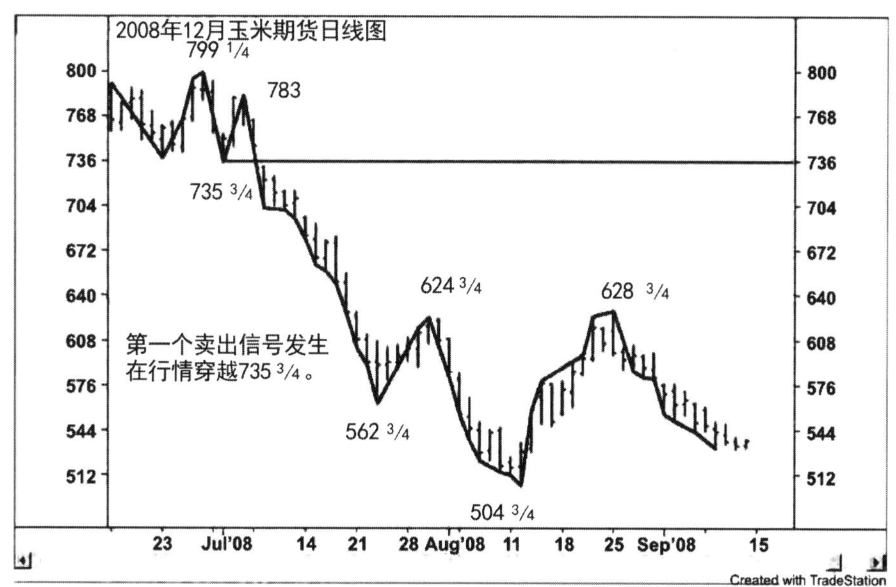

图 6.5　极端高价区的趋势指标卖出信号

反转停止单

反转停止单的起始买进信号　如前所述，最安全的买进机会是在一段延伸性的重大跌势之后，或在历史的低价区。(图 6.6) 虽然这经常是最成功的交易形态，但某些积极的交易者可能选择在结束做空头寸的时候，同时买进而建立做多头寸。当这种反转停止买单成交之后，交易者针对向上的波动进行交易，将卖出止损单设定在最近的波动底部的下侧。只要头部与底部持续抬高，就继续持有做多头寸。最后，价格向下跌破最近的波动底部引发停损，就平掉做多头寸，建立做空头寸。

通过反转停止买单建立做多头寸，涉及的风险通常高于在一段延伸性的重大跌势之后买进或在极端低价区买进。这是因为反转停止买单被触发的价位往往不适合建立新的做多头寸，例如在合约交易区间的中点位置附近。这类价格区域的市场波动相对剧烈，很容易产生反复。所以，通过反转停止买单进场，比较容易发生亏损，交易的佣金成本也比较高。以上情形发生在小型趋势指标的频率，高于中期与主要的趋势指标。交易者需要深入研究，确定自己的交易风格适用于哪种趋势指标。先前各章已经详细讨论过这方面的问题。

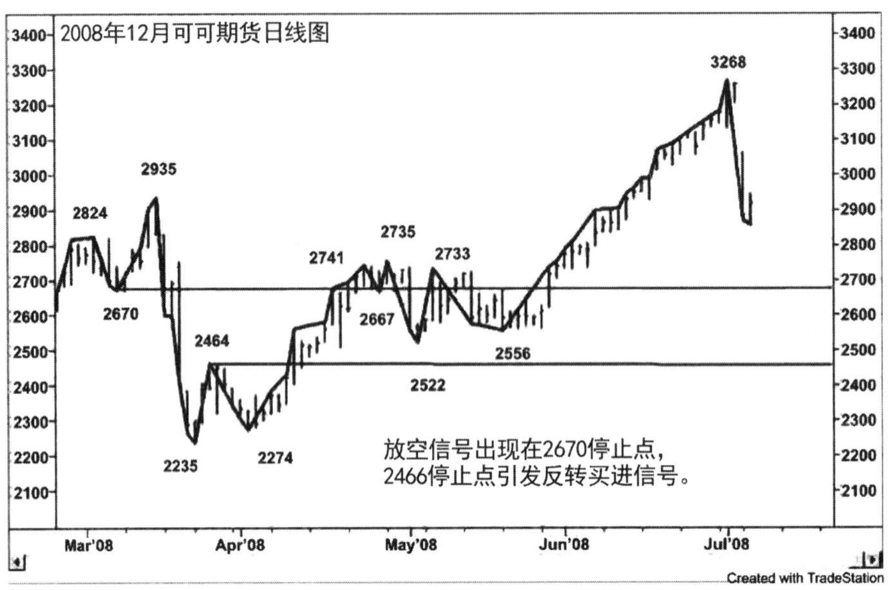

图 6.6　反转停止点的起始买进信号

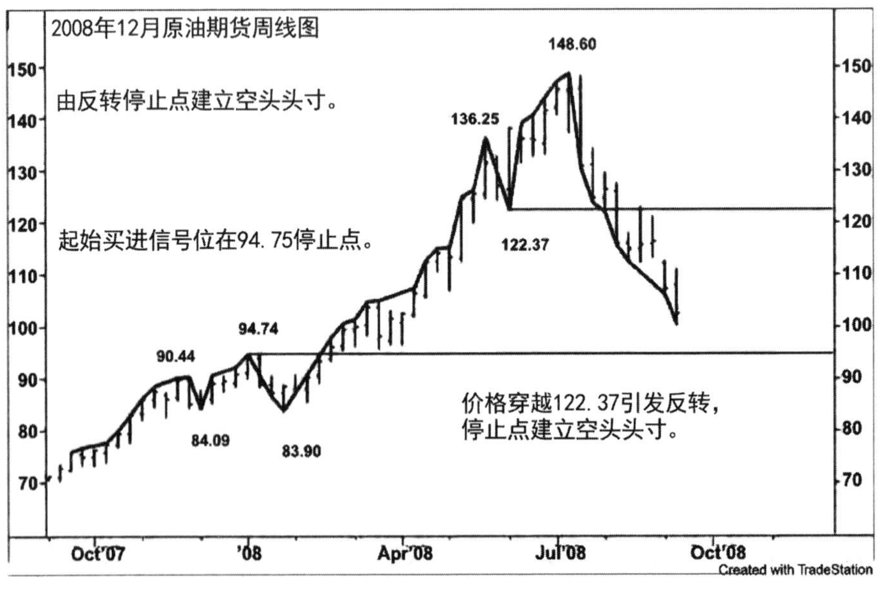

图 6.7　反转停止点的起始卖出信号

唯有当市场已经发生一段连续性的重大跌势，并进入历史的低价区时，才适合通过反转停止买单建立新的做多头寸。此时交易者所持有的做空头寸已经有大的获利。也就是说，交易者以市场资金承担风险。

反转停止单的起始卖出信号　就如同反转停止买单一样，通过反转停止卖单建立做空头寸，涉及的风险通常高于在一段延伸性的重大涨势之后做空或在极端高价区做空。这是因为交易者完全不能控制停止卖单被触发的价位。如果做空头寸是建立在历史的支撑区或主要的百分比回调区，交易者会发现陷入进退两难的反复市场中，直到行情脱离支撑区为止。这类方式仅适用于激进的交易者，他们希望更为主动地进行交易，并愿意承担行情反复的风险和支付较高的佣金成本。

判断趋势变化的两种方式

经过研究之后，我决定通过两种方式判断趋势变动。这两种方法虽然都涉及先前的波动头部或底部的突破，但其中的一种趋势变化很可能跟着出现回调走势，而另一种似乎跟着出现持续走势。趋势变化的基本定义，是指在下降趋势中，向上穿越了最近的波动头部。或是在上升趋势中，向下穿越了最近的波动底部。上升趋势的基本定义，是指一系列持续走高的头部与底部；下降趋势则是指一系列持续下滑的头部与底部。请注意，这里所指的不只是持续走高的高点与低点，或持续下滑的高点与低点。

如果行情向下跌破了最近的趋势底部，代表趋势发生向下变动。此时的底部可以发生在最近波动头部的之前或之后。注意，如果行情向下穿越的这个最近波动的底部，其位置是在最近波动头部之前，趋势虽然向下变动，但这种形态也很容易在随后发生急速反弹，然后会尝试建构第二个较低的头部。（图 6.8）针对这种回调走势，可以考虑建立做空仓位，而止损的位置则可设定在最近波动头部的稍上方。

第二种类型的趋势向下变动，是向下跌破的这个波动底部的位置发生在最近波动头部之后。（图 6.9）当这类形态发生时，趋势不只向下变动，同时还会形成第二个较低的头部。这类形态通常会导致立即的下跌。

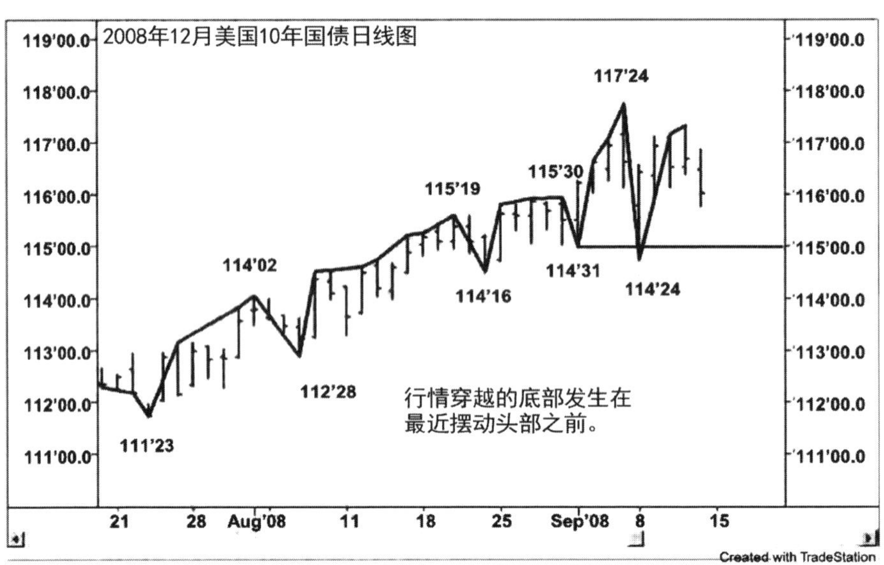

图 6.8　判别趋势变化的方式一

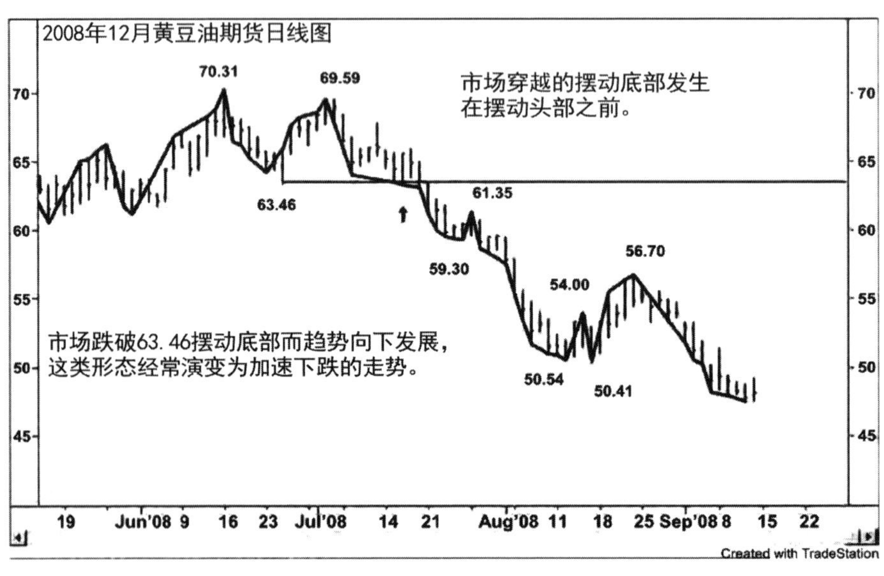

图 6.9　判别趋势变化的方式二

至于市场底部的情况，不妨以逆向的思维去想想之前提及的形态。当市场升穿最近趋势头部时，即代表趋势向上变动。这个头部也可以发生在最近摆动底部之前或之后。请特别注意延伸性跌势之后的趋势向上变动。如果市场所穿越的这个最近摆动头部，其位置是发生在最近摆动底部之前，趋势虽然向上变动，但这种排列可能随后会出现急剧地向下回调，试图建成第二个位置较高的底部。（图 6.10）针对这种回调走势，可以考虑建立做多仓位，而止损则可设定在最近摆动底部的稍下方。运用这方面资讯的关键，就是在上升走势继续发展之前，预料会出现回调走势。

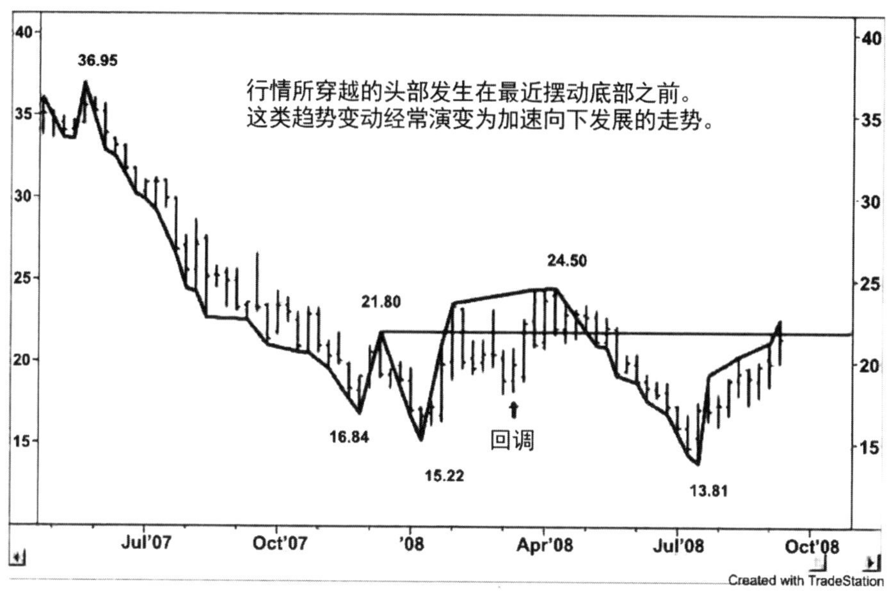

图 6.10　判别趋势变化的两种方式，市场所穿过的摆动头部发生在底部之前

第二种的趋势向上变动是行情所升穿的这个最近头部，其位置是发生在最近的摆动位置的底部之后。（图 6.11）当这类形态发生时，趋势或不只向上变动，同时还会形成第二个比较高的底部，这类形态通常就

会导致即时的上涨走势。

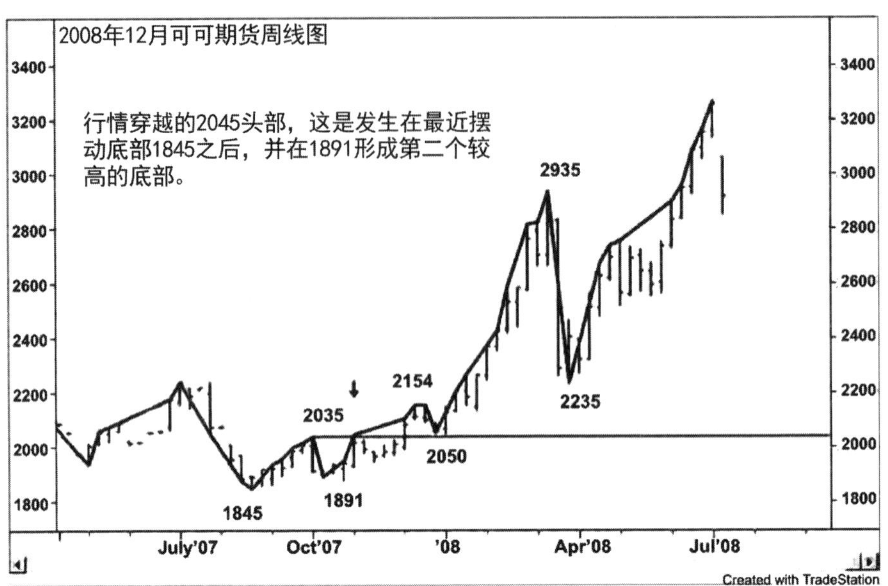

图 6.11　判别趋势变化的两种方式，市场升穿摆动头部发生在摆动底部之后

分析师与交易者都必须知道如何判别这两类是做头部还是做底部的走势。关于这两种形态背后的处理思维，在于交易者如何看待市场风险。对于大多数专业玩家来说，他们通常不会在下跌过程中去预测底部，也不会在行情急涨过程中猜测头部，而会顺着行情发展自动告一段落，然后才顺着新趋势方向建立仓位。这种情况很像足球运动员，他们会先等球将停下来，然后才踢球，因为球如果还在移动，将会很难控制方向。如果先用脚将球停下，通常就能随心所欲控制踢球的方向。

交易者开立新仓位之前，通常应该先留意是否有可供依赖的“大单”，借以防范出现不利走势。我经常说：“进场之前先考虑离场。先观察图表的左侧，看看有没有让你脱离危险的离场点。”所以，关于前面所解释的第一类型趋势向上变动，其穿越的摆动头部是发生在摆动底部之前，其反弹走势是由停止买单引发的做空回补所激发。等到空头回补一段时间之后，行情就会重新下跌，然后新的买盘才会进场，因为这时他们才有最近的主要底部可供依赖。

至于第二类型的底部行为，从底部上升的第一个波段已经吸引买方进场。这些买盘依靠着最近的主要底部，已经驱动趋势向上发展。当摆动图的头部或底部形成时，买进或卖出报价挂出委托单的大小，将会让交易者试图驱动的走势停顿。

摆动图的其他交易策略

构建了摆动图，并观察市场的表现之后，交易者经常会思考各种不同的交易方法。由于近年来行情波动愈来愈激烈，交易的波段长度愈来愈短。交易者经常害怕遭遇反复行情。这方面的恐惧促使交易者不愿持有较长期的趋势仓位。交易者必须要研究分析市场，才能学习如何使用合适的交易策略，建构正确的摆动图，协助他们规划有效的长期交易。

如果将摆动交易策略运用于如今的市场，经常遭遇失败。这是因为交易者只关心最近交割月份期货合约，不愿意给予市场充分的时间发展长期趋势。他们忽略了较远期的期货，认为未平仓量不足的期货很难进行交易。交易者通常会按照个人的风格挑选交易市场，所以，对于短线玩家或即日操作的交易者来说，他们宁可挑选流动性最高的市场，也不愿意介入远月份期货市场，因为他们担心滑移价差过大。

各位读者如果想从事较为长期的交易，就必须接受远期月份的合约，也就是说，你必须愿意交易未来 6 个月或甚至 1 年的合约。汇率交易员应该很清楚，长期摆动交易似乎很适合外汇市场，因为外汇的波段长度与期间长度十分合乎预期。（图 6.12）就如同我们刚才所说的，这方面的信心是来自于交易者对于市场的研究。换言之，交易者如果想从事摆动交易，就必须忍受短线交易通常价格不佳的问题，而把重心放在长期的获利潜在能力。

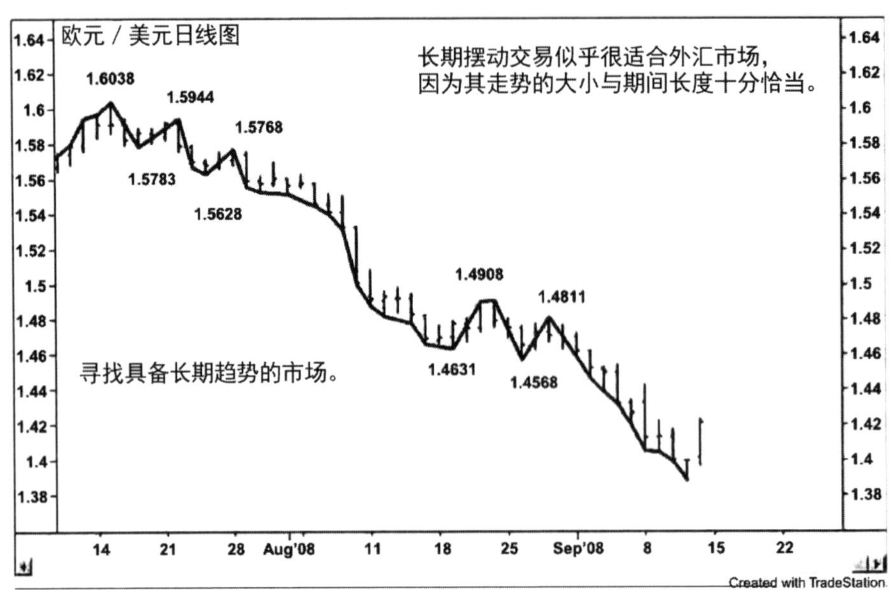

图 6.12　摆动图的交易策略

市场行为是相对的。短线交易者依赖快速变动的行情，因为他们打算迅速地进场与出场，所以需要快速的价格波动来实现目的。此外，作为摆动交易者必须体会到交易仓位需要时间发展，所以不特别关心每天的行情波动。读者如果想要从事较长期的交易，就必须自行购买资料，并且画出适当的走势图。

关于期货市场，交易者通常会把大部分时间花在买卖最活跃的市场。可是，除了交投最活跃的期货合约之外，交易者最好也要注意 6 个月之后的时期。时间周期越高，交易者越可能发现适合摆动交易的期货合约。对于股票与外汇来说，由于没有涉及期日，所以不存在这方面的问题。观察月线与周线图，通常就能找到适合从事摆动交易的市场。通过这些图表，交易者可以观察哪些市场处于极端价位水准，因此最有可能出现有效的长期摆动。

如前所述，当今的摆动交易经常失败，主要是因为交易者不允许趋势有充分发展的时间。如果是交易最近交割月份期货。摆动仓位经常失败，因为期货很快就必须转到下一个月的期货。就拿黄豆来说，摆动如果自 10 月份起，11 月黄豆显然没有充分时间可供发展，因为很快就必须展延为 1 月份黄豆。如果想针对 11 月份黄豆进行摆动交易，起码要从 4 月或 5 月就开始进行交易，如此才有些许机会掌握持续性的走势，从某个期货合约展延为另一个期合约，经常会造成交易者的困扰，尤其是从旧作物展延为新作物，更是如此。经常性的展延，往往会促使分析者把注意力全都摆在展延行为上，而不是实际的交易。

总之，想从事摆动交易，就应该交易远期月份的期货，接受短线交易因为市场流动性可能不佳的事实，认真研究和规划交易策略。

摆动交易法则

如果决定对长期摆动进行交易，就应该寻找历史低点或高点附近的行情。当价格处在极端偏低区域时，价格波动通常很缓和，尤其是在市场出现一大段延伸性跌势之后。价格波动缓和，交易区间狭小，使得止损点容易控制。相反，当行情处在极端偏高区域时，价格波动通常很剧烈。这意味着止损必须设定得相对宽松，所以仓位控制必须做出调整，才能控制开仓的风险。你每次绘制摆动图，研究其摆动幅度的大小与期间长度的资料时，都感受到这种特点。

摆动交易策略

运用趋势指标图进行摆动交易，有多种方式。这些摆动交易适用于小型、中期与主要趋势指标图。以下将逐一列出这四种策略：

1. 行情穿越趋势头部、底部而买进、卖出。
2. 顺着趋势发展方向的固定价格区间买进、卖出。
3. 顺着趋势发展方向的固定时间区间买进、卖出。
4. 结合小型、中型与大型趋势指标图买进、卖出。

行情穿越趋势头部（底部）而买进（卖出）　多头摆动交易始于

一段延伸性跌势之后的简单摆动头部穿越。(图 6.13）同理，空头摆动交易起始于一段延伸性涨势之后的简单摆动底部穿越。(图 6.14)

一个成功的摆动交易不会自然而然地发生，必须进行完整的计划。开立仓位之后，交易者必须持续追踪行情摆动，尝试顺势而行，根据发展方向继续加码（行情创较高头部时，做多仓位可加码；行情创较低底部时，做空仓位可加码)。

多头摆动交易是趁着强势买进。空头摆动交易是趁着弱势做空。不论哪种情况，交易者都应该要知道，正常的逆势向上摆动与逆势向下摆动，大多不会真正改变原来的趋势。这类逆势的摆动可能会让早先获利的顺势的整体仓位由盈转亏。

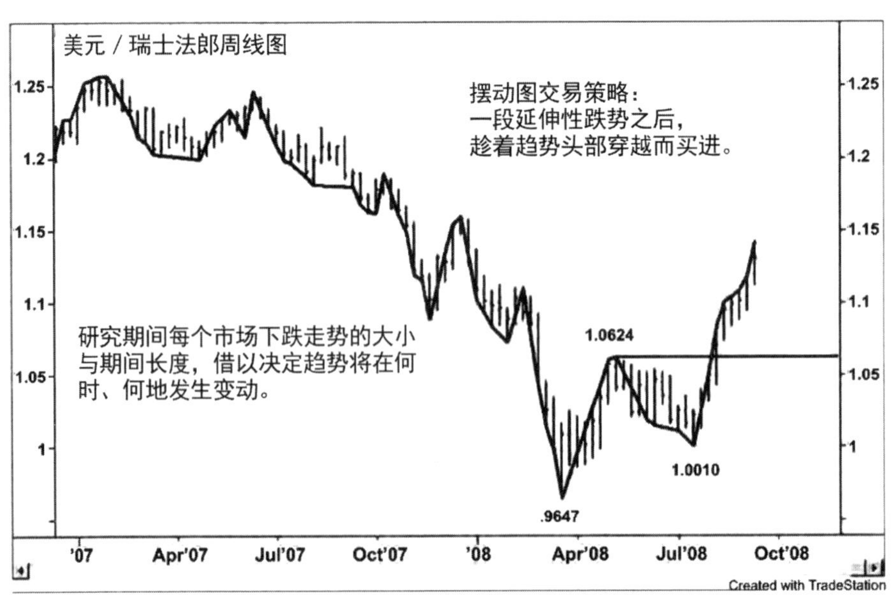

图 6.13　摆动图的交易策略——升穿摆动头部买进

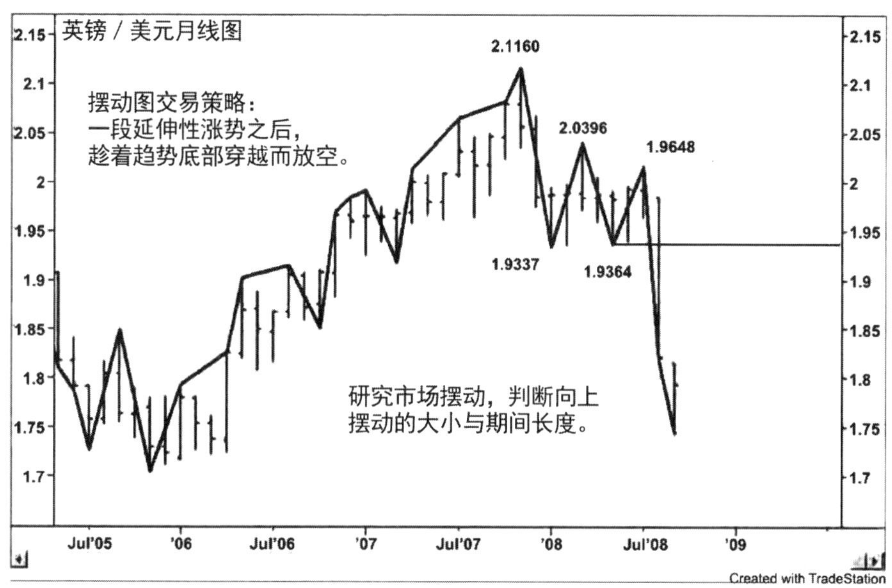

图 6.14　摆动图的交易策略——跌穿摆动底部做空

延伸性的趋势交易通常都会面临数次摆动。交易者必须决定，对于起始仓位来说，在每个后续摆动是否继续加码，还是维持原来的仓位。如果决定维持起始仓位，交易者只需随着摆动上下，把多头仓位的追踪性停止单调整到摆动底部稍下方即可，空头仓位的止损点则可调整到摆动头部稍上方。

固定价格水准的摆动交易　第二种方法是在第一个买卖信号发生之后，于固定价位买进或卖出。（图 6.15）如何决定在哪个固定价位买进或卖出？最稳妥的方法是研究股票摆动的历史。记住，在趋势底部所进行的摆动交易，是趁着强势买进。在趋势头部所进行的摆动交易，则是趁着弱势卖出。如果向上摆动的平均幅度是 5 美元，那么走势达到 5 美元之后，就不要买进了。你应当等到这次向上摆动发生回调，在回调到 50%位置时买进，价格经常会在此处加速上涨。关键是顺势买进，同时开仓价格应该优于摆动头部。

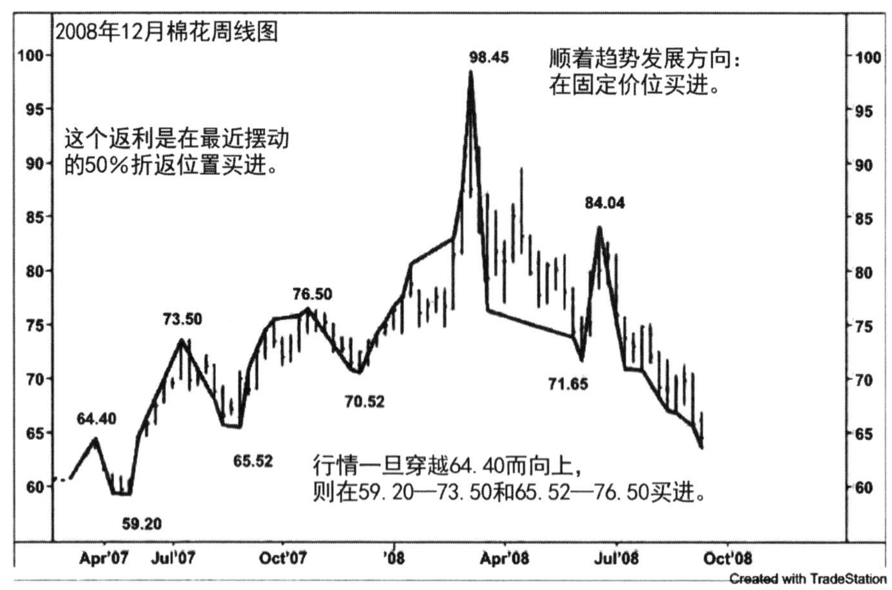

图 6.15　摆动图的交易策略——顺着趋势发展方向的固定价格买进

这个较好的进场价格可以预先定为某个价格幅度，譬如百分比回调、江恩角度线和固定区间（回调点与江恩角度线的详细讨论，请参考第八、九与十章）。对于特定市场的历史摆动进行研究，有助于成功地经营摆动交易策略。运用历史资料，来学习摆动的性质。

将这项策略运用于下降行情市场时，交易者可以获得更好的做空价格，优于在下一个摆动的底部做空。（图 6.16）交易指令的进场位置，有可能是取决于百分比回调水平、江恩角度线与固定价格。

运用这种摆动交易方法经常会让交易者处于在趋势的正常摆动范围内。这有可能会让原本获利的仓位由赢变输或者变成亏损。所以，实际建立仓位之前，交易者应该针对进场点，评估止损设定。交易者应该根据健全的资金管理办法，发展出一套仓位规模模型。

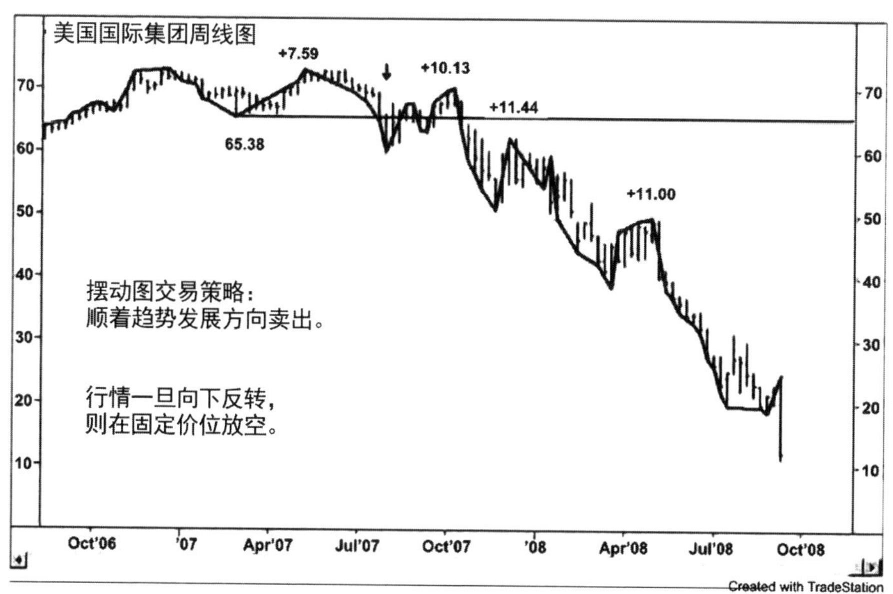

图 6.16　摆动图的交易策略——顺着趋势发展方向的固定价格沽空

固定时间区间的摆动交易　交易者经常谈到“战胜市场”。固定时间区间的摆动交易却是按照市场规律进行交易，而不是尝试击败市场。利用之前摆动的资讯，如果市场每隔一段固定的时间区间，就从先前头部回落，出现修正走势，就可以趁低买进。（图 6.17）假设第一次向上摆动为期 10 天，之后出现 为 期 4 天的向下摆动，接着出现第二波向上摆动为 期 15 天，随后又出现 为 期 4 天的向下摆动。如此，就可以针对可能出现的为期 4 天的回调买进。

一旦判断趋势向下反转，交易者应该根据先前的摆动信息，判断反弹走势将终止于哪个时间点，然后尝试建立做空仓位。（图 6.18）举例来说，假设第一次向下摆动为期 10 天，之后出现 4 天的向上摆动，接着出现第二波向下摆动为期 15 天，随后又出现 4 天的向上摆动。如此，就可以针对可能出现的为期 4 天的反弹做空。

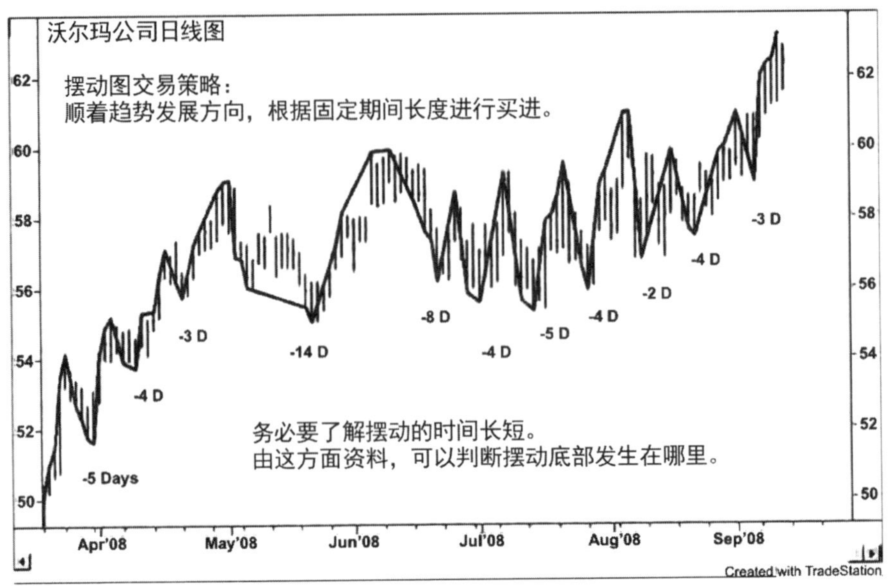

图 6.17　摆动图的交易策略一

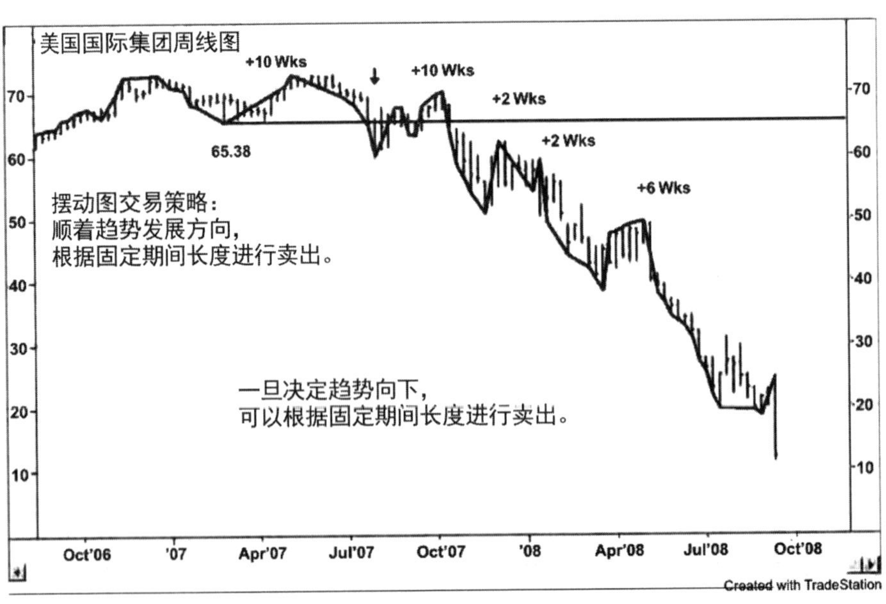

图 6.18　摆动图的交易策略二

这种摆动策略如果有效，市场必须与早先的波动特征相同。例如，当反弹的时间长度与上一轮反弹的时间不相等，或者随后的跌幅超过了上一轮的跌幅，这种时间特征意味着趋势可能反转向下。

同理，在相同的时间里，如果下跌幅度没有超过上一轮跌幅，或者随后的涨幅超过前一轮的涨幅，意味着趋势可能反转向上。

请记住，你在依据市场的时间因素进行交易。如果时间超出，或者形态发生了变化，就要考虑趋势已经反转。

结合三种趋势指标图买进、卖出

综合采用小型趋势指标与中期趋势指标的摆动交易　另一种摆动交易方式是顺着中期趋势的发展方向，利用小型趋势指标进场操作。（图 6.19）所有交易信号都通过顺着中期趋势方向发展的小型摆动图来去操作。多头仓位的止损单可设定在最近中期趋势底部或小型底部的稍下方。设定在中期底部的止损不容易被触发。相反地，如果将止损单设定在小型底部，较有可能被剧烈波动的走势触发（虽然中期底部有可能并没有被穿越）。如何设定止损涉及交易者个人偏好。关于这项策略的运作，交易者不妨多做研究、实验与测试。

空头仓位与多头仓位的情况相反。交易者应该等待中型趋势出现向下反转的信号，然后再通过小型趋势做空。（图 6.20 ）

这种交易风格相当积极，所以应该可以在相对偏低的价位建立多头仓位，或在偏高的价位建立空头仓位。当中期趋势呈现相当大的价格区间时，交易者可以考虑小型趋势，决定更为精确的进场点。

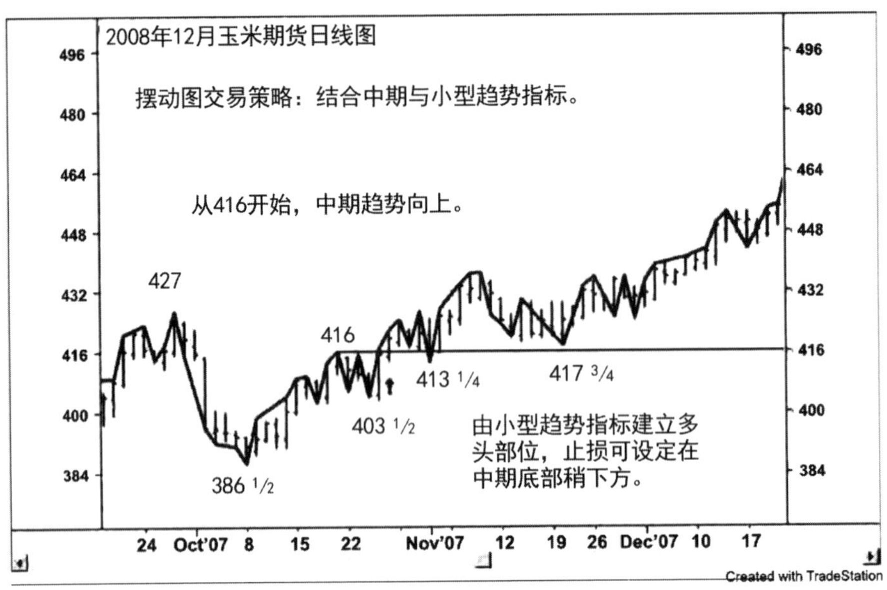

图 6.19　摆动图的交易策略三

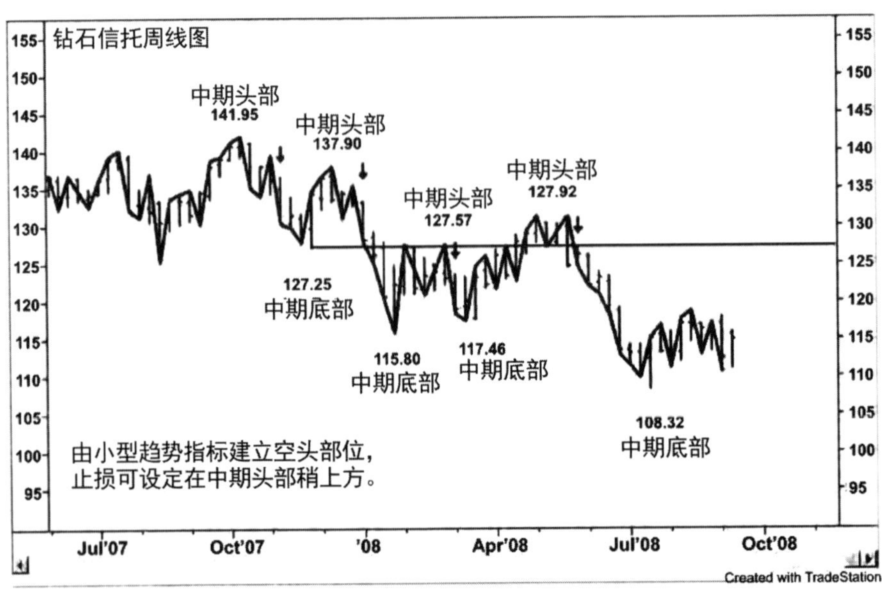

图 6.20　摆动图的交易策略四

综合采用小型趋势指标与主要趋势指标的摆动交易　这种进场策略与中期、小型趋势指标的组合基本相同。交易者先等待主要趋势向上或向下反转，然后再运用小型趋势指标建立仓位。（图 6.21）

这种策略运用非常普通。因为主要趋势的摆动通常相当宽广，交易者希望用小的止损控制风险，而不是一次性大亏。很多时候小型趋势底部或头部通常也会是百分比回调或江恩角度线的重要区域，这说明了摆动、百分比回调与江恩角度线走势图之间是可以互相配合运用的。

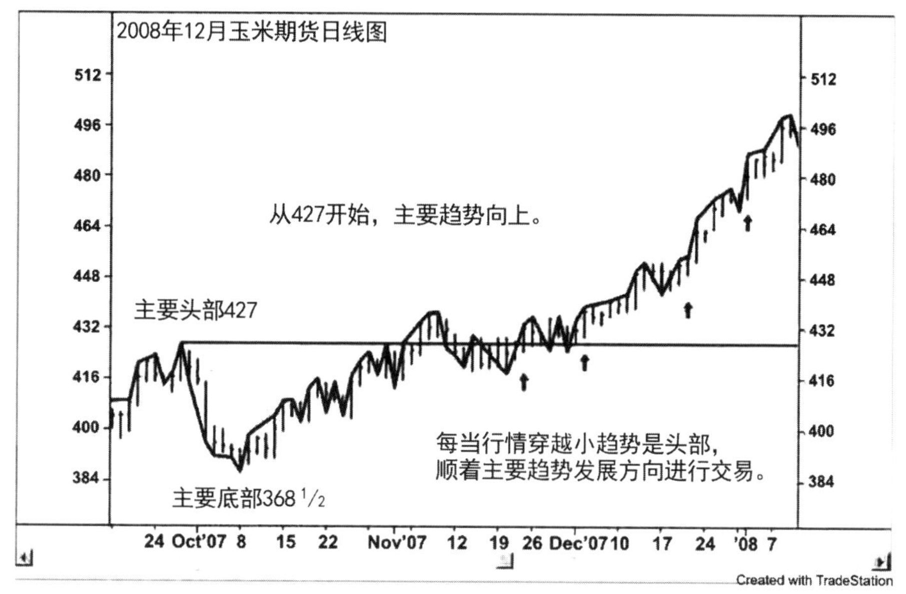

图 6.21　摆动图的交易策略——综合采用小型趋势指标与主要趋势指标建立做多仓位

当市场处于延伸性的涨势或跌势时　使用这种策略是非常普遍。因为正常的止损方法设定太过宽松及风险过高。交易者可以顺着主要趋势发展方向。在行情穿越小型摆动头部或底部时建立做多或做空仓位。（图 6.22）交易者必须记住，要顺着主要趋势方向进行交易，进场则是按照小型趋势的进场法则执行，过程中有可能会遇见反复行情，直到上升或下降趋势重新恢复为止。

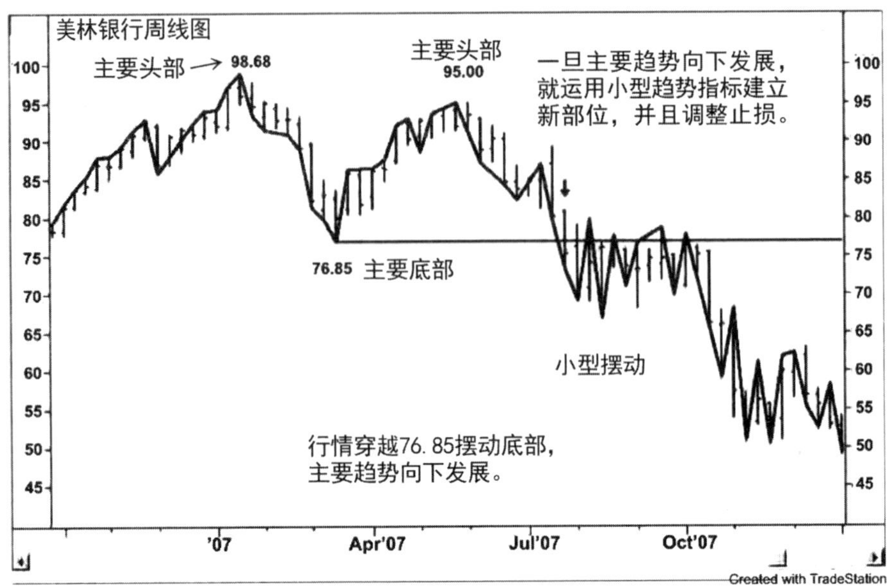

图 6.22 摆动图的交易策略——综合采用小型趋势指标与主要趋势指标建立做空仓位

综合采用中期趋势指标与主要趋势指标的摆动交易 这种策略有可能提供最好收益，因为这两种趋势指标是最重要的。交易者应该先顺着主要趋势发展方向，再运用中期趋势指标建立仓位。因为中期趋势信号出现假突破的信号会比小型趋势低。(图 6.23)

想成功运用这策略，交易者通常需要了解中期与主要趋势指标的摆动性质。最好是开立仓位在主要支撑区，譬如重要的回调区或江恩角度线位置。了解中期趋势摆动的幅度与期间长度，也有助于交易者判断买、卖信号的有效性。(图 6.24) 交易者应该学习如何综合运用各种不同期间的走势图、百分比回调区域与江恩角度线及价格与时间摆动的资讯，这些都有助于交易成功。

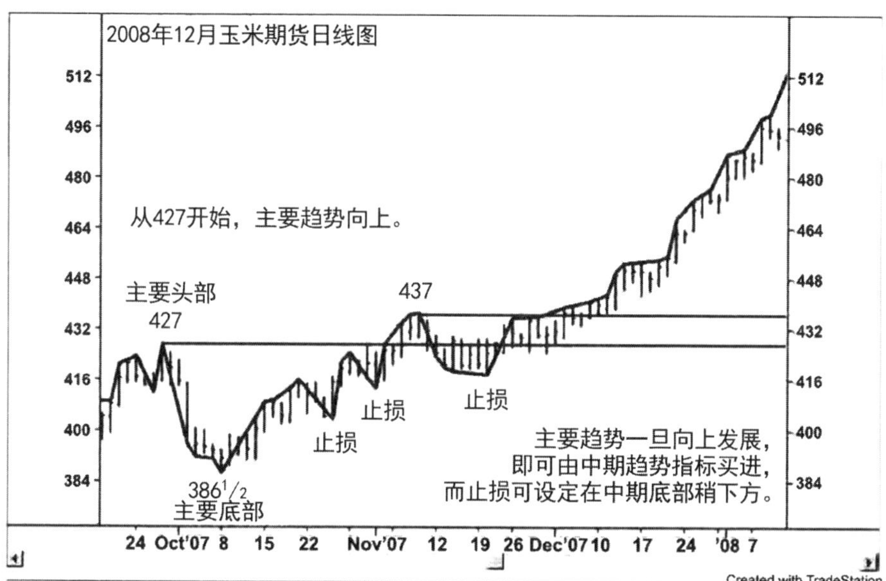

图 6.23　摆动图的交易策略——综合采用中型趋势指标与主要趋势指标建立做多仓位

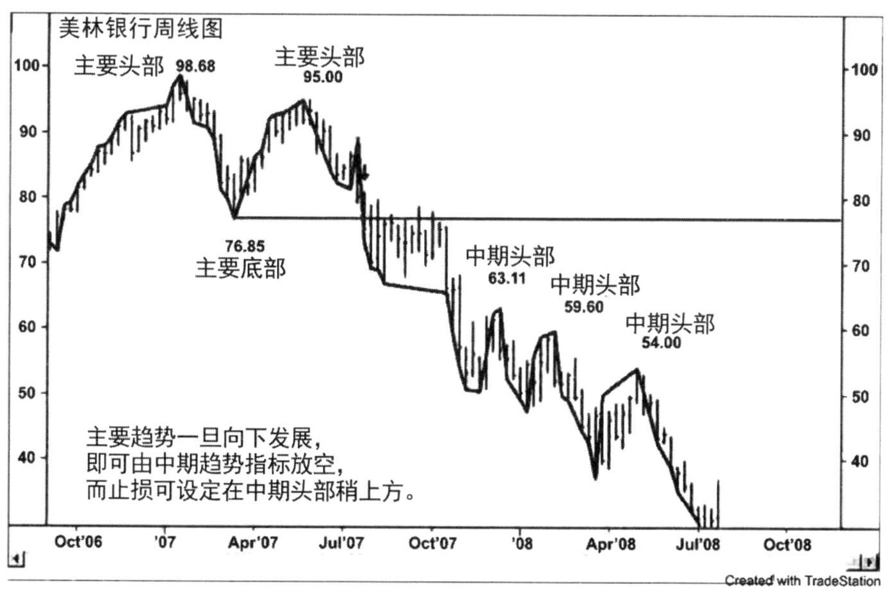

图 6.24　摆动图的交易策略———综合采用中型趋势指标与主要趋势指标建立空头仓位

其他趋势的结合 另一种方式是运用月线图、周线图与日线图，取代主要、中期与小型趋势指标图。在这种策略中，我们采用相同的趋势指标，但应用于不同的时间周期。

例如在月线图上，如果中期趋势指标向下延伸，我们就打开周线图，同样使用中期趋势指标，去寻找卖出信号。在周线图上，如果主要趋势指标向上延伸，就打开日线图，使用主要趋势指标寻找买进信号。这种策略由上而下，先考虑大的交易时段，再考虑小的交易时段。例如，先考虑月线图，再考虑周线图。先考虑日线图，再考虑小时图。

在图 6.25 中，在月线图上，我们看到中期趋势向上，可以在周线图中，顺着月线图的上涨趋势，建立做多仓位。如果交易者在月线图上，只使用摆动图交易，在 407¼ 进场，止损设定在 370。通过周线图，能够得到更好的进场点，和更为紧密的追踪止损，从而获得更好的利润。关键是顺着月线图的趋势，再利用周线图改善进场价位，并调整追踪止损来锁定获利。

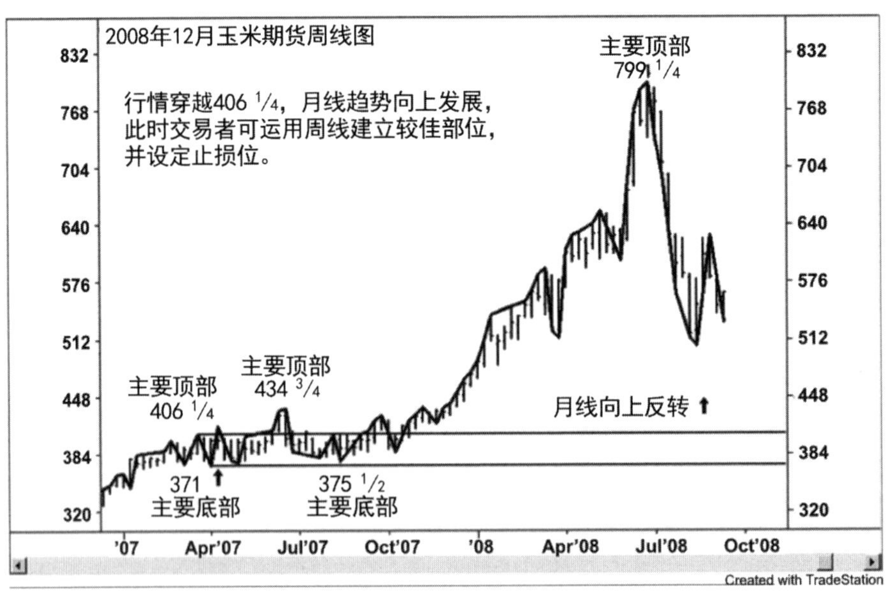

图 6.25 摆动图的交易策略——月线图向上，可运用周线图买进

在图 6.26 中，随着通用汽车的股价向下跌破 29.10 美元，月线图的趋势开始向下发展。长周期决定了趋势的方向，运用短周期做空仓位。利用过去的旧有底部、百分比回调点、固定的价格和时间区间，都可以加码。如果做空的仓位开仓价是 29.10 美元，止损设定在 43.20 美元，通过变化较为快速的周线趋势指标调整止损，而不必只采用变化较为迟缓的月线趋势指标。

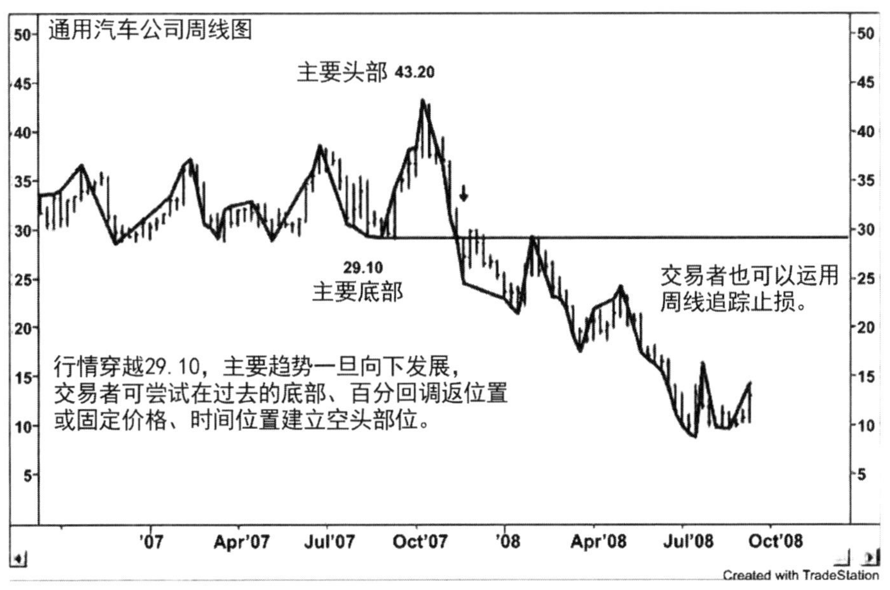

图 6.26　摆动图的交易策略——月线图向下，可运用周线图沽空

请参考图 6.27 的麦当劳月线图。向上突破 35.99 美 元 之后，趋势明显向上。交易者从长周期图表上确定了主导的趋势之后，就应该通过短周期图表寻找进场点，交易者可以使用日线图，在固定的价格或时间的拉回位置，或者利用摆动图的突破点去寻找买点。对于短线玩家来说，日线图呈现出较多的摆动，相当适用于这种策略。可是读者必须顺着月线的趋势发展方向交易，这是成功运用这套策略的关键所在。（图 6.27）

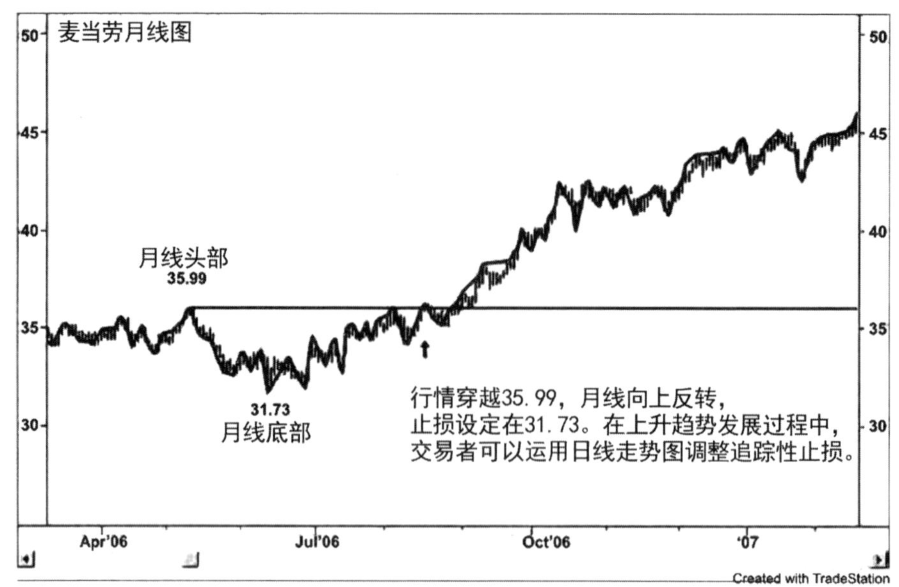

图 6.27 其他交易策略——月线图向上，用日线买进

如图 6.28 的美国电话电报公司的月线图。由于月线图的波幅相当大，虽然趋势变动点相当明确，但仓位的风险管理比较困难，因此交易者普遍不愿进行交易。交易者如果将月线和日线走势图结合，信号的频率就会较高。此时，如果能专注于主要回调区，并且耐心等候适当价位，通常会交易成功。交易者应该先判断主要趋势的方向，然后再顺着主要趋势的发展方向交易。

图 6.29 是 2008 年 12 月的美国国债走势图。当行情上穿 115’04 时，周线走势图趋势向上。由于位于 115’04 的头部发生在 100’25 摆动底部之前，所以行情有可能会回调形成第二个较高的底部。

中期趋势一旦向上发展，交易者就应该透过日线图，寻找优于 115’04 的买点。交易者可以采用先前摆动的某固定区间，或趁着行情穿越最近摆动头部内侧时，建立仓位。所有这些进场点都是有效的，前提是交易者必须找到优于先前周线进场点的价位，使用日线的摆动图，利用突破点进场，把止损设定在日线的摆动底部之下。

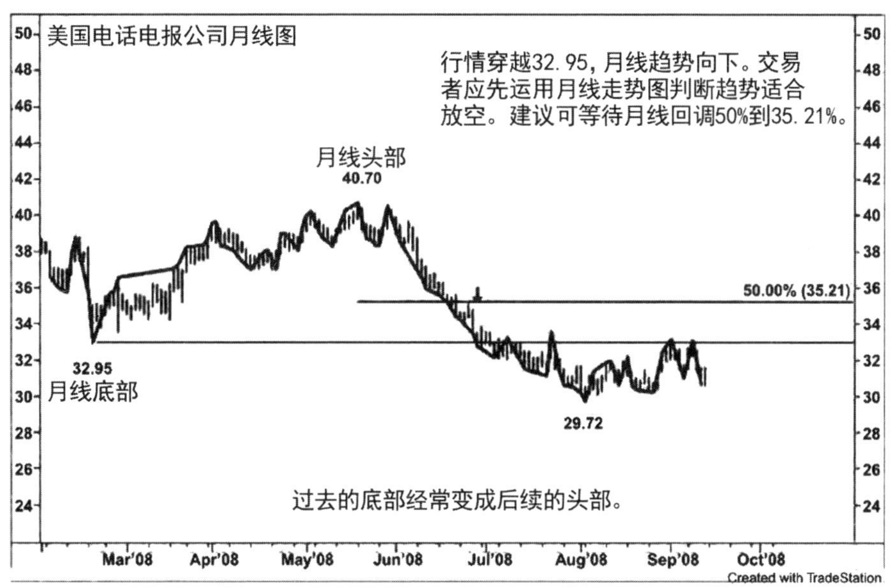

图 6.28　其他交易策略——月线图向下，用日线图去放空

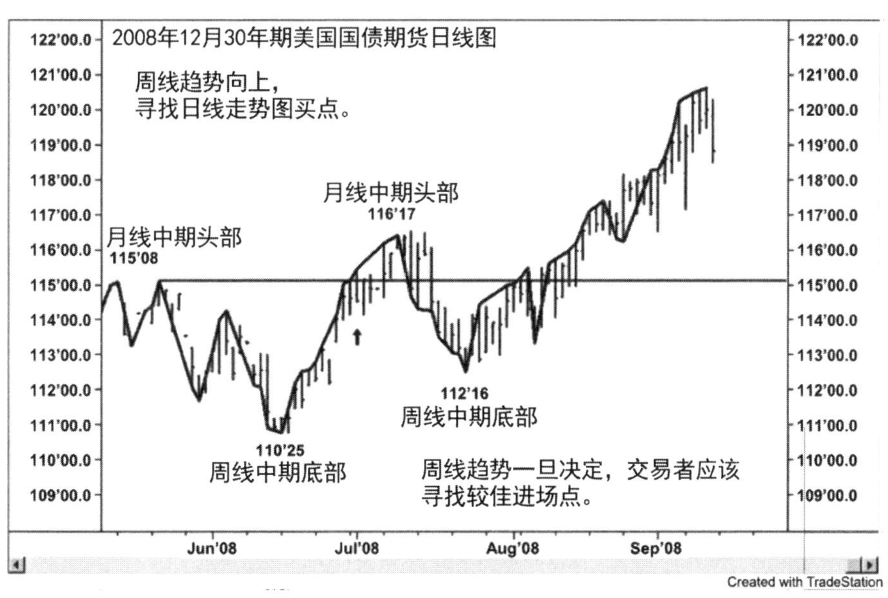

图 6.29　其他交易策略——周线图向上，用日线图去买进

图 6.30 是欧元 2008 年 9 月合约的日线图。一旦周线趋势向下发展，行情就开始加速下跌。在这种情况下，交易者通常不能运用长周期调整追踪性止损。在本例中，交易者应该改用日线图，调整起始的空头仓位的追踪性止损。交易者如果不能在办到这点就可能因为止损设定不当而损失大部分之前的获利。

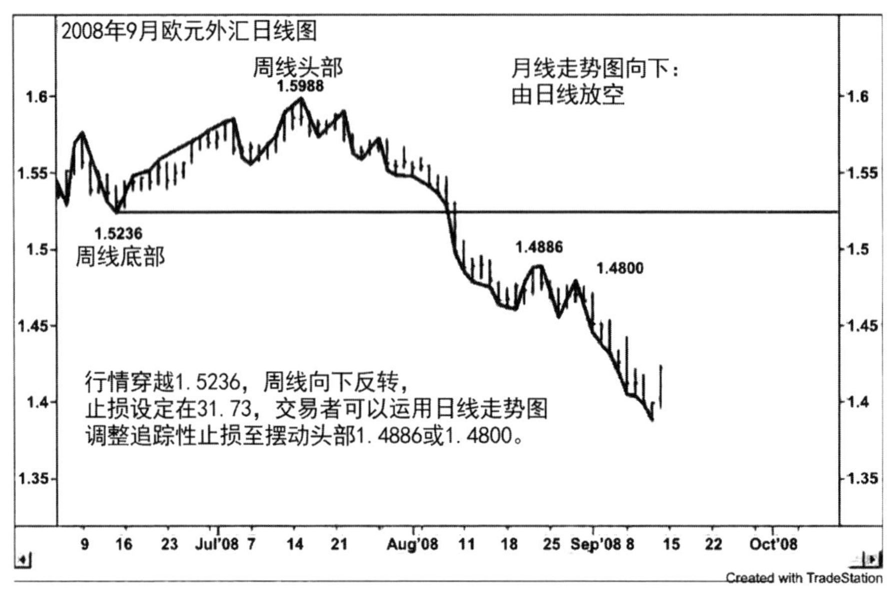

图 6.30　其他交易策略——周线图向下，用日线图去沽空

图 6.31 是标准普尔 500 迷你合约的日线、小时走势图。交易者通常会挑选较长周期的走势图进行交易。因为顺着长期趋势的发展方向交易，策略更为清楚明确。以这份日线走势图来看，建立向上的长期趋势相当耗时。在转为上升趋势的转势过程中，逆势而上的反弹通常会遭遇打压，这是因为前期进场的多头会在过去的头部附近获利了结。运用这种策略时，必须留意最近日线图向上波段的回调价位，并运用小时走势图寻找较佳的进场价位。以这个例子来说，目标区就是 50%到 61.8%的回调位置。

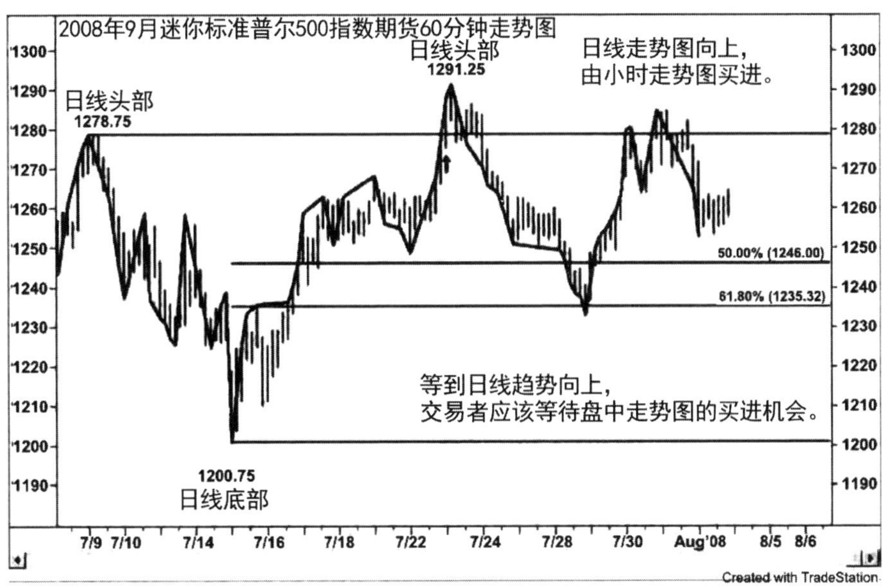

图 6.31　其他交易策略——日线图向上，用小时图买进

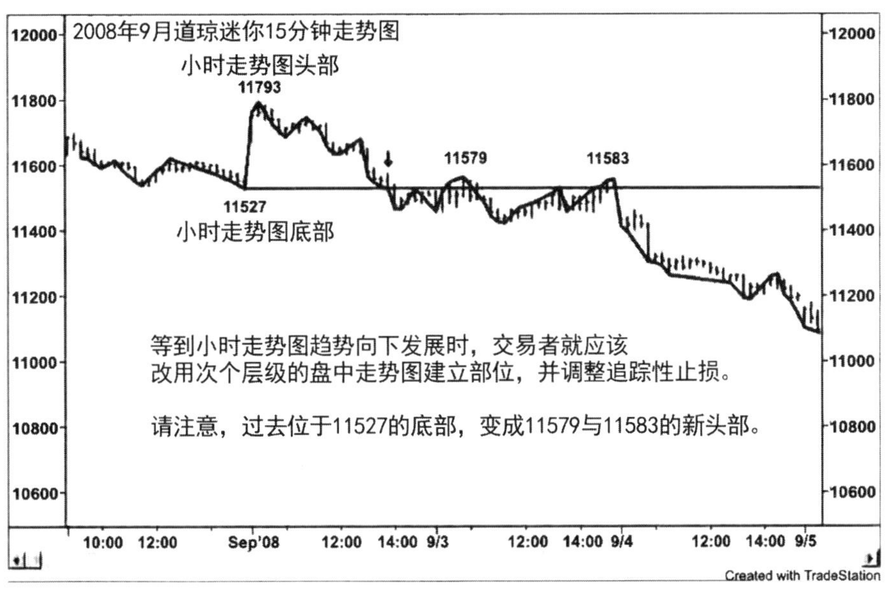

图 6.32　其他交易策略——小时图向下，用 15 分钟图放空

来看最后一个交易策略。交易者也可以综合采用小时与 15 分钟图。这种策略同样是从上而下的处理方式。先看较长周期的小时图（图 6.32）。行情向下穿越 11527 时，趋势向下发展。交易者应该清楚较长期趋势发生变动的位置，因为趋势变动通常发生在支撑或压力区。在小时图上，价格向下穿越了 11527 的旧有底部，因此成为 15 分钟图上的潜在压力区，适合做空。

摆动图的缺失

反复拉锯的行情

通过摆动图进行交易，最大的问题就是行情反复。所谓“反复”，就是出现了一系列虚假的趋势变动。价格变动之后没有引发后续显著的趋势行情。仅仅是经历了一两个线形之后，又陷入盘整。

为了防止这类反复现象，我们需要通过某种过滤器来筛选信号。最简单的筛选方法，就是增加头部之上或底部之下的止损距离。你可以调整趋势指标的参数，或者调整价格波动的区间，从 1 根价格线放宽至 2 至 3 根价格线的波动范围，从而容忍市场发生的最小规模的一轮波动。

过滤时需要考虑价格所处的处置。例如，高价区的波动幅度较大，停损点与波动头部之间的距离应该加大；低价区的波动幅度较小，停损点与波动底部之间的距离应该缩小。

其他考虑的筛选包括传统的超买、超卖指标，如相对强弱指标（RSI）或慢速随机摆动指标等。如果主要趋势呈现延伸性跌势，交易者就会发现 RSI 显示超卖状况，此时就应当观察摆动图的趋势变动。只要不要在趋势指标正式向上或向下反转之前建立仓位，超买、超卖指标与摆动图的任何结合都是有帮助的。

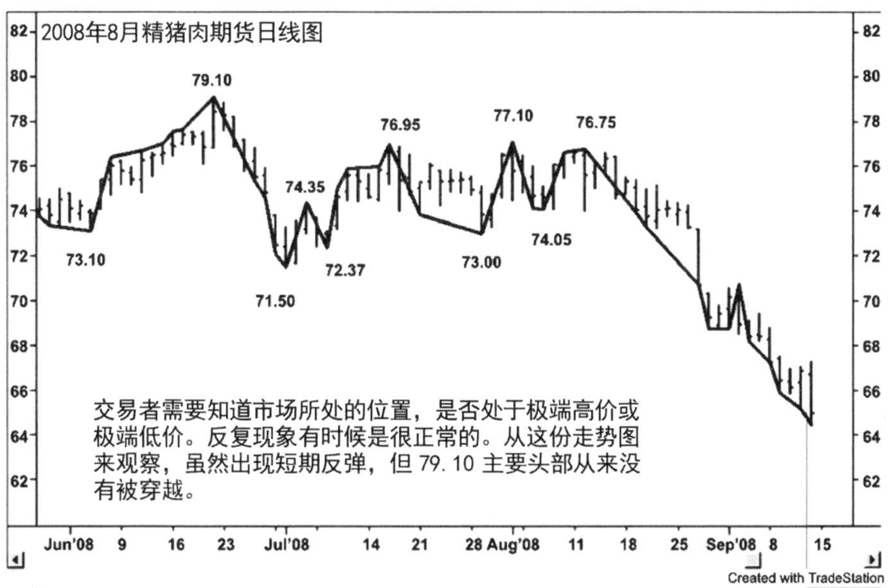

图 6.33 顶部出现的反复行情

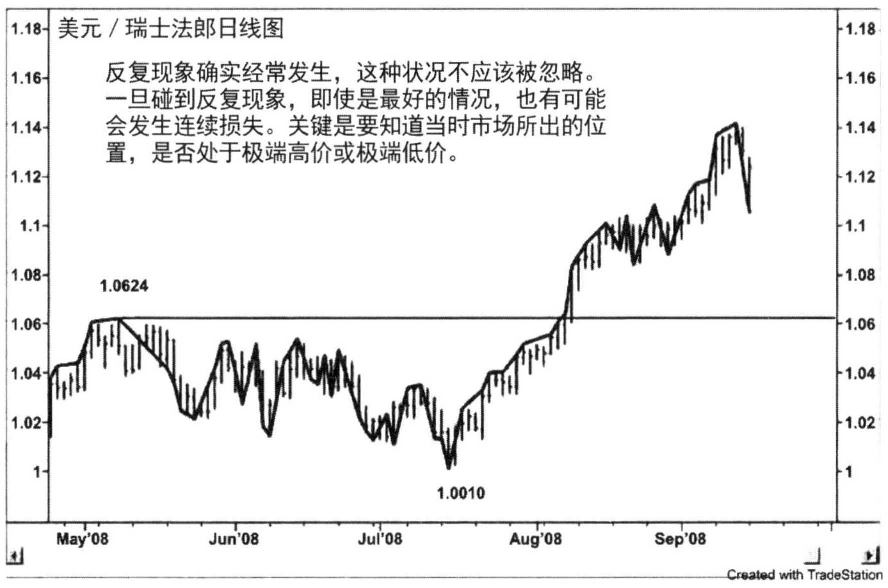

图 6.34 底部出现的反复行情

空转

当我们研究摆动图的过滤时，可以参考江恩提出的一个观念——空转（lost motion）。空转是指价格穿越波动头部而没有造成趋势向上反转，或是价格穿越波动底部但没有造成趋势向下反转。(图 6.35)

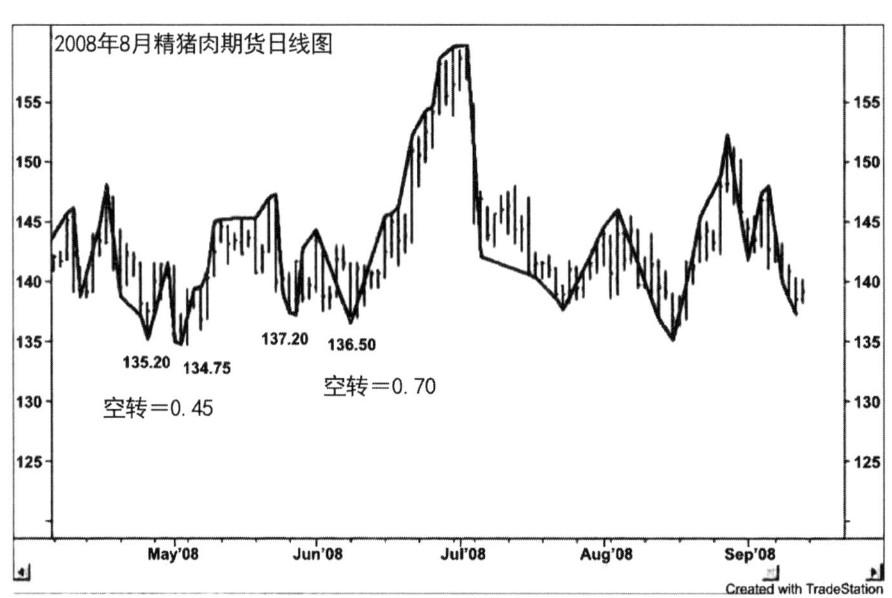

图 6.35　底部的空转

以黄豆市场为例，波动头部经常被穿越 3—5 美分，但这并没有造成趋势向上反转，随后又恢复下降趋势。也就是说，如果我们把买入点设定在波动头部上方的 1—3 美分，但当买入点被触发时，趋势随后并没有走高。

当我们在波动底部下方设定卖出点，也必须考虑类似的空转。当价格跌破波动底部 5 美分时，趋势可能没有正式向下反转，随后又恢复原来的上升趋势。

交易者应该记录空转的资料，作为交易策略的参考。假突破最可能发生在极端头部与极端底部，每当发生这类情况，应该在走势图中标示空转的幅度。详细记载历史资料，分析者可以知道某特定市场的最大、最小与平均空转的数据。

除了历史资料之外，图形分析者也应该记录目前买卖最活跃的走势图特有的空转。如果从交易开始的第一天，就绘制摆动图，那么在该走势图出现最活跃的交易之前，就已经先拥有空转的精确记录了。

交易者也必须了解每个价位附近的空转幅度。例如，某只个股在40到50美元价位区的空转，可能高于价格在20到30美元时的情况。因此好好研究价格波动率与平均真实区间，将有助于决定股价的止损位置。(图6.36)

当我们透过百分比回调与江恩角度线寻找支撑与压力时，空转概念也很重要。举例来说，价格有可能会穿越50%的回调点或江恩角度线，然后才恢复先前的趋势，所以当我们分析百分比回调与江恩角度线时，空转往往是研究的开始。

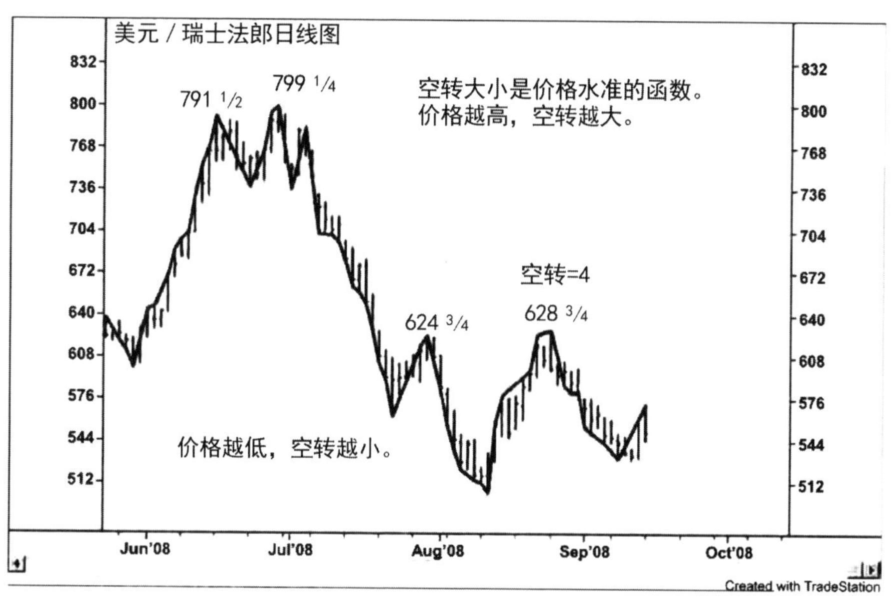

图6.36　**空转：价格水平**

总结

本节对摆动图进行了讨论，讲解了摆动图的使用方法。摆动交易总共有三种趋势指标图，都可以单独或者综合使用。为了成功地运用，交易者就必须知道每个市场的摆动性质，包括涨势与跌势的幅度与持续时间，还有空转的情况。了解空转，有助于避免反复止损，协助设定止损。我们建议的所有摆动交易策略，都是在极端低点或极端高点时最为适用。在这些价位买进或放空，可以让交易者从一开始就能顺利操作，在强势中买进，在弱势中卖出，以固定的价格区间或固定的时间区间进行买卖，或是结合趋势指标进行买卖。

本章详细说明了如何运用摆动图进行交易。在江恩理论中，摆动图是很重要的技巧，其他的图形分析基本上都是以摆动图为基础。当我们绘制江恩角度图时，首先就必须辨识摆动头部与底部。为了寻找百分比回调点，也必须从摆动图的头部与底部着手。最后，循环周期的计数也是如此，每个周期的起点一定都是摆动头部或底部。

第七章　形态：其他走势图排列

第五章和第六章讨论了趋势指标图的构建方法，说明了如何利用它们进行交易，并简要介绍了停止点的设定。趋势指标图是一种机械性的方法，它假定交易者完全遵循市场的波动进行交易。可是，由于行情的发展会发生变化，交易者必须了解某种情况下，必须忽略趋势指标的停止点，提早调整停止点。也就是说，趋势指标在某些情况下将被取代。这些情况包括：双重底（双重顶）、延伸性的价格走势、均衡波动，以及头部信号（底部信号）。

双重底

在趋势指标图中，分析者可以察觉到某种很容易识别的形态，其中之一就是双重底。依据双重底买进往往很安全，因为设定在双重底之下的止损位通常不会被触及，尤其是当双重底发生在低价区，或者发生在延伸性跌势之后。在双重底中，两个底部的价位并不需要完全相同。例如，第二个底部可以稍微高于第一个底部。根据历史资料，深入研究了各种趋势指标图中双重底的形成之后，可以评估两个底部之间所允许的价格差异程度。如果双重底中的第二个底部稍高于第一个底部，这是属于渐高的双重底，往往代表着市场随后即将走高。（图 7.1）这是重大上升走势发生之前的常见形态，尤其是第一个底部之后发生突兀状的走势之后，更是如此。

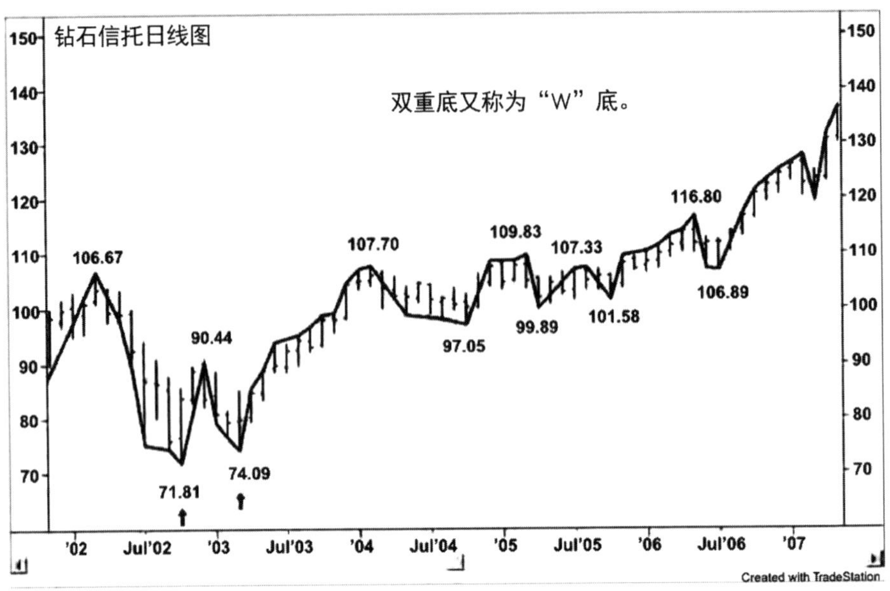

图 7.1　双重底形状是类似 W 的底部

双重底又称为“W”底，因为趋势指标的两个底部与一个头部构成“W”的形状。这个排列有两个进场的机会：第二个底部形成之后的逆势买进机会，以及后一个波动头部被突破之时。不论在哪个机会进场，停止点都设定在趋势指标最近底部的下侧。如果交易者决定利用双重底作为进场的信号，必须记住一点，虽然这个排列在小型到主要趋势指标中的结构都相同，但各自的底部力度并不同。

相对于中期与主要趋势指标的图形来说，小型趋势指标图比较容易发生双重底的排列，支撑的力度也相对较弱。

中期趋势指标图中的双重底发生频率低于小型趋势指标，但高于主要趋势指标。同时，中期趋势指标图中的双重底力度强于小型趋势指标，但弱于主要趋势指标。

相对于小型与中期趋势指标的图形来说，主要趋势指标图中的双重底比较少见，支撑的力度强于其他图形。

双重底的力度是时间的函数，两个底部的间距愈大，形态就愈重要，尤其是双重底形成之前曾经发生连续性的重大跌势，或双重底是发生在历史低位。如果双重底发生在明显的偏高价位，当底部被跌破时，代表理想的做空机会。总之，交易者应该特别留意宽广的双重底，对于双重底所处的位置保持高度警觉。

双重顶

另一个在趋势指标图中常见的形态是双重项。依据双重顶卖出，往往是很安全的方法，因为设定在双重顶之上的停止点通常不会被触及，尤其是当双重顶是发生在高价区，或发生在延伸性的重大上升走势之后。在双重顶排列中，两个头部的价位并不需要完全契合，例如，头部2可以稍微高于头部1。根据历史资料，深入研究各种趋势指标图中所形成的双重顶，我们可以评估两个头部之间所允许的价格差异程度。如果双重顶中的第二个顶部稍低于第一个顶部，这是属于渐低的双重顶，往往代表行情随后将走低。（图7.2）这是重大跌势发生之前的常见形态，尤其是第一个头部之后发生突兀性的跌势。

双重顶又称为“M”头，因为趋势指标的两个头部与一个底部正好构成“M”的形状。这个排列有两个卖出的机会：第二个头部形成之后的逆势卖出机会，以及波动底部被击穿之时。不论在哪个机会卖出，停止点都设定在趋势指标最近头部的上侧。

如果交易者决定利用双重顶作为卖出的信号，必须记住一点，虽然这个排列在小型到主要趋势指标中的结构都相同，但各自的头部压力并不同。

相对于中期与主要趋势指标的图形来说，小型趋势指标图比较容易发生双重顶的排列，压力也相对较弱。

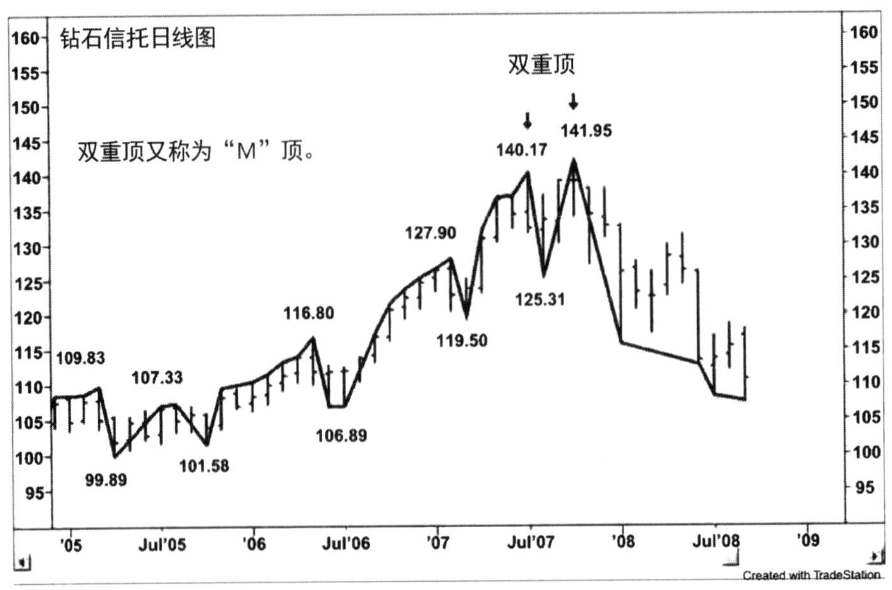

图 7.2 双重顶形状是类似 M 的顶部

中期趋势指标图中的双重顶发生频率低于小型趋势指标，但高于主要趋势指标。同时，中期趋势指标图中的双重顶压力强于小型趋势指标，但弱于主要趋势指标。

相对于小型与中期趋势指标的图形来说，主要趋势指标图中的双重顶比较少见，但压力最强。

双重顶的压力程度是时间的函数，两个头部的间距愈大，形态就愈重要。尤其是双重顶形成之前，曾经发生过连续性的重大上升走势，或双重顶发生在历史高位。如果双重顶发生在明显的低价区，当头部被突破时，代表理想的买进机会。总之，交易者应该特别留意宽广的双重顶，对于双重顶所处的位置保持高度警觉。

连续的上升走势或跌势

虽然趋势指标图完全通过机械的方式操作，但市场有时还是会出现一些特殊情况。通过追踪止损的方法去跟踪延伸性的价格走势时，尤其容易出现可以再做调整的状况。例如，连续 7 天出现相同方向的线形时，该怎么做呢？

江恩认为，如果连续 7 天出现较高的高价与较高的低价，应当调整卖出停止点，由最近的趋势指标底部的稍下方，移动到第七天上升线形的低点稍下方。反之，如果连续 7 只线形出现较低的高价与较低的低价，买进停止点应该由最近的趋势指标头部稍上方，移到第七天下降线形的高点稍上方。

止损点的设定位置，部分取决于交易者的偏好。例如，在连续 7 天向上的线形之后，有人可能将停止点移动至第七天线形的收盘价下方，而不是最低点的下方。同样地，在连续七天向下的线形之后，将止损价位设定在第七天线形的收盘价的上方，而不是最高点的上方。

每个市场都有其独特的性质。例如，某些市场在形成头部之前，通常最多只会出现连续 5 个 向上的线形，而不是 7 个。而在形成底部之前，通常最多只会出现连续 5 个向下的线形，而不是 7 个。交易者应仔细研究特定市场的历史摆动图，以此判断最佳的停止点设定方法。交易者也可以根据市场特有的波动习惯而提早调整停止点。例如，某些市场经常会出现三至五波的连续波动。如果该市场发生三至五波的连续向上波动，可以考虑将停止点从波动底部的稍下方，移动至最近线形低点的稍下方。如果该市场发生三至五波的连续向下波动，可以考虑将停止点从波动顶部的稍上方，移动至最近线形低点的稍下方。

均衡波动

均衡波动是停止点设定法则的另一个例外，其包括对之前波动行为的计算。（图 7.3）例如，如果最近的波动是向上 19 美分与向下 6 美分，目前又发生向上 19 美分的波动，停止点可以由前一个波动底部调整到目前高点之下 6 美分的下方。如果希望采用这类的停止点，交易者必须密切监控市场创出新高的情况，从而止损单移动至正确的位置。当上涨的高度等于或者超过前一次上涨，下跌的幅度超过前一轮的跌幅时，市场将触发这种停止点。

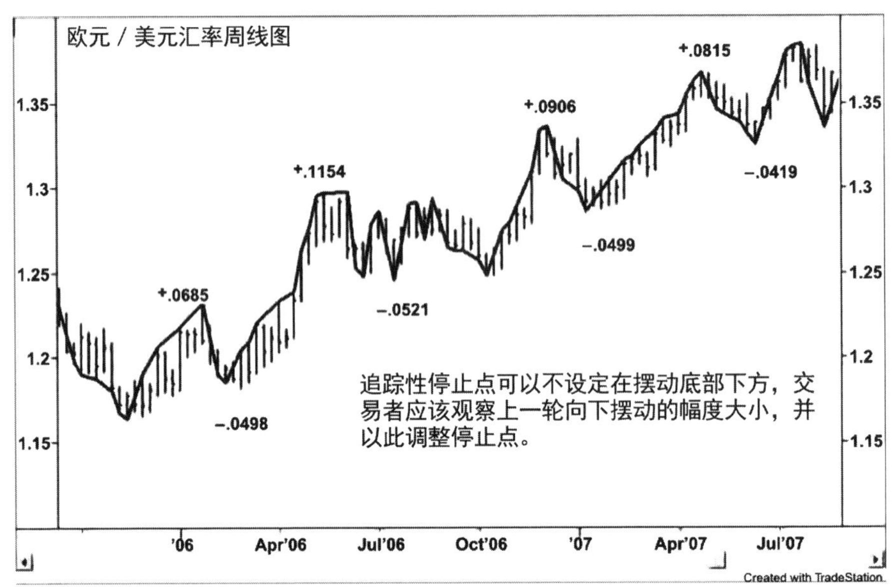

图 7.3 均衡摆动

卖出点设定的情况也是如此。例如，如果前一波的波动先下 跌 10 美元，又反弹 3 美元，目前又下跌 10 美元，停止点可以由前一个波动头部调整到目前低点上方 3 美元的稍上方。

失衡的价格与时间

在摆动图中，交易者可以计算波动的幅度与持续时间。在下跌的行情中，根据定义，向下的波动将愈来愈长，向上的波动将愈来愈短。当行情接近底部时，波动的频率将增加，向上反弹的力度和反弹的持续时间将增加。交易者需要观察与记录这类的行为，因为它可能是市场将见底的信号，当市场处于历史低位时，尤其应特别注意。

图 7.4 为美元/日元汇率周线图，注意图中走底走势的排列。经过

两个延伸性下降走势之后，价格分别出现-16.93 与-18.93 的跌幅，接着行情反弹了 9.98。这波上升走势幅度超过先前的 7.45 ，这是底部完成的第一个信号，意味着市场即将向上反弹。行情即将走高的第二个信号，是价格下跌-3.13。这个走势幅度远少于之前下跌走势的幅度。若从底部起算，市场虽然不足以维持先前第一波上升走势的相同幅度，但反弹仍持续了好几个礼拜，而且每个后续上升走势都创较高的摆动头部与摆动底部，而且超越了先前的跌幅。

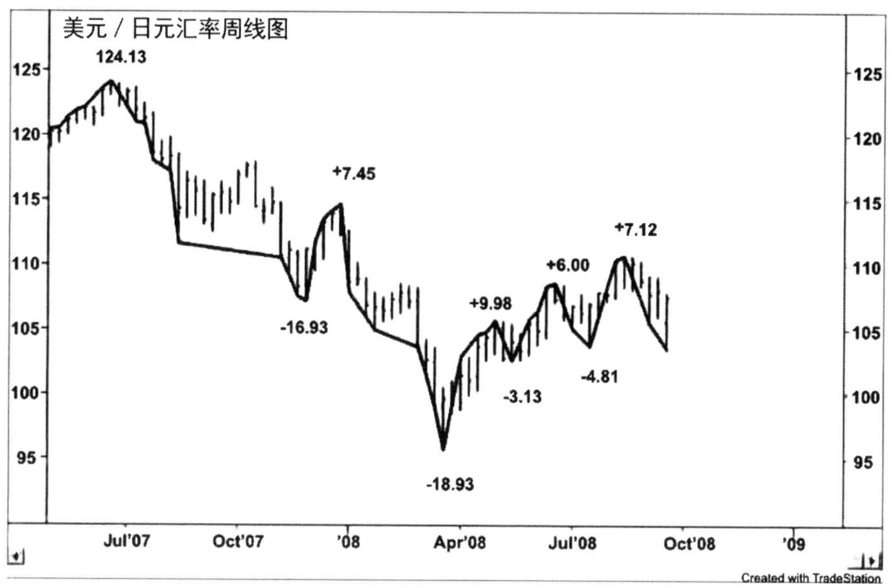

图 7.4 **失衡的摆动**

市场见底的第一个信号，往往是价格的大幅上涨，线形可能由底部向上攀升一天、两天或三天。甚至在上穿越先前的波动头部之前，市场就显示了见底的信号。交易者应该记录底部发生的第一个向上波动。类似的现象可能重复发生，这是属于特定市场的性质，每个市场有其自身的特征。这些性质都必须有详细的记录，因为它们可以暗示上升走势的幅度与持续时间。这类走势也经常具有季节或循环的性质。所以底部必须标示日期。从底部发生的第一波上涨幅度愈大，期间愈长，随后涨势的力度也愈强。熟悉底部上涨的规模，往往可以判断下一波涨势的力度。如果预期市场将产生双重底部，并打算在第二个底部进场时，上述价格特征对于这种逆势操作是重要的。

失衡是指目前的涨势在价格涨幅、持续时间上超过前一波涨势。(图 7.4) 时间的失衡是趋势变动的最重要指标。虽然底部弹升的价格幅度也代表趋势短期变动的理想指标，但价格维持在最近摆动底部之上的时间愈久，趋势在短期之内发生变动的可能性愈高。这是通过时间而不是价格打底的过程。

如果没有长时间的整固，在失衡状态下，快速反弹或者上穿头部的快速上涨经常失败。经历了长时间整固的市场被称为“平静的市场”。交易者中流传着一句话：“不要在平静的市场中做空。”在构筑底部时，花费时间，稳步地小幅上攻，在底部的支撑效果上，胜过短时间、大幅度的上攻。

虽然在前文中提到，建立摆动图时应忽略内侧线形，但这并不意味着它们不重要。唯有在摆动图的绘制过程中，才需要忽略内侧线形，但是一系列的内侧线形可以表达出重要的信息。

头部的情况也是如此。一波连续性的重大上升走势之后，总有一段急跌走势，其幅度与持续期间都超过先前的跌势。如果这个头部的第一波下跌是一只长线形，或者连续两日或连续三日下跌的最后一天是长线形，就需要注意后续的内侧线形。通过时间失衡的方式，引发下跌从而推动趋势向下。注意，从头部下跌时，除了跌幅超过前一次的跌幅造成价格失衡，也需要时间的失衡，从而加速下跌，造成趋势变动。

这与早先探讨的底部结构相似。长线形之后经常出现一系列的内侧线形。发生在极端底部的长线形经常标示出主要的底部。可是，这并不足以吸引新的买盘来改变趋势，并引发加速上涨。市场还需要失衡的时间。当极端底部发生长线形之后，一系列的内侧线形可以提供失衡的时间。因此，交易者应该注意底部附近的一系列内侧线形，这显示主要趋势正在准备上升，市场已经凝聚加速上涨的力量。

外侧线形被用来标示潜在的趋势变动。外侧线形经常暂时阻断上升走势或跌势，让时间或价格得以“跟上”当时的市况。一系列的内侧线形经常会发生在外侧线形的架构内。务必留意这类的排列，这可能是筑底阶段，是一波上升走势的开始，也可能是做头阶段，将引发一波下跌。价格穿越外侧线形的高价可能是上升趋势的开始，价格穿越外侧线形的低价，可能代表下降趋势的开始。重复一次，通过价格与时间评估的市场所处的位置，经常决定了突破的力度。

总之，行情的高度经常是取决于底部的宽度，而市场跌幅经常是取决于头部的宽度。在一段连续性的重大跌势之后，尤其最后发生长线形之后，需要留意一系列的内侧线形，这是筑底的信号。反之，在一段连续性的重大上升走势之后，需要留意一系列的内侧线形，这是做头的信号。外侧线形出现之后的一系列内侧线形有着相同的意义。

请注意，根据这类底部或头部的突破信号买进或卖出，这并不会改变趋势的方向，实际上是属于严格的趋势指标法则的例外。跟随趋势采用突破交易法，通常都可以成功。然而，不可以完全忽视线形的排列关系，对排列进行深入研究与练习，才能成功运用。

预测价格走势

摆动图是重要的预测工具。预测的起点是重要的底部和头部，使用早先摆动的价格数据，能以合理的准确度预判市场的价位和时间。这项技巧有助于判断行情是否已落后，需要跟进以维持既有的交易形态；或者当行情已落后时，市场是否调整，使排列恢复平衡。

例如，假定前一波走势在 5 天上涨 40 点，则由目前的底部起算，价格可能在 5 天之内上涨 40 点。如果价格实际上在 2 天之内上涨 60 点，随后 3 天可能发生 20 点的修正。另外，如果市场在 4 天之内上涨 30 点，则交易者预期最后一天可能上涨 10 点，如此市场的发展才能够处于平衡状态。这类的分析需要花费一点时间来培养，因为交易者必须了解相关市场的波动性质，而这一切唯有来自对历史记录的深入研究。

一旦交易者熟悉这类的分析之后，他可以预测长线形与内侧线形。也就是说，他可以预测何时出现大的波动，何时处于窄幅波动。因此，他可以在市场活跃时交易，在横向盘整时观望。

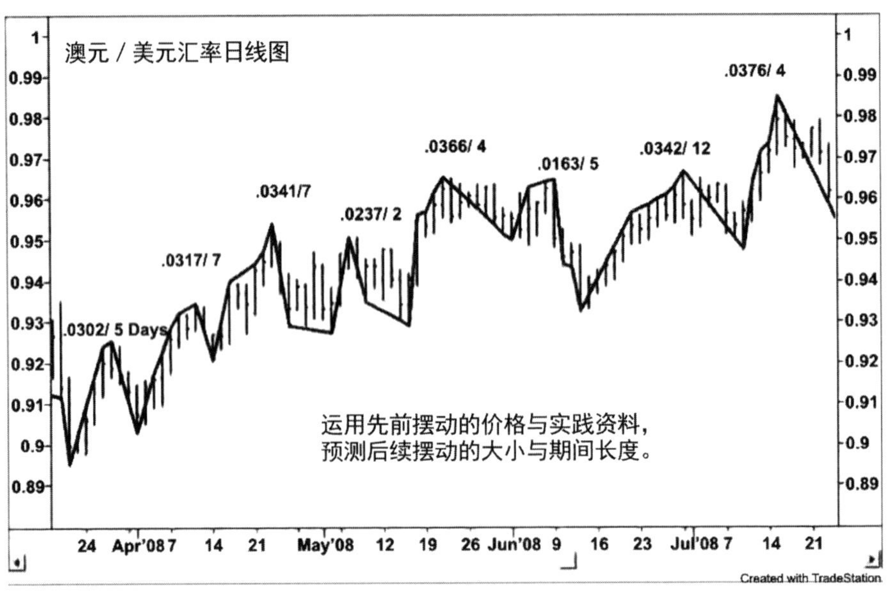

图 7.5　预测价格的走势

根据图 7.5 可见，我们可以发现，记录先前向上与向下摆动资料的重要性，因为这些资料可以用来预测后续的上升与下降走势。只要了解了摆动的价格幅度与时间长度，交易者就获得了线索，能够判断后续每波涨势或跌势的发展状况。交易者如果持有市场摆动的周全纪录，往往可以在行情实际转势之前，提早预测到头部与底部。如图 7.5，澳元对美元汇率在 5 到 7 天之内，总是持续出现高于 0.03 的涨幅。如果交易者正顺着上升趋势交易，打算捕捉摆动的大部分波幅，而不是在每个摆动底部买卖，他就必须知道早先摆动的价格波幅与时间长度。这种方法在长期图表中表现更佳，胜过短期图表。较为长期的图表能够让交易者专注于大型的波动走势。

信号头部和信号底部

趋势指标规则有两种最为重要的例外——信号头部和信号底部。我曾经深入研究，发现这是普遍形态。也就是说，这种形态适用于所有的市场，信号头部或信号底部经常发生在主要头部或主要底部的位置。

信号头部

信号头部的定义：经过一波延伸的重大涨势之后，与前一时段相比，某交易时段的价格出现了如下特征——最高价比前一时段的最高价要高，收盘价比前一时段的收盘价要低，收盘价低于这一交易时段的价格区间的中点，并且收盘价低于开盘价。这是市场做头的信号，趋势可能掉头向下。

信号头部是主要头部形态中的最重要指标之一。由于信号头部经常发生在历史头部位置或附近，也经常成为期货的高点，所以我们必须画出、观察与注意商品市场的历史头部。如前所述，交易者必须绘制相同月份期货的年线、季线、月线与周线的连续图形。在当前最活跃期货的走势图中，当出现垂直性的上升走势，而且价格还没有遇见显著的压力时，这种状态最值得参考。也就是说，这类头部经常发生在期货突破旧有的高点并且创出新高点的位置。

信号头部本身并不足以引发卖出信号，因为价格随后可能没有继续下跌，而且还恢复了原先的上升走势。只有继续下跌才能确认是头部。信号头部经常又称为“收盘价格反转头部”或者“关键反转头部”，但这些名称不如信号头部明确，因为它们既没有提到收盘价必须位于区间中点的下侧，收盘价必须低于开盘价。也没有提及随后的下跌与先前的连续上涨。

为了了解排列的重要性，我们需要将信号头部分解为几个组成部分来分析。

先前所发生的价格重大上升走势，是判断信号头部重要性的一个条件。信号头部必须发生在一段重大的价格上升走势之后。如同先前的说明，交易者必须记录过去所有价格上升走势的幅度，因为市场经常发生重复性的走势。当图形中出现信号头部时，研究过去的资料，并分析目前涨幅与过去涨幅之间的关系，可以判断目前的上升走势是否过分。预先了解这些历史波动，有助于交易者评估信号头部的重要性。另外，研究价格波动的幅度，交易者可以知道行情是否接近历史的高价区。

连续性上升走势所涵盖的时间长度也是判断信号头部的重要条件之一。如前所述，时间是决定趋势变动或头部的重要因素，了解历史上升走势的时间长度，将有助于判断信号头部的有效性或发生的可能性。历史摆动图中的其他资料，例如，底部到头部的持续时间与头部到头部的持续时间，也有助于信号头部的判断。如果当时的上升走势时间长度已经接近或超过历史的波动长度，这也可能代表有效的信号头部。

即使是在强劲上升走势中，线形也经常发生较高的高价与较低的收盘价。如果先前没有发生连续性的重大上升走势，随后没有发生跟进的跌势，这个形态可能是假的信号头部。研究显示，这种排列之所以失败，通常是因为不能满足下列的条件之一：均衡的价格波动、均衡的时间波动，或下一个交易时段没有发生跟进的跌势。

在一段连续性的上升走势、较高的高价与较低的收盘价、次一个交易时段也发生跟进的跌势这一系列特征出现之后，即使趋势确实向下反转，信号的强度也有所差别。例如，在前述情况下，收盘价可能位于交易区间的中点之下，但不低于开盘价。如果线形仅出现低于中点的收盘价或者是仅出现低于开盘价的收盘价，这称为双重信号头部；如果线形同时满足前述的所有条件，则是属于最理想的三重信号头部。

我们应该仔细研究这种类型的头部，以便在预测主要头部形态时判断这种信号的力量。收盘价较低或收盘价低于开盘价，但并不低于当天交易区间的中点，这种信号头部的走势同样也需要注意。

以下是各种信号头部的强劲程度（由最强到最弱），假定先前曾经出现连续性的重大上升走势：

（1）较高的高价与较低的收盘价，收盘价低于开盘价，而且收盘价低于交易区间的中点。

（2）较高的高价与较低的收盘价，收盘价低于交易区间的中点。

（3）较高的高价与较低的收盘价，收盘价低于开盘价。

（4）较高的高价与较低的收盘价。

总之，最主要的观察重点是：一段连续性的重大上升走势之后，出现较高的高价与较低的收盘价，随后是跌势。其次，头部的力量程度又取决于收盘价的位置：低于交易区间的中点同时低于开盘价，或仅低于开盘价。再强调一次，必须记录主要头部的历史价位，通过这些历史资料判断目前头部反转的可靠性和强度。

请记住，当主要的头部信号发生时，未必代表趋势已经反转向下，很可能仅是暂时阻断上升走势或回调。这种跌势并不代表趋势已经发生变化，虽然最后很可能演变为这类的结果。我们必须通过历史资料进行研判，当信号头部发生之后，价格跌破低点的幅度应该是多少，才足以确认信号头部。每个市场的情况都各自不同，务必掌握这方面的资料才能避免假的卖出信号。

如果运用趋势指标入场和离场，交易者应该把停止点由前一个波动底部调整到信号头部线形低价的下侧，一旦后续的跟进跌势确认头部信号之后，运用停止点来选择结束交易并锁定利润。

信号头部的各种排列，可能代表不同的结果。例如，如果收盘价低于区间的中点，我们可以根据收盘价的实际位置（例如：低价的 25%或 10%之内）来判断信号的强度。如果希望通过历史资料来测试头部信号的有效性，可以采用 TradeStation 这类的交易软件。

时间指标也可以反映信号的强度。除了观察上升走势的持续时间之外，交易者也可以比较信号头部与循环、季节性头部的时间关系。另外，我们也可以观察与测试信号头部发生位置与其他资料之间的关系（例如：历史价位区、主要百分比回调点与主要江恩角度线排列），然后做更进一步的筛选。

虽然信号头部并不一定改变趋势，但如果交易者习惯于建立逆势的短线仓位，则可以在信号头部被确认之后，建立做空头寸。当然，这类的逆势必须承担相当大的风险，因为停止点必须设定在信号头部之上。

另一种逆势做空的策略，是在主要头部第一波跌势的回调 50%位置建立做空仓位。这种走势可能需要两三天的时间来发展，但确实是属于最常用的交易形态之一。前述的回调比率也可以调整为 33%或 67%。结合主要头部、均衡点与江恩角度线，回调卖出可以提供主要的进（出）场方式，趋势随后很可能向下反转。

图 7.6 是信号头部的案例。一段延伸性重大上升走势之后，2008 年 12 月玉米期货创新高价，形成了信号头部。一旦确认信号头部，做多交易者就可以调整卖出停止点到信号头部当天低价稍下方，而不必等待摆动底部被贯穿。这可以让交易者掌握到更多的摆动幅度，避免吐回既有的获利。

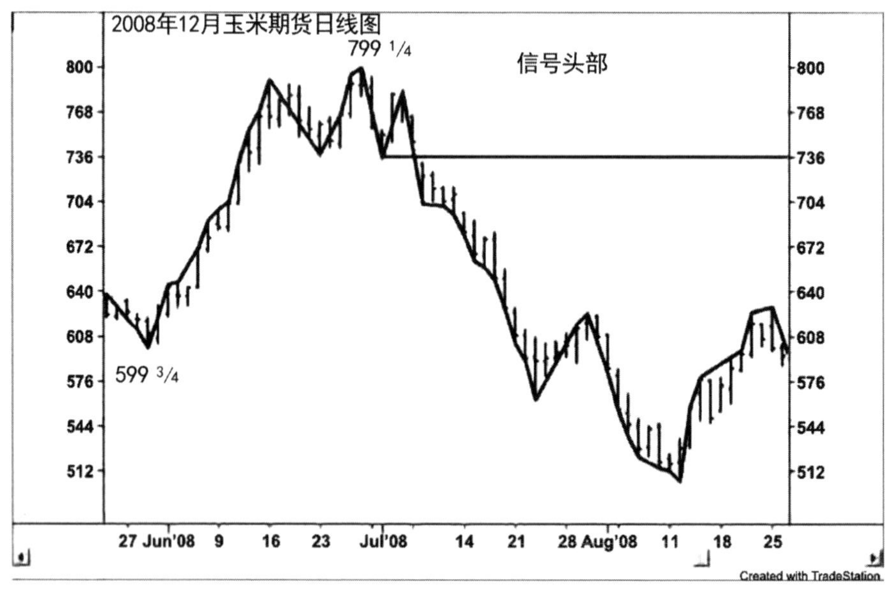

图 7.6　信号头部

信号底部

信号底部的定义如下：经过一波连续的重大跌势之后，某交易时段相对于前一个交易时段而言，出现较高的高价与较低的收盘价，并且在该交易时段内，收盘价高于价格区间的中点，收盘价高于开盘价。这是市场见底的信号，趋势可能向上反转。

信号底部是主要底部形态中的最重要指标之一。由于信号底部经常发生在历史底部位置或附近，也经常成为期货的低点，所以我们必须画出、观察与注意商品市场的历史底部。如前所述，交易者必须绘制相同月份期货的年线、季线、月线与周线的连续图形。在当前最活跃期货的走势图中，当出现垂直性的跌势而价格还没有遇见显著的支撑时，这种状态最值得参考。也就是说，这类底部经常发生在期货突破旧低点而创新低的位置。

信号底部本身并不足以引发买入信号，因为价格随后可能没有继续上涨而恢复原先的下跌走势。随后的上涨是信号底部得以确认的条件。信号底部经常又称为“收盘价格反转底部”或者“关键反转底部”，但这些名称不如信号底部明确，因为它们既没有提到收盘价必须位于区间中点的上端，收盘价必须高于开盘价，也没有提及随后的上涨与先前的连续下跌。

为了了解排列的重要性，我们需要将信号底部分解为几个组成部分来分析。

先前所发生的价格重大跌势，是判断信号底部重要性的一个条件。信号底部必须发生在一段重大的价格下跌之后。如同先前的说明，交易者必须记录过去所有价格跌势的幅度，因为市场经常发生重复性的走势。当图形中出现信号底部时，研究过去的资料，并分析目前跌势幅度与过去跌势之间的关系，可以判断目前的跌势是否过分。预先了解这些历史波动，有助于交易者评估信号底部的重要性。另外，研究价格波动的幅度，交易者应该可以知道行情是否接近历史的低价区。

连续性跌势所涵盖的时间长度，这也是判断信号底部的重要条件之一。如前所述，时间是决定趋势变动或底部的重要因素，了解历史上升走势的时间长度，将有助于判断信号底部的有效性或发生的可能性。历史摆动图中的其他资料，例如，底部到头部的持续时间与底部到底部的持续时间，也有助于信号底部的判断。如果当时的跌势时间长度已经接近或超过历史的波动长度，这也可能代表有效的信号底部。

即使是在猛烈的下跌走势中，线形也经常发生较低的低价与较高的收盘价。如果先前没有发生连续性的重大跌势，随后也没有发生跟进的上升走势，这个形态可能是假的信号底部。研究显示，这种排列之所以失败，通常是因为不能满足下列的条件之一：均衡的价格波动、均衡的时间波动，或下一个交易时段没有发生跟进的上升走势。

在一段连续性的跌势、较低的低价与较高的收盘价、次一个交易时段也发生跟进的上升走势这一系列特征出现之后，即使趋势确实向上反转，信号的强度也有所差别。例如，在前述情况下，收盘价可能位于交易区间的中点之上，但不高于开盘价。如果线形仅出现高于中点的收盘价或者是仅出现高于开盘价的收盘价，这称为双重信号头部；如果线形同时满足前述的所有条件，则是属于最理想的三重信号头部。

我们应该仔细研究这种类型的底部，以便在预测主要底部形态时判断这种信号的力量。收盘价较高或收盘价高于开盘价，但并不高于当天交易区间的中点，这种信号底部的走势同样也需要注意。

以下是各种信号底部的强劲程度（由最强到最弱），假定先前曾经出现连续性的重大跌势：

（1）较低的低价与较高的收盘价，收盘价高于开盘价，而且收盘价高于交易区间的中点。

（2）较低的低价与较高的收盘价，收盘价高于交易区间的中点。

（3）较低的低价与较高的收盘价，收盘价高于开盘价。

（4）较低的低价与较高的收盘价。

总之，最主要的观察重点是：一段连续性的重大跌势之后，出现较低的低价与较高的收盘价，随后接着上升走势。其次，底部的力量程度又取决于收盘价的位置：高于交易区间的中点同时高于开盘价，或仅高于开盘价。再强调一次，必须记录主要底部的历史价位，通过这些历史资料判断目前底部反转的可靠性和强度。

请记住，当主要的底部信号发生时，未必代表趋势已经反转向上，很可能仅是暂时阻断跌势或反弹。这种上升走势并不代表趋势已经发生变化，虽然最后很可能演变为这样的结果。我们必须通过历史资料进行研判，当信号底部发生之后，价格突破高点的幅度应该是多少，才足以确认信号底部。每个市场的情况都各自不同，务必掌握这方面的资料才能避免假的买入信号。

如果运用趋势指标入场和离场，交易者应该把买入点由前一个波动头部调整到信号底部线形高价的上侧，一旦后续的跟进上升走势确认底部信号之后，运用买入点来选择进场并锁定利润。

信号底部的各种排列，可能代表不同的结果。例如，如果收盘价高于区间的中点，我们可以根据收盘价的实际位置（例如：高价的 25%或 10%之内）来判断信号的强度。如果希望通过历史资料来测试底部信号的有效性，可以采用 TradeStation 之类的交易软件。

时间指标也可以反映信号的强度。除了观察跌势的持续时间之外，交易者也可以比较信号底部与循环、季节性头部的时间关系。另外，我们也可以观察与测试信号底部发生位置与其他资料之间的关系（例如：历史价位区、主要百分比回调点与主要江恩角度线排列），然后做更进一步的筛选。

虽然信号底部并不一定改变趋势，但如果交易者习惯于建立逆势的短线仓位，则可以在信号底部被确认之后，建立做多头寸。当然，这类的逆势必须承担相当大的风险，因为停止点必须设定在信号底部之下。

图 7.7 是底部信号的理想案例。一段延伸性重大跌势之 30 年期美国国债创新低价，形成了底部。底部信号形成之后，市场紧接着就出现很重要的跟进上升走势。这个上升走势引发了做空回补的发生令行情穿

越先前的摆动头部而将趋势反转向上。趋势向上发展之后，市场又出现回调走势，幅度则是从先前反转底部衡量的第一波的50%左右。这是相当常见的形态，因为第一波经常是来自于做空信号回补，而新买盘则是在第一波跌势之后才会出现。

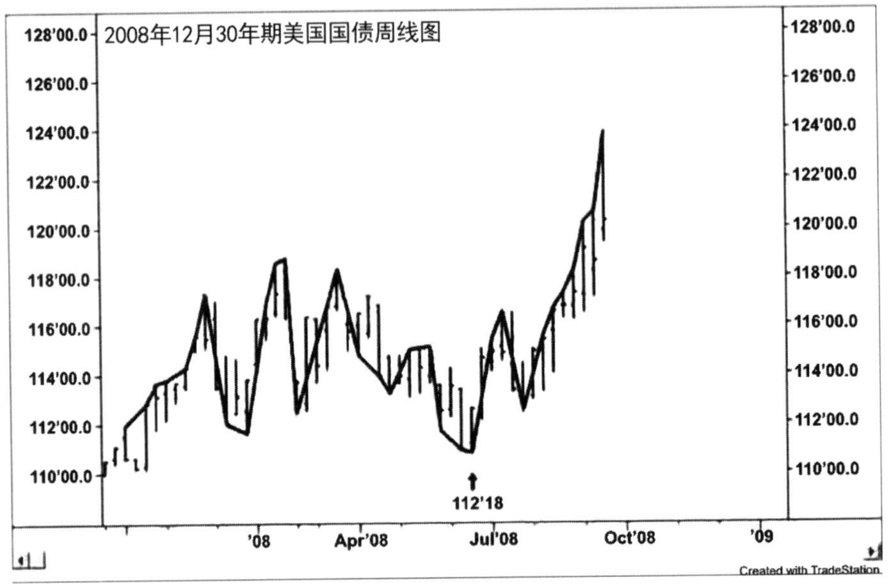

图 7.7 底部信号

另一种逆势做多的策略，是在主要底部第一波上升走势的回调50%位置建立做多仓位。这种走势可能需要两三天的时间来发展，但确实是属于最常用的交易形态之一。前述的回调比率也可以调整为33%或67%。结合主要底部、均衡点与江恩角度线，回调买入可以提供主要的进（出）场方式，趋势随后很可能向上反转。

信号头部与信号底部是标准止损法则的例外情况，积极的交易者通过这些信号来调整停止点，可以在行情大幅回调之前锁定既有的利润。可是，请注意，当这些停止点被触及时，虽然不代表趋势已经发生反转，但很可能在短期之内反转。在快速而活跃的行情中，这种停止点的调整很有效。

其他重要的排列

除了信号头部与信号底部的排列之外，如果价格收在最低价或最高价附近，往往也代表趋势可能发生大的变化。

收盘价位靠近最低价

在一段连续的重大跌势之后，或行情处于历史的低价区，如果发生向下的长线形，价格收在最低价的一两个价格单位之内。隔天的价格开高，而且盘中价格始终不低于前一天的收盘价。

这种走势虽然不代表趋势已经发生变动，但强烈显示趋势可能向上反转，或正在构筑一个支撑区域。

收盘价位靠近最高价

在一段连续的重大上升走势之后，或行情处于历史的高价区，如果发生向上的长线形，价格收在最高价的一两个价格单位之内，隔天的价格开低，而且盘中价格始终不高于前一天的收盘价。

这种走势虽然不代表趋势已经发生变动，但仍旧强烈显示趋势可能会向下翻转，或是走势遭遇压力。交易者应该深入研究各种头部排列，可提高预测能力的准确性。

其他常见的形态

交易如果想要获得成功，一个最重要的关键就是研究与实验各种趋势指标与形态。江恩在他的著作与教材里，一直都在重复强调研究与实验的重要性，他永远都在尝试寻找新的交易与解释方法，趋势指标是很重要的概念。由于电脑科技的发展，当今的交易者有很多机会可以研究与实验各种趋势指标形态，以及各种不同的电脑软件。交易者如果决定使用江恩摆动指标作为主要趋势指标，就应该实验各种技术工具，借以确认趋势。

在确认趋势时，可以借由移动平均穿越信号，配合江恩摆动指标来进行确认。其他走势图形态也可以用来辨识既有的摆动。本章讨论的是趋势指标的例外法则。这其中包括了信号头部与底部信号排列。除了这些形态之外，K 线交易形态也可以用来有效确认这些形态。我们鼓励交易者对 K 线形态做些研究与实验，借以增进江恩趋势指标运用上的成功机会。如十字线形态可以配合趋势指标图运用。这种形态虽然不代表趋势指标信号，但可以协助交易者在趋势指标出现卖出信号之前结束仓位。其他有助于趋势指标交易的 K 线形态，还包括上吊线、锤子线、流量线与倒锤线等。重点是读者应该通过研究与实验，了解 K 线形态如何增进趋势指标图的成功交易机会。

总结

许多交易者或许希望建立纯机械性的交易系统，随着市况进行调整，提高收益与降低风险。就我个人的看法，这也正是趋势指标例外法则所要达到的目的。如果交易者偏爱单独采用趋势指标，必须了解成功的交易策略涉及弹性调整。如果能够在趋势指标发生变动之前，预先辨识双重顶和双重底、连续性的重大价格走势、均衡波动，以及信号头部和底部，显然有助于针对可能的趋势反转进行交易。

以上讨论是摆动交易法则的例外情况。务必了解所有正规的摆动交易法则和例外情况。特别要留意信号头部与信号底部，因为绝大多数的主要头部与底部通常以这种形式产生。

第八章　水平支撑及压力

江恩通过许多方法来决定支撑与压力，包括对水平与对角线的分析。水平的支撑和压力是由波动头部、波动底部与江恩百分比回调构成。之所以称它们为“水平”的支撑与压力，是因为它们在图形中向右延伸。摆动图中的支撑与压力向右无限延伸，而百分比回调在相关的区间内始终有效。另一方面，对角线的支撑和压力是由江恩角度线构成。这两种方法的汇合区域将成为强劲的支撑与压力。

摆动图

在讨论趋势指标的章节中，我们学会了绘制波动图、摆动图，了解了小型趋势、中期趋势与主要趋势的运用方法，知道如何辨识每种图形中的头部与底部。在更进一步的价格与时间分析中，我们发现这些重要的价位不仅具有短期的重要性，它们还可以无限延伸。

摆动头部

当市场形成头部之后，这个头部影响力将始终存在。由头部向右绘制一条红色的直线，代表头部影响力在时间上的延伸。随着行情的发展，价格可能数次向上穿越这条红线。当市场第一次出现向上接近头部时，通常会出现卖出压力。需要观察这个水平所出现的双重顶或头部信号。

当价格穿越头部之后，趋势可能反转向上或继续目前的趋势。此时被穿越的头部将很有可能成为底部。江恩所提出的重要法则之一是："旧的头部变成新的底部。"务必观察这类市场行为，价格经常穿越头部，引发停止点之后，又返回头部。如果这是一个有效的头部构成，旧的头部应该成为新的底部。

每个头部都应该被追踪，因为它们都和未来的头部有关系。这也是为什么头部必须向未来无限延伸。虽然我们很难永远留意过去的每个小型头部，但至少应该注意中期与主要头部，尤其是主要头部。(图 8.1)

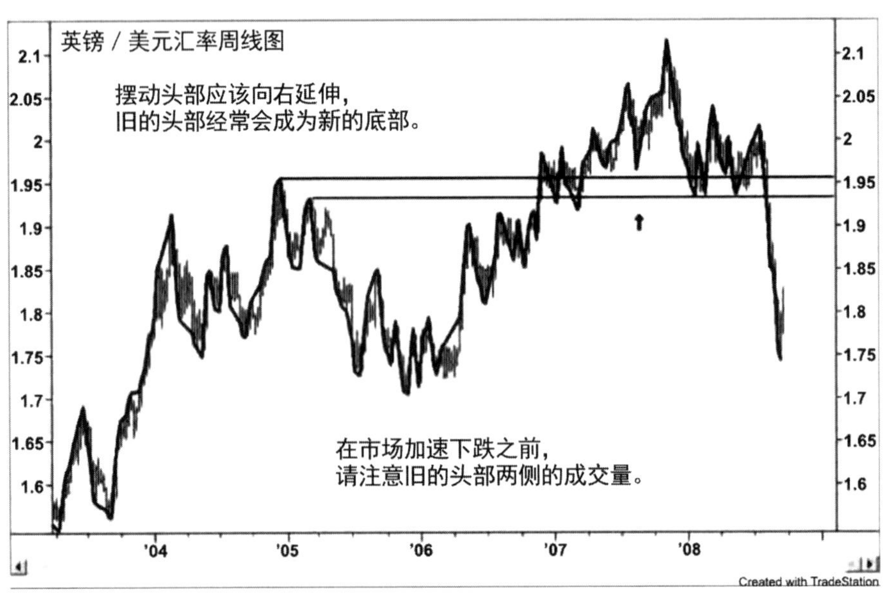

图 8.1 摆动头部成为新的底部

摆动底部

当市场形成底部之后，这个底部的影响力将始终存在。由底部向右绘制一条红色的直线，代表底部影响力在时间上的延伸。随着行情的发展，价格可能数次向下穿越这条红线。当市场第一次出现向下接近底部时，通常会出现支撑。务必留意这个水平所出现的双重底或底部信号。

当价格穿越底部之后，趋势可能反转向下或继续原来的趋势。此时被穿越的底部将很有可能成为头部。江恩的另一个重要法则是："旧的底部变成新的头部。"务必观察这类市场行为，价格经常穿越底部，引发停止点之后，又返回底部。如果这是一个有效的底部构成，旧的底部应该成为新的头部。(图 8.2)

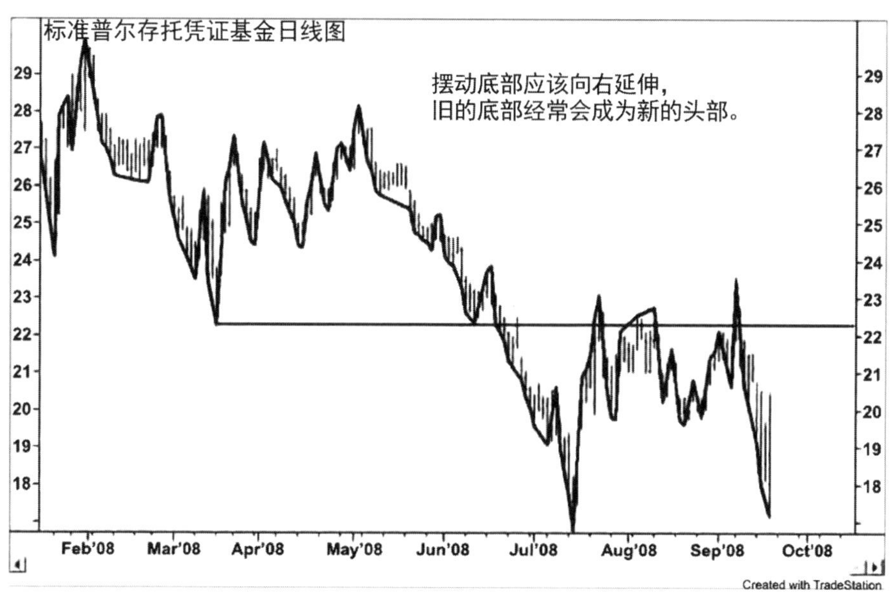

图 8.2　摆动底部形成的新头部

除了判断未来的头部与底部之外，我们还可以根据过去的波动来预测未来的波动。为了判断未来可能的价格方向，必须记录过去的波动幅度。研究过去的向上波动，我们可以预测未来的向上波动。反之，记录过去的向下波动，我们可以预测未来的向下波动。

绘制波动图、摆动图是进行价格和时间分析的第一步，因为波动图、摆动图是所有技术分析的基础。观察某个交易区间内的波动底部与波动头部，可以判断相关的支撑与压力，这有助于未来的交易。在下面两章中，我们将讨论这些重要的支撑与压力点。第九章将说明如何绘制与解释江恩角度线。第十章将说明如何计算与解释江恩百分比回调水平。

价格回调水平

最重要的百分比回撤点是区间的50%，这是市场在区间内最常交易的价格。在上升趋势过程中，向下的修正将在此获得强劲的支撑。如果回调走势贯穿这个50%的水准，即代表弱势的信号，价格有可能会进一步下跌，但只要价格还没有跌破先前的摆动底部，趋势就还没有向下反转。在下跌趋势发展中，其中的向上反弹也会在50%回调水准遇见很大的压力。如果反弹走势贯穿这个50%的水准，即代表上升走势强劲的情况，价格有可能会进一步上涨，但只要价格还没有穿越先前的摆动头部，趋势就还没有向上反转。(图8.3)

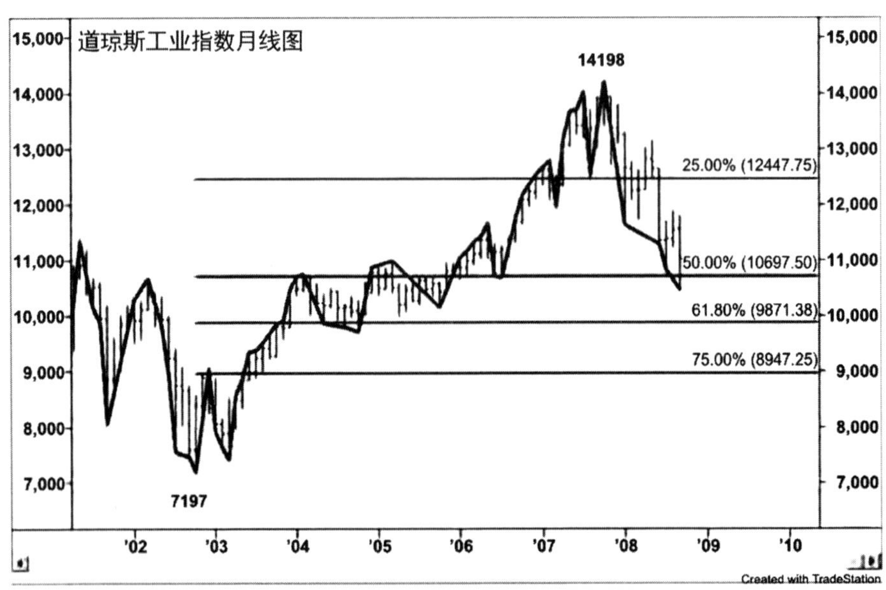

图8.3 百分比压力水平

当价格到达50%压力区时，有可能经常会来回穿越该水准。请务必留意这类的摆动走势，因为它们经常会显示出空转或市场的动能。

之前讨论过摆动图与角度线的空转。空转在这里的定义是：价格穿越百分比回调点，但随后并没有发生跟进走势的平均幅度。换句话说，价格虽然穿越了百分比回调点，但是并没有超过一定的幅度，而且稍后又发生反向的穿越，使得先前的百分比回调点得以继续维持原来的支撑或压力。

例如，假定市场处于上升趋势中，摆动图的50%回调点为10美元。某一周的第一天市场创出9.9美元的低价，隔天的高价是10.12美元，低价是0.01美元。因此，9.9美元处的低价形成小型底部。空转的幅度为50%回调点（10美元）与小型底部（9.9美元）之间的距离：

10−9.9＝0.1美元

当交易者在上升趋势中以50%的回调价格进场时，就必须了解空转的程度，如此才能够适当设定做多头寸的止损点。如果你根据空转的幅度而将止损设定在回调50%的下侧，停止点被触及的机会不大，但如果被触发，价格可能进一步下跌。

小龙注

使用黄金比例的时间分析法，也经常能预测到支撑位，但可能出现假突破。所以此处作者提醒必须要统计空转的程度，之后才设定做多头寸的止损点。

上述范例是决定空转程度的一个简化例子。我们还可以采用比较精密的方法，计算过去50%回调的平均空转程度。可是，请注意，空转的幅度通常会因为价格水平不同而发生变动。例如，低价区的行情波动比较缓和，高价区的行情波动比较剧烈，所以低价区的空转数据将小于高价区。

记录相关商品在各种价位的空转数据是非常重要的。经过一段时间之后，分析者将会了解市场在50%价位处的可能行为。不论设计交易系统或设定停止点，这都是绝对必要的资料

此处有个一定要注意的点，就是空转的理由。一旦确认了价格区间，并计算出50%回调的价格，我们就可以假设所有交易者全都和你一样，也得出了相同的价格。大部分交易者都会犯的一个错误，也是最常见的错误，就是在该价位下买单，希望能借此掌握底部的优势，实际上，市场不见得非要停止在该价格上，反倒是该价格的那些买单，会在某种程度上将价格支撑在这个价位上。而这些买单的多少，也就决定了支撑的强度，如果买单不多，价格自然有可能继续往下掉。通常市场在下跌，交易者往往不敢下太多的买单，换句话说，这些在50%回调价位买入的人，既不确定市场会不会往下走，也不知道跟他一起下单买入的人多不多，所以只要稍有损失，可能很快就会止损出场，进而造成市场续跌。既然在该价位上的买单数量如此重要，愿意等待市场表态，确认支撑力道之后再进场的交易者，成功率自然就比较高。我相信，各位在50%回调点上一定看过类似的状况。关键不在于价格来到50%回调点是否会止跌，重点是随后市场动能如何表态。对当中的交易者来说，他们通常会观察买卖报价的情况，借以判断买单数量，是否足以形成支撑的力量。

如同先前所说的，最重要回调是主要价格区间的50%。所谓主要交易区间，可能是整个期货的历史交易区间，也可以是次两个或三个的历史交易区间。另外，期货交易区间的50%或月线图、周线图、日线图上主要区间的50%，它们都代表重要的支撑或压力。就如同本书中所讨论的其他价格与时间观念一样，各种区间的50%回调汇集区，将提供更坚实的支撑与压力。

区间越宽或波幅越大，50%的回调越可靠，因为价格将长期停留在较大的区间内。行情停留在某区间内的时间越久，交易者越能够了解50%的回调行为。特别是这有助于建立空转的资料。“区间之内的区间”

是很重要的概念，因为各种区间的50%回调将非常接近，形成坚实的支撑或压力，这些价位适合于买进或卖出。

在区间之内，50%是最重要的回调百分比，其他重要的回调百分比还有25%（1/4）、75%（3/4）、33%（1/3）与67%（2/3）。

江恩十二条规则的其中一条买卖规则是根据百分比买卖。前面提及两种买卖的方法：1. 若市况在高位回吐50%，是一个买入点。2. 若市况在低位上升50%，是一个卖出点。

50%，即为1×1线，为最重要的百分比。而我们可以将50%回调，作为短线出入市的指标。经过多年交易，我将50%回调作为一个交易策略，简称为50%百分比回调带战法。50%回调带战法很简单，若市况在低位上升50%，我们卖出股票。而当市况在高位回吐50%，我们考虑买入股票。同样，如跌穿则作为止损的根据。反之亦然。

关于江恩百分比回调的运用，首先应该考虑主要区间，最后才考虑小型区间。首先运用历史主要区间来判断主要的江恩百分比回调点。这有助于测定市场的主要价格与时间位置。行情的底部比较可能发生在历史总区间的50%之下，行情的头部比较可能发生在历史总区间的50%之上，如果希望预测主要走势的起点，适合采用历史总区间，如果希望寻找交易的进场点，应该特别留意当时的主要区间，包括月线图、周线图与日线图上的主要区间。特别需要注意支撑和压力的汇集区，因为这些价位最适合建立起始头寸。

在不同的波段中，包括历史重要的高点或低点、中期或小型波段中都划出江恩百分比回调。

如果希望在50%的回调走势中建立头寸，应该顺着主要趋势的方向进行交易。如果主要趋势向上，应该在50%的回调走势中建立做多头寸。如果主要趋势向下，应该在50%的反弹走势中建立做空头寸。最后，还必须注意个别市场在各种价位的空转程度，这方面的资料有助于设定止损位。

江恩百分比回调是属于水平的支撑与压力，因为价格一旦确定且维持在相关的交易区间内，这些支撑与压力就会固定。所以，交易者应该考虑历史总价格区间，并由上往下（由主要到小型趋势指标）观察摆动图。这些价位一旦形成之后，不太容易被打破。因此，江恩百分比回调点具有长期的效力。所持续的时间愈久，空转与停止点的资料愈可靠。这些资料有助于建立成功的交易系统。除了江恩百分比回调点之外，波动头部与底部也是属于水平的支撑与压力，其效力将延伸到未来。即使头部与底部被穿越之后，支撑与压力的作用仍然存在。在上升趋势中，当价格穿越既有的头部之后，该头部的压力将转化为支撑；在下降趋势中，当价格跌破既有的底部之后，该底部的支撑将转换为压力。所以，既有的头部与底部将继续影响未来的走势。

关于“旧支撑与新压力”和“旧压力与新支撑”的原理也适用空转的法则。交易者必须研究与分析，行情向下贯穿旧头部到达何种程度，还可以重新拉高而维持旧头部原先的支撑功能；行情向上穿越旧底部到达何种程度，还可以重新回调而维持旧底部原有的压力功能。这些空转的资料都有助于设定正确的停止点。

在江恩百分比回调价位与旧头部（或旧底部）的汇集区，将提供最强劲的水平支撑与压力。在上升趋势中，当价格回到50%的回调点，而且该处也是旧头部的支撑区时，这往往代表理想的买进机会。同理，在下降趋势中，当价格反弹到50%的回调点，而且该处也是旧底部的压力区时，这往往代表理想的卖出机会。在可能的范围内，尽量由不同的角度来考虑支撑与压力，最好在各种支撑的汇集区买进，在各种压力的汇集区卖出，停止点的设定也应该做类似的考虑，以避免承担不必要的风险。

其他回调水准

50%虽然是最重要的江恩百分比，但我们仍然应该将此区间划分为其他更细的回调水准。如把市场划分为8份或10份。另一些人则喜欢采用38.2%与61.8%等黄金比例的关键价位。这些都是可行的，而如此所创造出来的水平价位，将结合对角价位而成为支撑与压力的汇集。

关键回调区域如果划分为8个单位，就是12.50%、25.00%、37.50%、50.00%、62.50%、75.00%、87.50%。如果划分为10个单位，则是10%、20%、30%、40%、50%、60%、70%、80%、90%。

这些比例运用于大型波动的波段的效果比较好，其中最重要的波段，就是整个历史价格区间。请注意，这些水准值适用于所有时间架构。这也可以用来解释市场所呈现的某些支撑或压力，为何在当时的走势图上看起来并不明显。

有别于黄金比例，在江恩理论中，有一个与黄金比例相似的量度价格比例工具，我们称它为江恩分割比例，又称江恩百分比。

头部或底部的倍数

底部或头部的倍数，也有可能代表重要的支撑与压力。做这方面考量时，起码应该计算头部、底部的2倍。譬如说，如果底部位于75美元，其2倍150美元也有可能会构成主要的压力。为了决定这类关键水准，我们应该考虑历史低价，并以此为准来做计算。如同其他重要支撑与压力一样，这些读数都应该标示在走势图上，然后再观察行情在这些位置上的表现。(图8.4)

同样，主要底部、主要头部的某个百分比也有可能成为重要的支撑与压力。关于这方面的计算，起码要考虑50%回调，尤其是历史高价的50%回调。除此之外，也可以考虑划分8或10个单位。(图8.5)

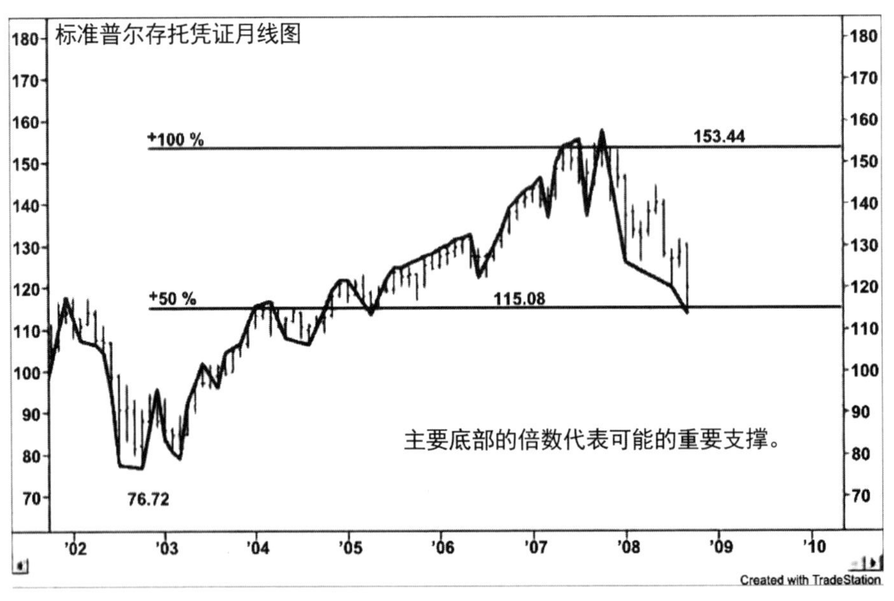

图8.4 底部的倍数

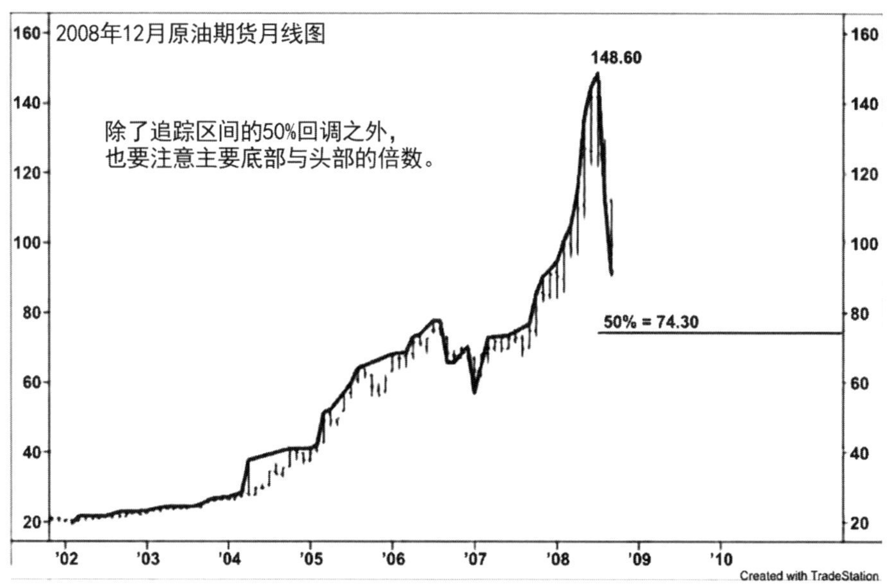

图 8.5 主要头部的回调

支枢价格计算

价格重要活动区也有可能成为水平方向的支撑与压力位置。所谓的价格重要活动区是重要价格走势发生的位置（譬如 50%或 61.8%回调区）。其他重要活动区还包括标准支枢与重要回调价位。

标准支枢是用来决定支撑、压力和价格目标的重要依据。这种方法也称为在内的交易员支枢，因为这种做法最初盛行于芝加哥交易所。标准支枢通常是指日线图的开盘、最高、最低与收盘价，但也可以是其他时间架构的价格资料。这些支枢价格本身就可以视为重要的支撑与压力，但彼此结合也具备相同的作用。

但彼此结合也具备相同的作用，计算日线标准支枢价格时，可以用前一天的开盘、最高（H）、最低（L）与收盘（C）来做计算。首先考虑的是支枢价格（pivot price，PP）。

公式 PP＝（H+L+C）/3。

之后压力通常有四个位置，分别标示为 R1、R2、R3 与 R4。计算公式如下：

R1＝ 2×PP−L

R2＝（PP+区间）

R3＝（PP+2×区间）

R4＝（PP+3×区间）

之后计算支撑位置。支撑通常也有 4 个水平，分别标示为 S1、S2、S3 与 S4。计算公式如下：

S1＝ 2×PP−H

S2＝（PP−区间）

S3＝（PP−2×区间）

S4＝（PP−3×区间）

这些数据通常可以从大到小整理为表格，或直接标示在走势图上。举例来说，我们可以计算 2008 年 9 月 8 日标准普尔 500 的相关支枢价格。我们要用 9 月 7 日的开盘价 1236.50，高价 1245.25，低价 1216.50，收盘价 1241.00。(图 8.6)

R4＝1320.50

R3＝1291.75

R2＝1263.00

R1＝1252.00

S1＝1234.25

S2＝1205.50

S3＝1176.75

S4＝1148.00

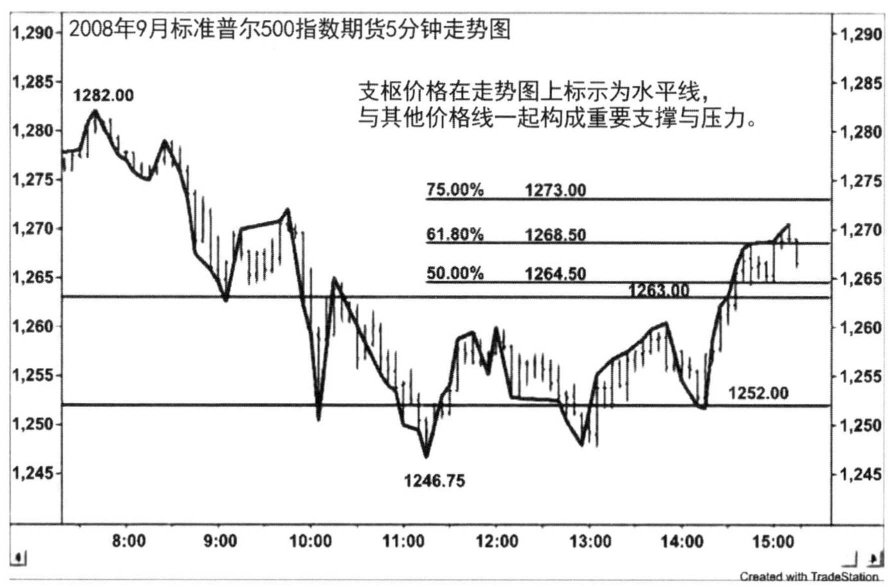

图 8.6　支枢价格计算

交易者应该把这些价位标示在走势图上，然后把主要头部、主要底部、百分比回调等标示，最后这些价位就有可能会形成重要的汇集区。而这些价格的汇集区，就会形成当天价格强而有力的支撑和压力。

移动平均线

移动平均线、均线是最常见的分析工具之一，因为其方法及使用相当简单。对于分析者来说，移动平均只是另一种价格资料。有些交易者直接把移动平均视为重要的支撑与压力，尤其是各种不同期间长度移动平均的汇集区。此处的重点，仍然是“汇集区”。一旦决定支撑与压力位置之后，分析者就可以根据汇集的状况，判断支撑与压力的强度。举例来说，200 天移动平均如果处在 50%与 61.8%回调区域，则其支撑与压力功能就会很显著。(图 8.7)

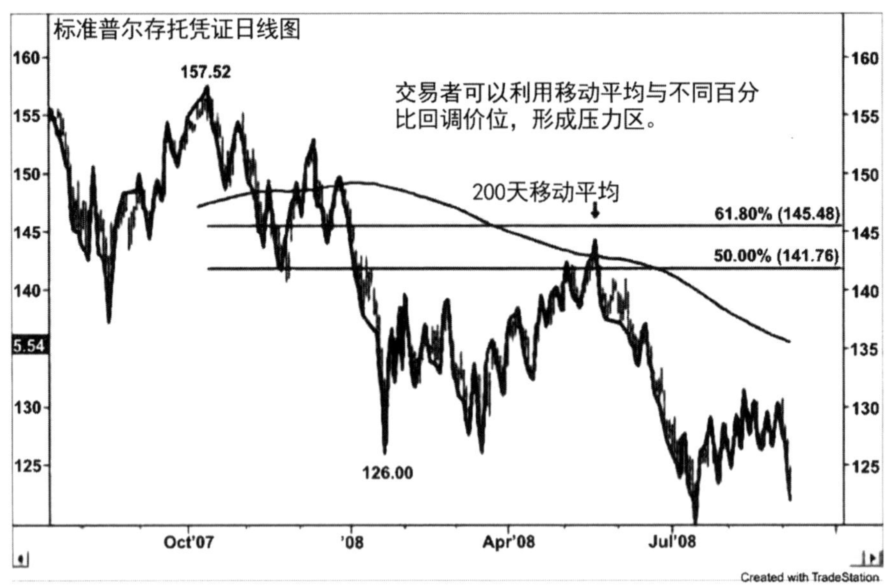

图 8.7　平均线与百分比配合

总结

江恩透过许多方法判断支撑与压力。其中最常用者之一，就是江恩百分比的支撑与压力。江恩百分比的支撑与压力，是根据走势图上的头部、底部或百分比回调区而绘制的水平线。市场只要继续维持在主要价格区间内，这些水平方向的价位就会继续提供支撑与压力的作用。

50%是最常用的百分比回调。分析者经常也会取把价格分成 8 或 10 份，进一步寻找支撑与压力。有些人则偏爱采用黄金比例的 38.2%与 61.8%。

百分比回调之外，交易者也可以考虑主要高点或低点的倍数，如 2 倍、3 倍或 4 倍。交易者也可以把历史高价或主要高价划分为 8 个单位或 10 个单位，并视其为重要支撑、压力和目标价位。

在图表上标出这些重要的百分比价位，主要是作为行情判断、分析的基本方法。所有交易活动都会发生在这些价位范围内。某些交易者可能只会考虑 50%与 61.8%回调，不过还是应该考虑其他重要价位，尤其是历史低点与高点。

标示出水平支撑与压力的另一个理由是找出市场重要活动区域。重要活动区域是市场重大走势可能发生的场所，譬如 50%与 61.8%回调区域就代表这类区域。其他还有标准支枢价位与百分比回调汇集区，以及移动平均线与百分比回调结合成支撑、压力区。

运用水平方向价格的最佳方式就是找出其汇集区。

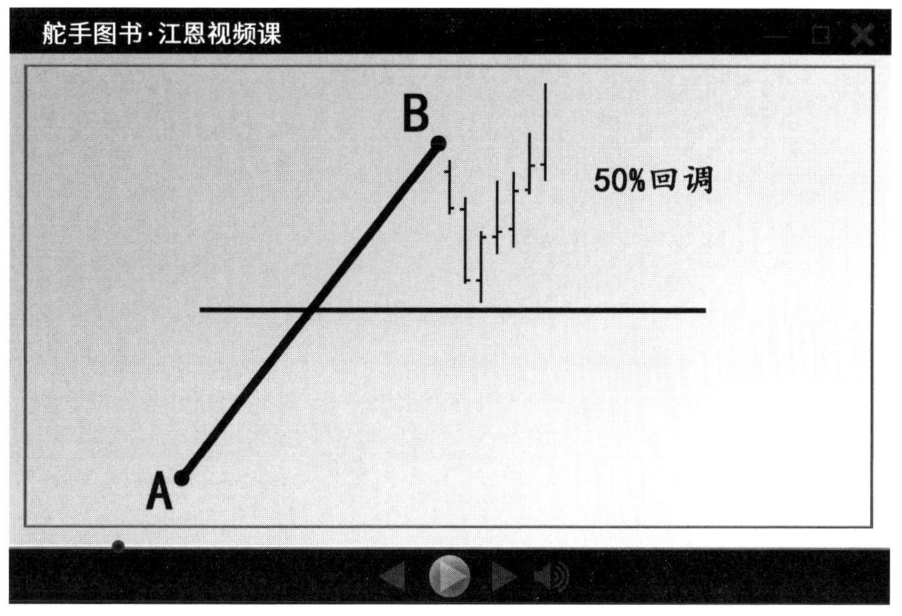

图 8.8　利用百分比进场做多

第九章　江恩角度线

江恩角度线或江恩角度线是江恩理论中最常用的工具，许多交易者都在他们的个人交易与预测中运用江恩角度线。这些角度线经常被视为是趋势线，实际上并非如此。江恩角度线是代表单一速率的对角线。而上升趋势线是衔接底部与底部的直线，下降趋势线是衔接头部与头部的直线。(图 9.1)

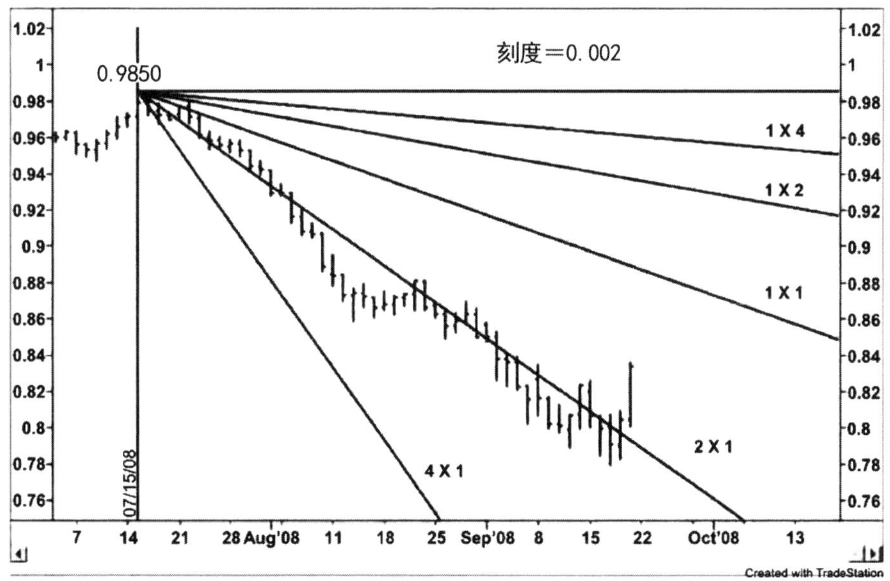

图 9.1　澳元/美元汇率下降走势的江恩角度线日线图

当我们绘制江恩角度线时，必须运用摆动图，因为波动的头部是下降角度线的起点，波动底部是上升角度线的起点。所有的三种趋势指标图都可以用来绘制江恩角度线，但在交易的运用上，图上太多的江恩角度线会使交易者感到迷惑。基于这个缘故，交易者通常不要从小型头部与底部绘制江恩角度线，因为如此绘制的角度线将形成蜘蛛网状，形成太多的支撑与压力，使得交易无从进行，这称为“分析的瘫痪”（analysis paralysis）。

中期趋势图与主要趋势图最适合于绘制江恩角度线，尤其是中期趋势图，因为这可以提供数量恰当的角度线，用来分析与预测未来的支撑和压力。主要趋势图所绘制的江恩角度线也很重要，但它们发生的次数较少。也就是说，由主要底部与头部所绘制的角度线代表强劲的支撑与压力，但如果数量太少，将迫使交易者承担不必要的风险。

江恩角度线是指根据股票、期货的时间和价位，用其独有的波动率画成扇形预测工具。它代表了时间与价位处于平衡的关系，若某一模式的时间、价位同时到达这一平衡点时，市场将发生重大震荡。江恩一直强调平衡、和谐地运行。当角度线相交或形成某个角度，将会产生共振而令市场产生变化。江恩角度线其中最重要的是1×1线，1×1线所代表的乃是一个单位的时间相等于一个单位的价位，亦即45度角线。江恩线的基本比例为1∶1，即每单位时间内，价格运行一个单位。另外，还有1/8、2/8、1/3、3/8、4/8、5/8、2/3、6/8、7/8等。每条江恩线有其相对应的几何角。

表 9.1　江恩角度线及几何角对应的角度

度线	角度
8×1	7.5°
4×1	15°
3×1	18.25°
2×1	26.5°
1×1	45°
1×2	63.25°
1×4	71.5°
1×4	75°
1×8	82.5°

江恩角度线的重要性

江恩角度线的理论在解释上有 19 种基本的几何形式（图 9.2—图 9.20）。这些形式重复发生的频率较高，它们全都是历经时间考验的重要角度线。

1. 起自低价的价格区间四方化。
2. 起至高价的价格区间四方化。
3. 在 1 × 1 角度线之上的强势做多市场。
4. 在 1 × 1 角度线之下的弱势做多市场。
5. 在 1 × 1 角度线之下的强势做空市场。
6. 在 1 × 1 角度线之上的弱势做空市场。
7. 摆动图和起自头部的江恩角度线。
8. 摆动图和起自底部的江恩角度线。
9. 旧有头部与江恩角度线，形成新支撑。

10. 旧有底部与江恩角度线，形成新压力。
11. 起自双重顶的江恩角度线。
12. 起自双重底的江恩角度线。
13. 起自双重底的上升趋势通道。
14. 起自双重顶的下降趋势通道。
15. 起自高价的零价角度。
16. 起自低价的零价角度。
17. 起自头部的角度线，可预测未来的头部。
18. 起自底部的角度线，可预测未来的底部。
19. 如果行情位于某特定区间内，可重复绘制角度线。

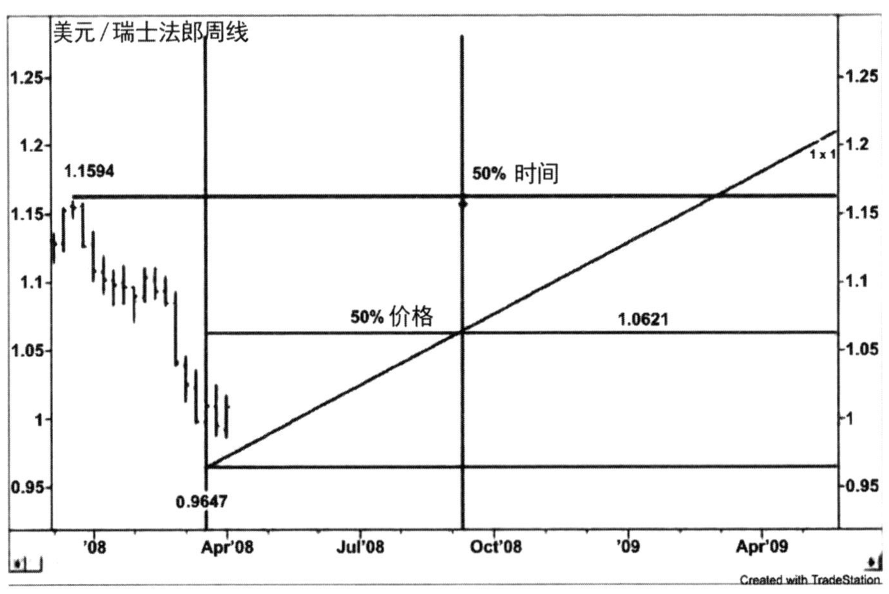

图 9.2 起自低价的价格区间四方化，江恩角度线及 50% 百分比回调形成一个主要的支撑位

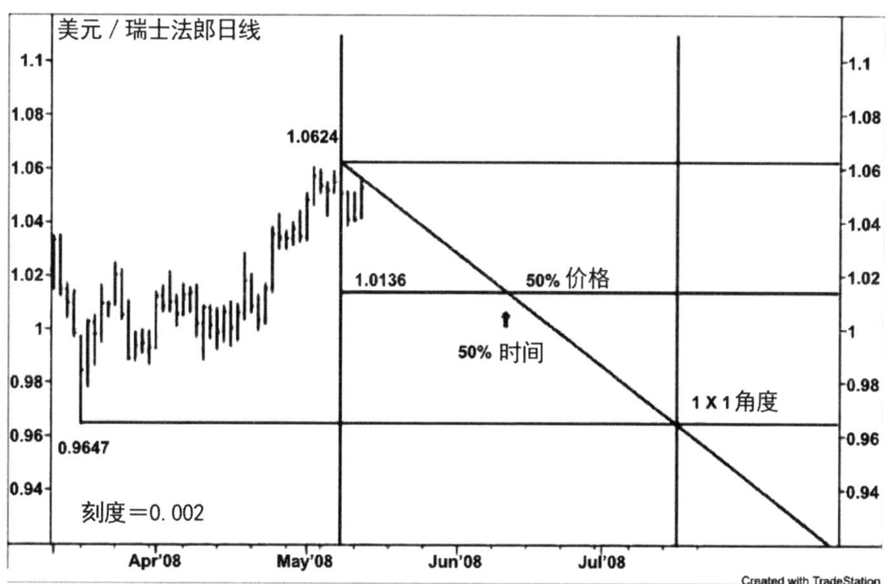

图 9.3a　起自高位的价格直角映射，江恩角度线及 50%回调成了一个主要的压力位置

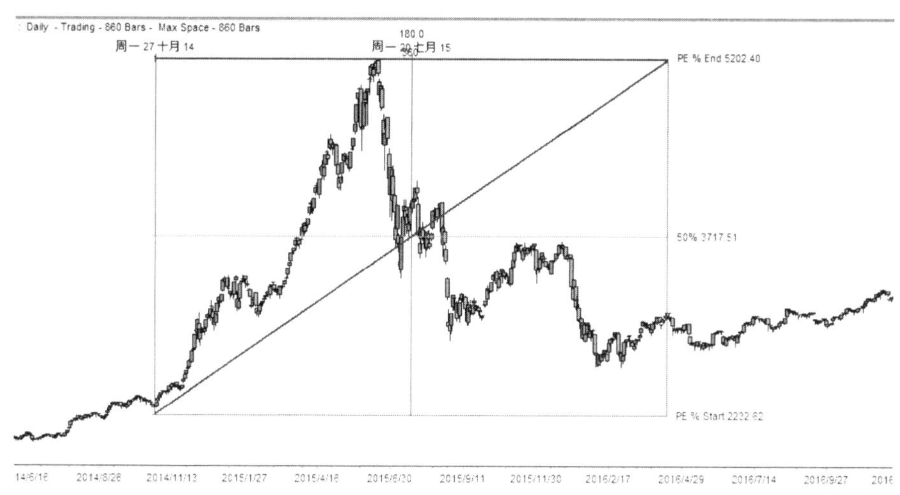

图 9.3b　上证指数由低价开始的区间正方形，江恩角度线和价格的 50%水平线的交叉点代表主要支撑

图 9.3c　上证指数由高价开始的区间正方形，江恩角度线与价格的50%水平线交叉点代表主要压力

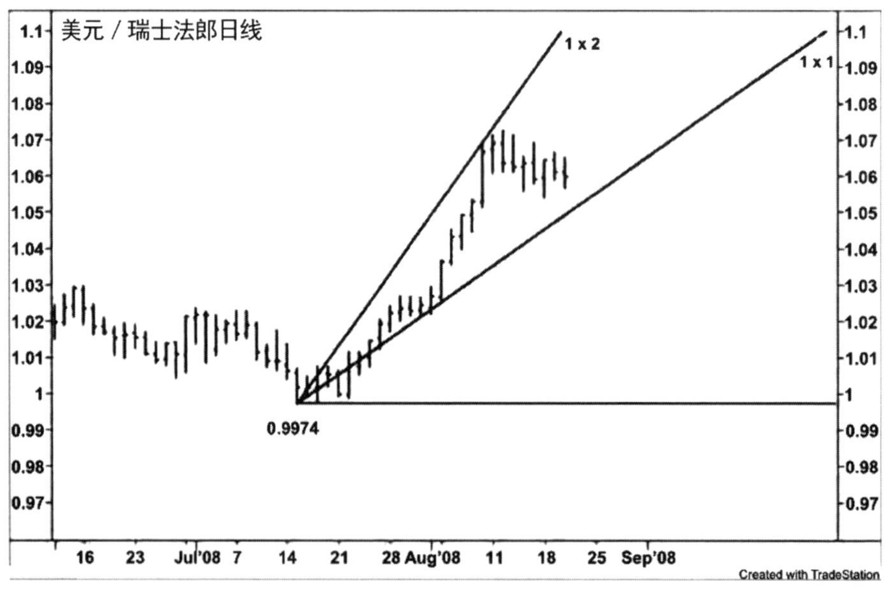

图 9.4a　在 1×1 角度线之上的强势多头

图 9.4b　上证指数 2014 年 10 月之后在 1×1 角度线之上的强势做多市场

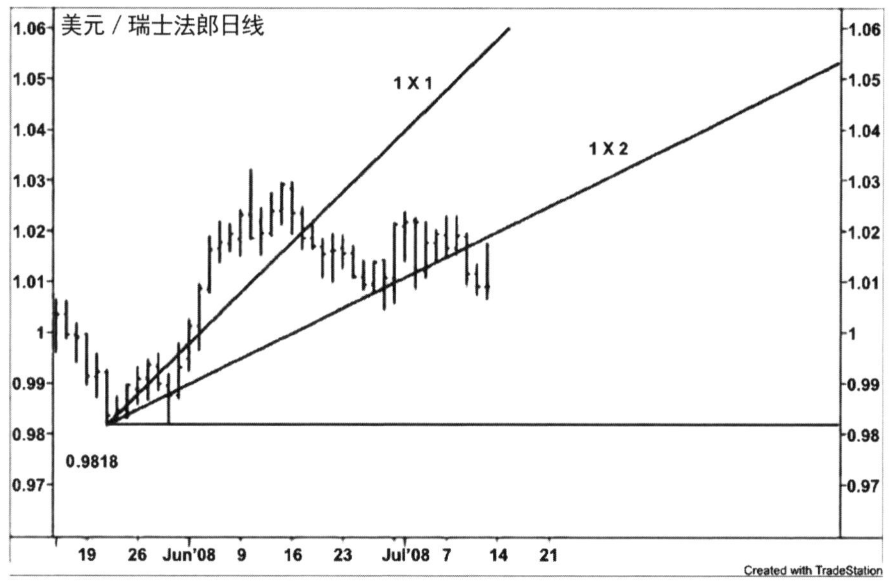

图 9.5a　1×1 角度线之下的弱势做多市场

图 9.5b 上证指数 2015 年 7 月之后在 1×1 角度线之下的弱势做多市场

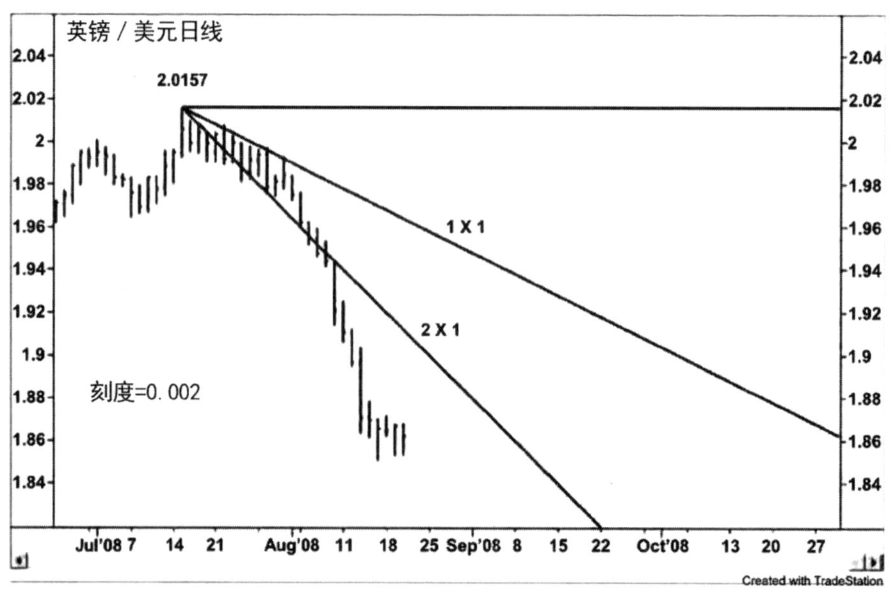

图 9.6a 在 1×1 角度线之下的强势做空市场

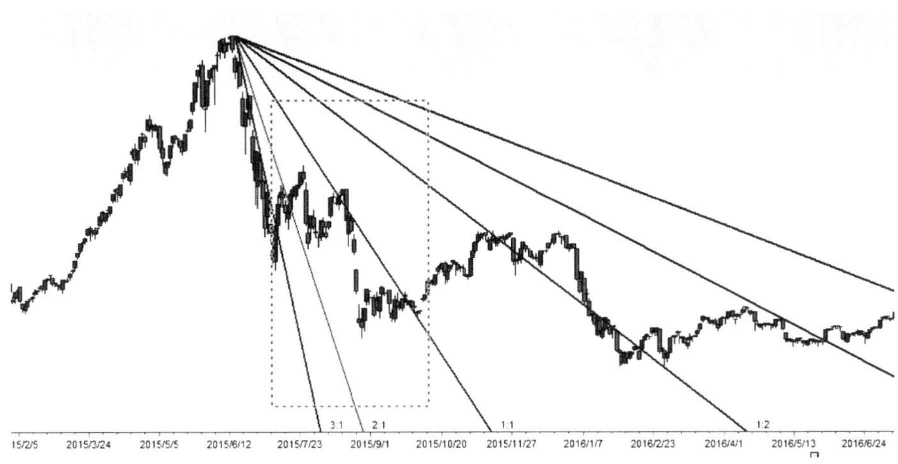

图 9.6b　上证指数 2015 年 6 月之后在 1×1 角度线之下的强势做空市场

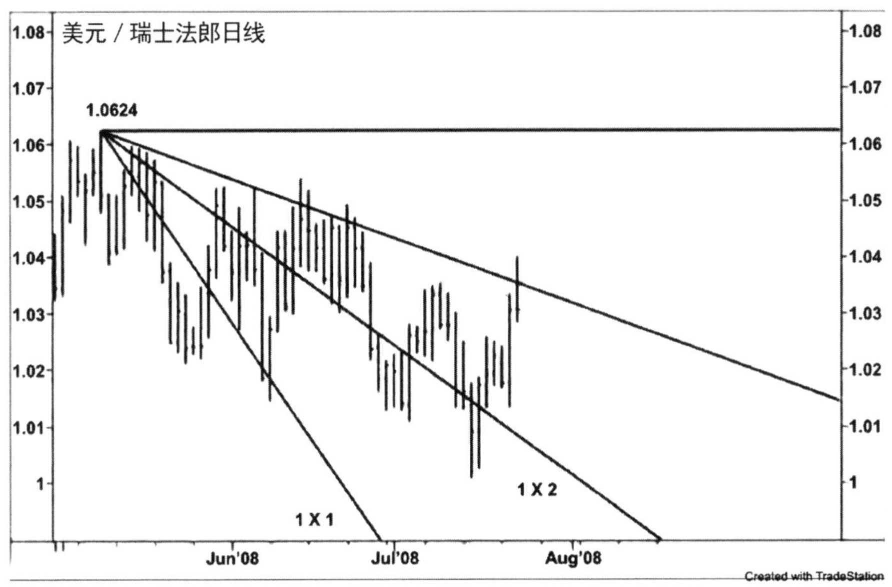

图 9.7a　在 1×1 角度线之下的强势做空市场

图 9.7b　上证指数 2015 年 6 月之后在 1×1 角度线之下的强势做空市场

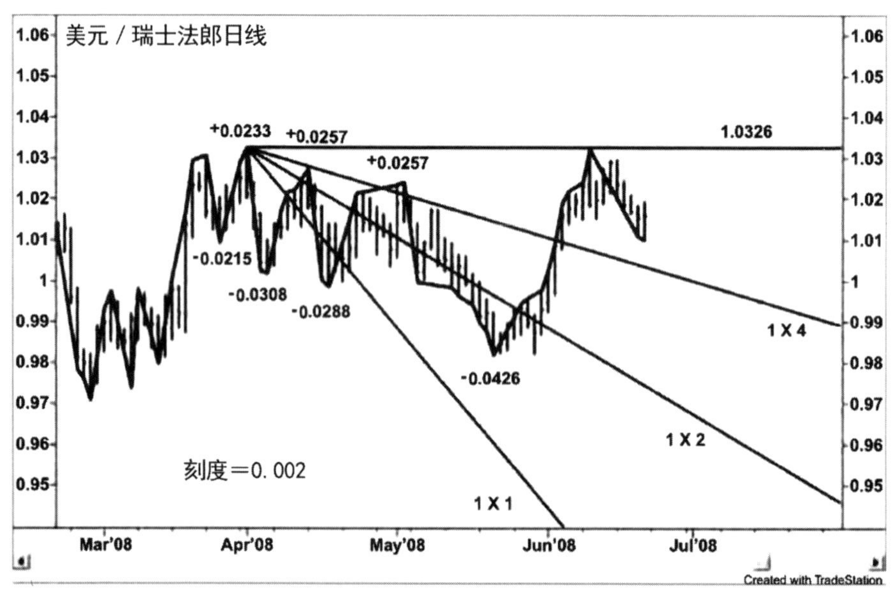

图 9.8　摆动图和起自头部的江恩角度线

运用摆动图与江恩角度线预测价格，请注意，这结合了摆动图目标与江恩角度线而构成支撑。

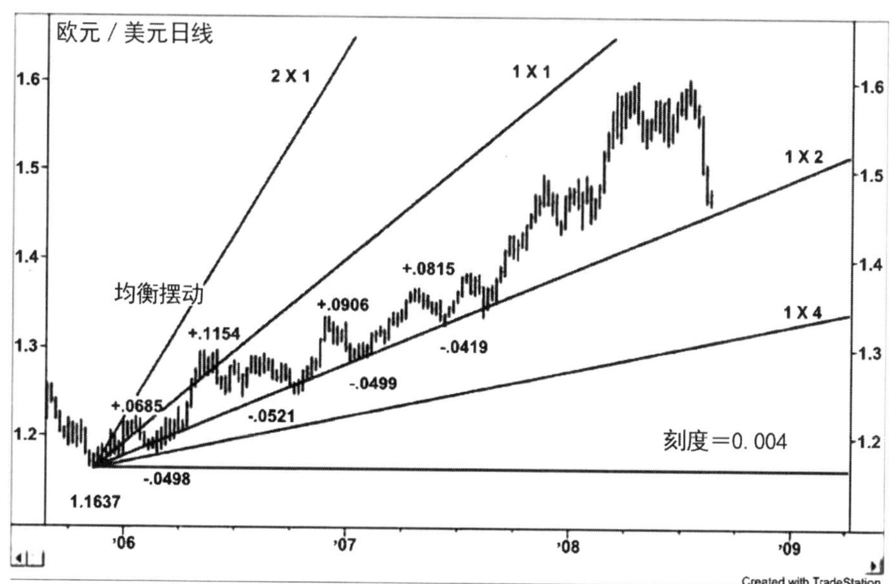

图 9.9　摆动图和起自底部的江恩角度线

在摆动图找出一个能与江恩角度线取得均衡的目标，请注意，此处综合运用摆动图与江恩角度线。

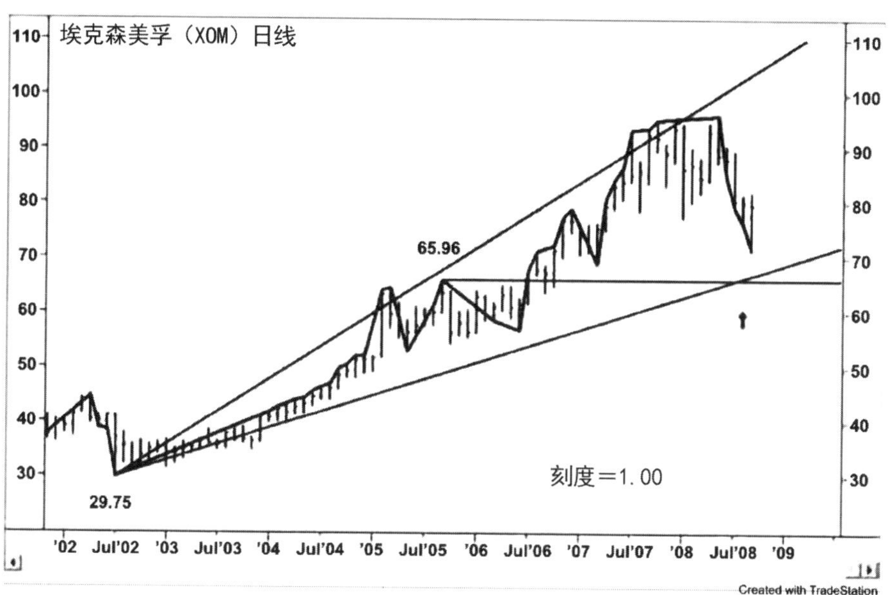

图 9.10a　江恩角度线在旧头部处形成新的支撑

图 9.10b　恒生指数江恩角度线在旧头部处形成新的支撑

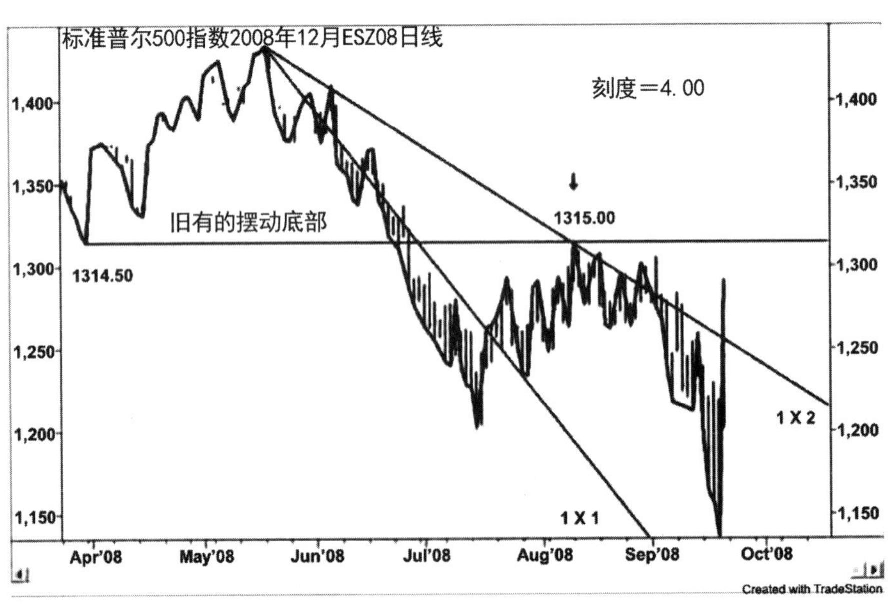

图 9.11a　江恩角度线在旧底部处形成新阻力

图 9.11b　2017 年 4 月上证指数江恩角度线在旧底部处形成新阻力

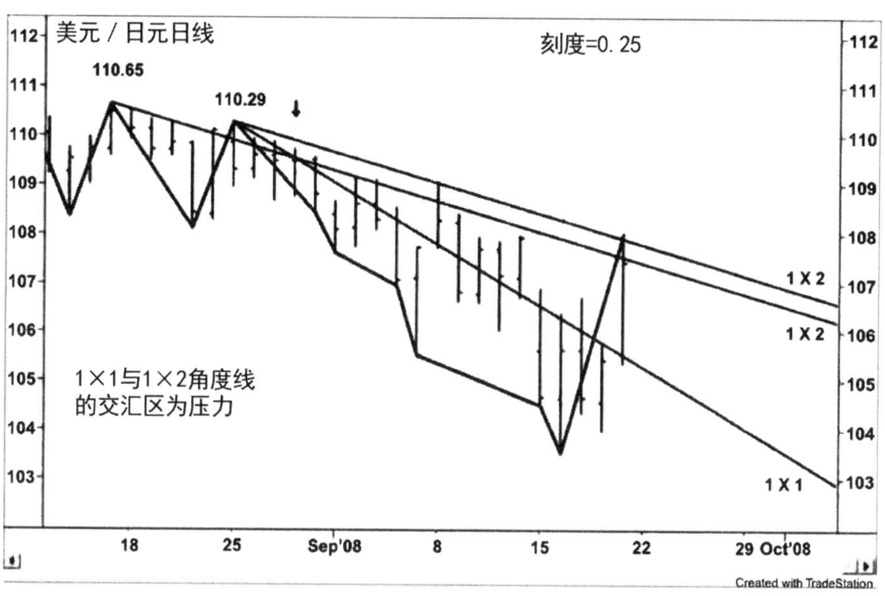

图 9.12a　从双重顶开始的江恩角度线

图 9.12b　恒生指数从双重顶开始的江恩角度线

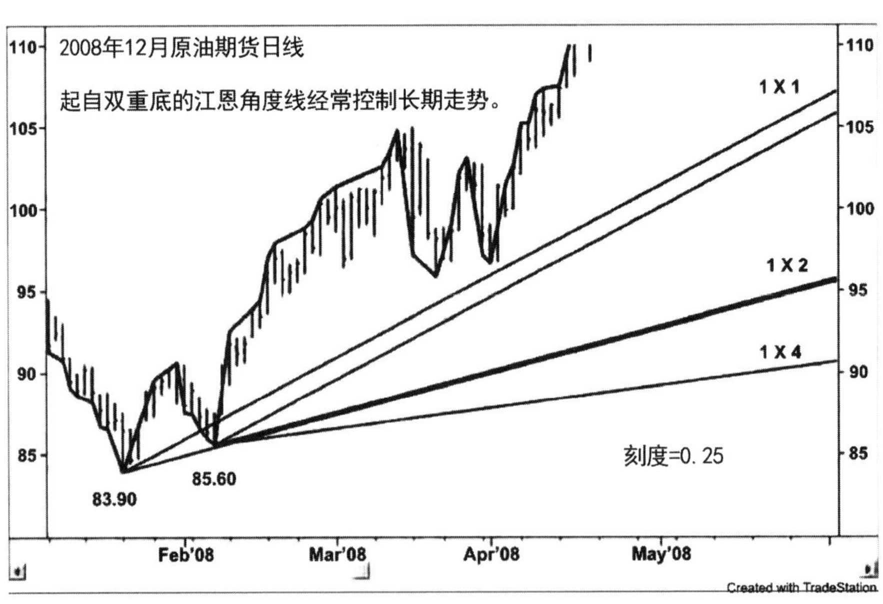

图 9.13a　从双重底开始的江恩角度线

图 9.13b　恒生指数从双重底开始的江恩角度线

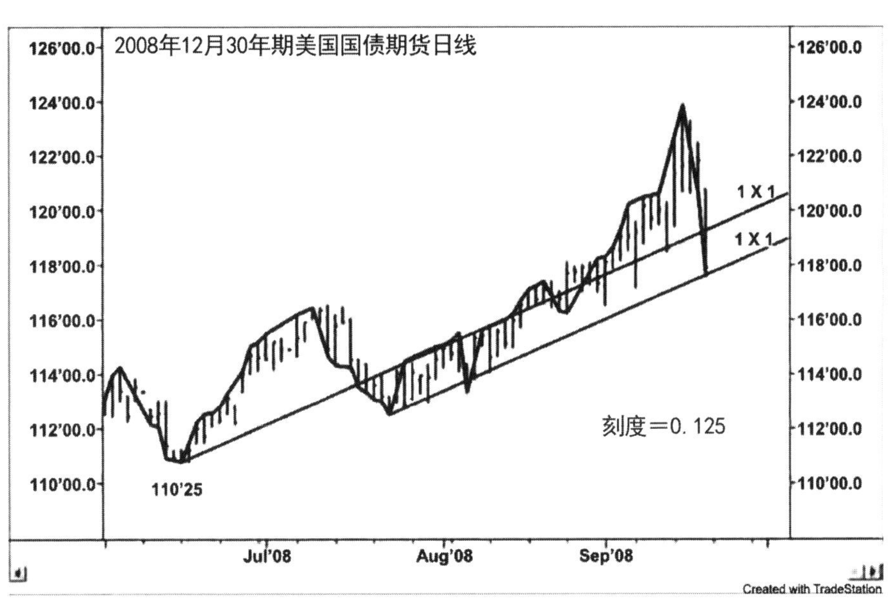

图 9.14a　从双重底开始的上升趋势通道（显示行情将走高）

图 9.14b 从双重底开始的上升趋势通道（显示行情将走高）

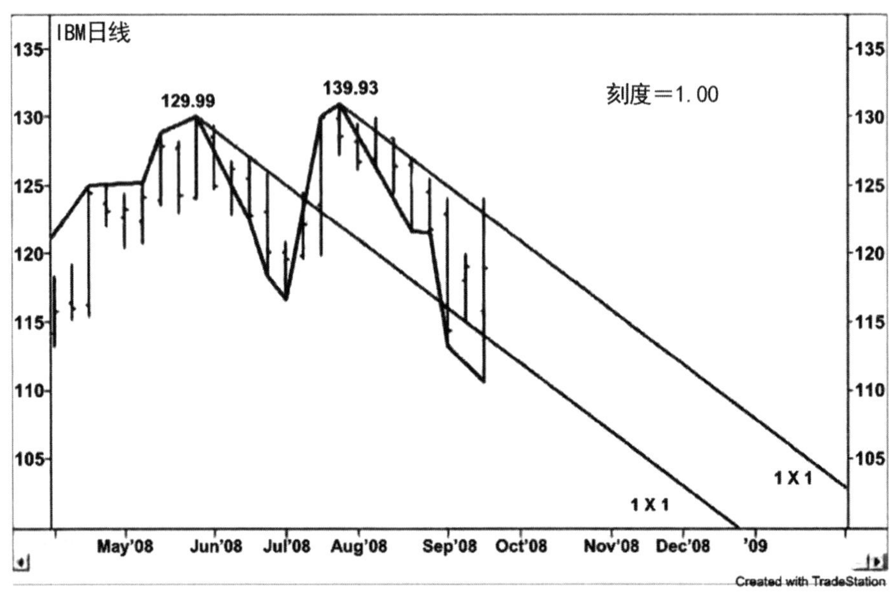

图 9.15a 从双重底开始的上升趋势通道（显示行情将走高）

图 9.15b　从双重底开始的上升趋势通道（显示行情将走高）

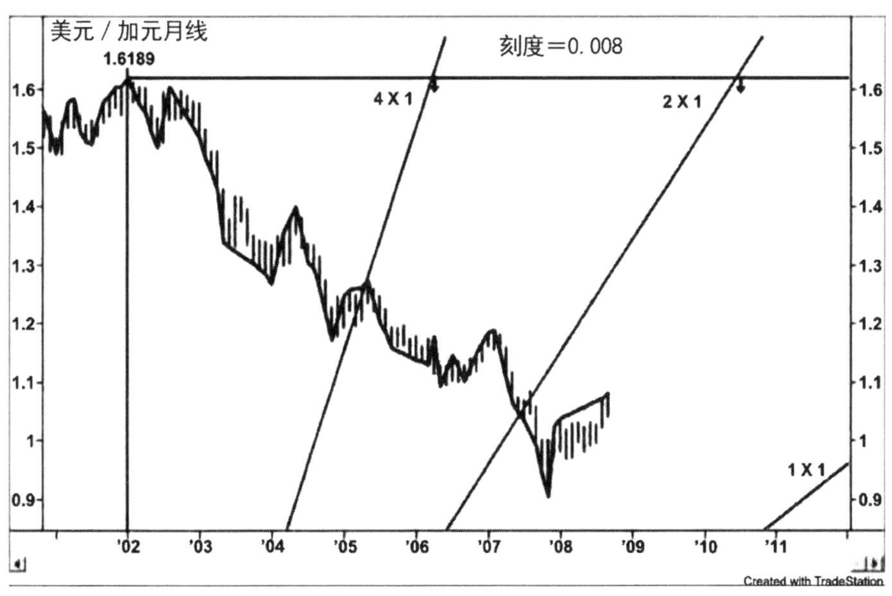

图 9.16a　从高价开始的零角度线

从高价开始的零价位绘制角度线，与高价点水平时间线的交叉点代表未来重要头部与底部的发生日期。

图 9.16b　2015 年上证指数从牛市高价开始的零角度线

从高价日开始的零价位绘制角度线，与高价点水平时间线的交叉点代表未来重要头部与底部的发生日期。

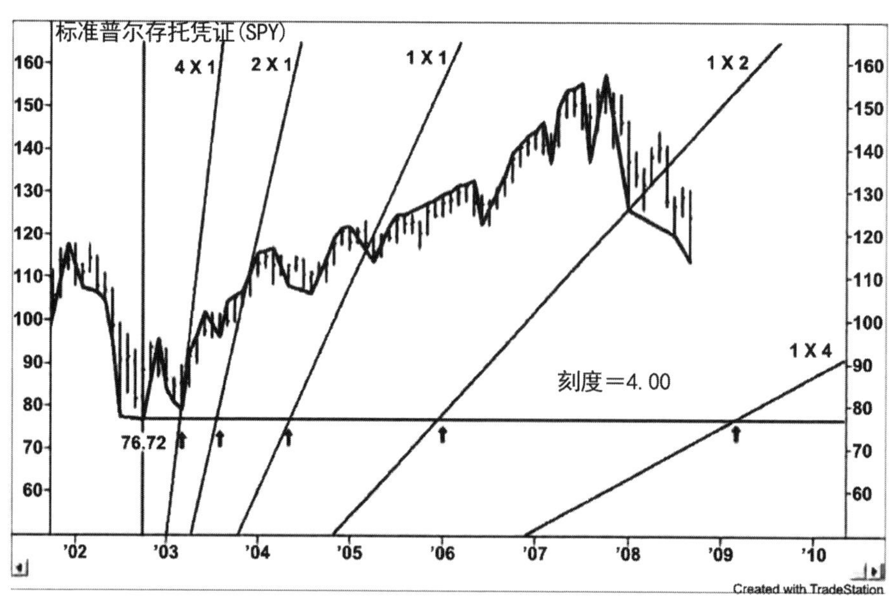

图 9.17a　从低价开始的零角度线

从低价发生日的零价位绘制角度线，与低价点水平时间线的交叉点代表未来重要头部与底部的发生日期。

图 9.17b　2015 年 2 月上证指数从低价开始的零角度线

从低价发生日的零价位绘制角度线，与低价点水平时间线的交叉点代表未来重要头部与底部的发生日期。

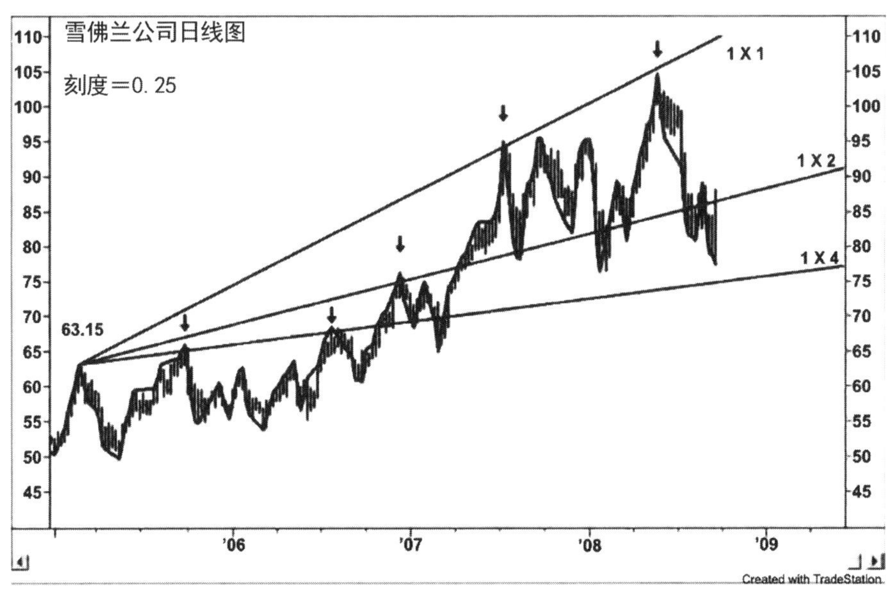

图 9.18a　从低价开始的零角度线

从低价发生日的零价位绘制角度线，与低价点水平时间线的交叉点代表未来重要头部与底部的发生日期。

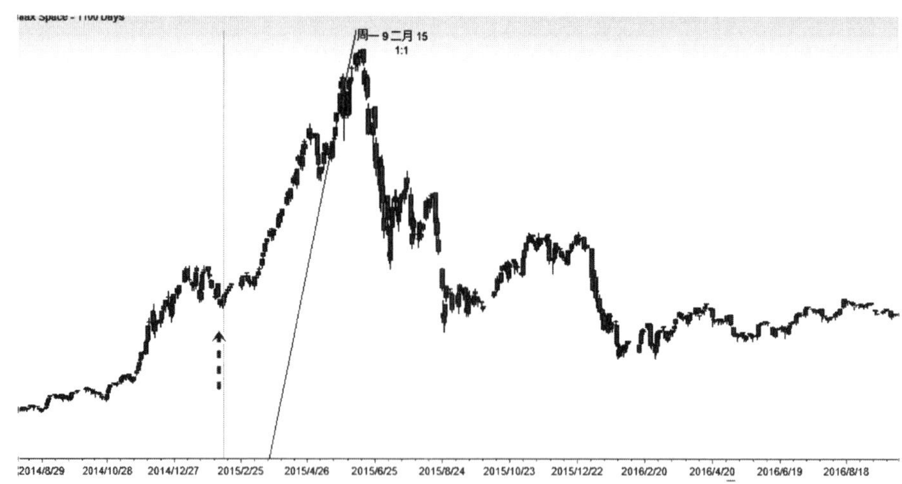

图 9.18b　2015 年 2 月上证指数从低价开始的零角度线

从低价发生日的零价位绘制角度线，与低价点水平时间线的交叉点代表未来重要头部与底部的发生日期。

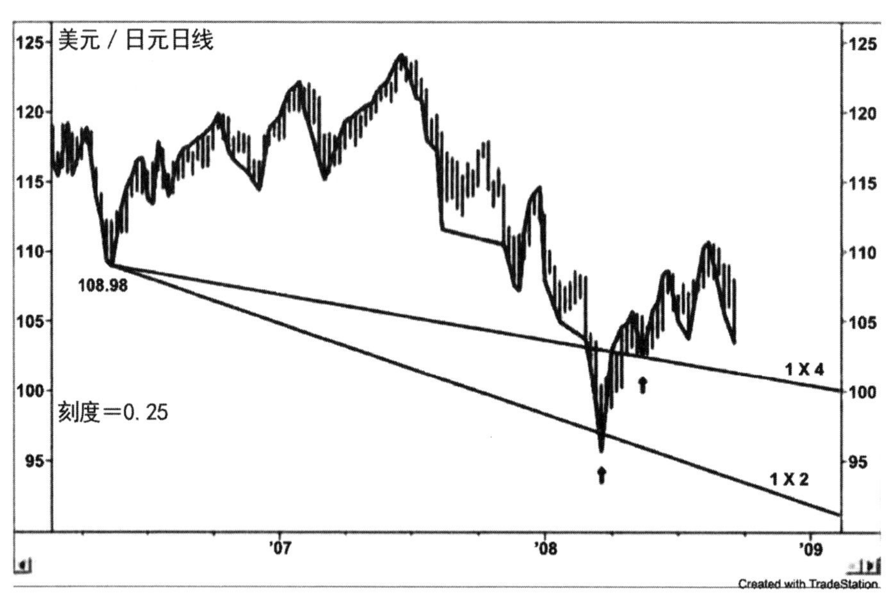

图 9.19a　从低价开始的零角度线

从低价发生日的零价位绘制角度线，与低价点水平时间线的交叉点代表未来重要头部与底部的发生日期。

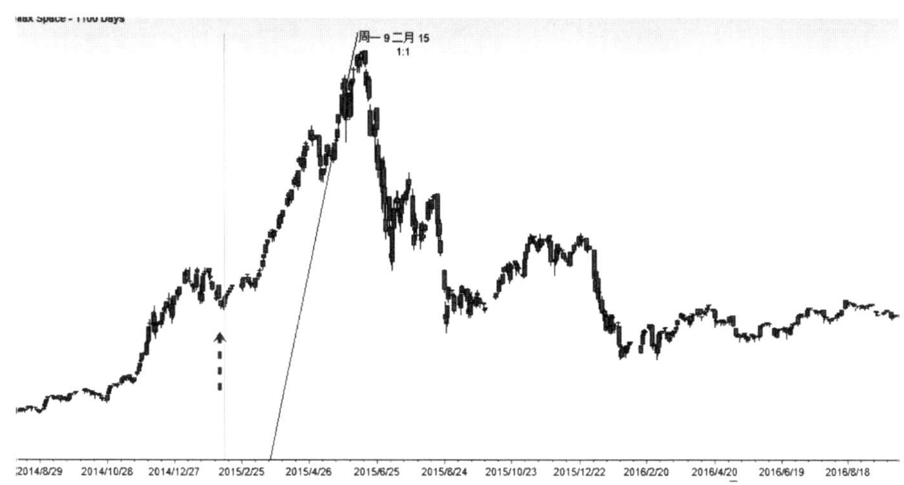

图 9.19b　2015 年 2 月上证指数从低价开始的零角度线

从低价发生日的零价位绘制角度线，与低价点水平时间线的交叉点代表未来重要头部与底部的发生日期。

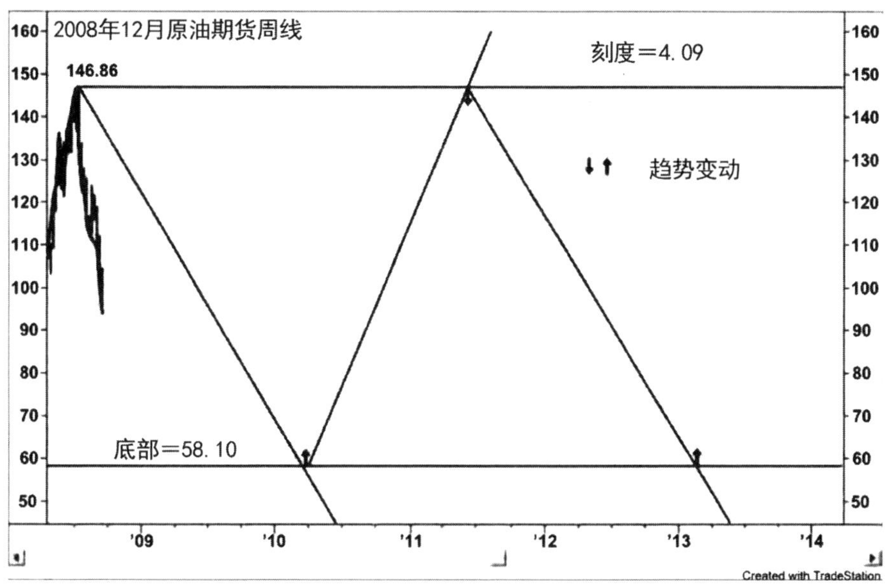

图 9.20a　如果市场在一个区间内波动，角度线会重复发生

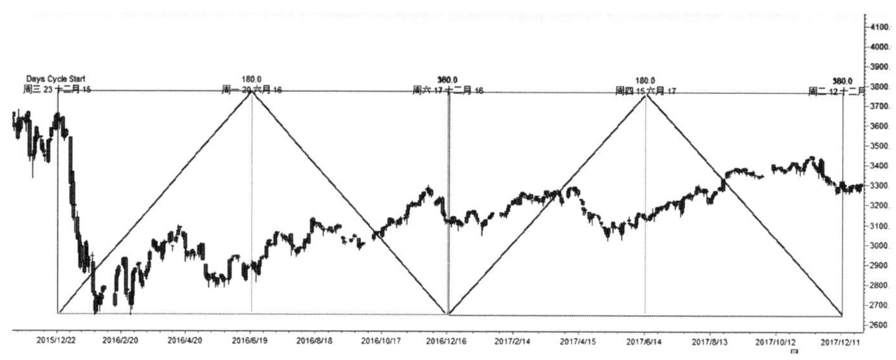

图 9.20b　上证指数在一个区间内波动，角度线重复发生

江恩角度线的基本前提是：如果你能够通过角度线预知未来几个星期或几个月之后的头部与底部，交易比较容易成功。前述的几何角度线可以精确预测未来的头部与底部。使用这些方法之前，你必须知道一些重要的事项：

（1）每种商品都有其特性。你必须研究每个交易市场，练习使用这些角度线，然后才能了解市场的特性。学习选择每个市场所适用的刻度，绝对不可以任意选择刻度。（小龙注：每个股票及期货是独立的，例如恒生指数日间的期货图表跟包含晚盘的不一样。）

（2）市场是通过几何的方式运作。图形上的每个点都与其他的某些点之间维持几何排列，所以市场将遵循几何的法则发展，可以从几何角度衡量。（小龙注：江恩也说过占星即几何。所以角度线其实就是计数时间及自然规律的手段。）

（3）一般而言，周线图最适合于这类分析，其次是月线图，但日线图适用于交易活跃而波动剧烈的市场。

如何绘制江恩角度线

之前已经提到，江恩角度线必须建立在摆动图上。本节将运用中期趋势指标图来说明相关的绘制技巧，因为两个时段的摆动图最适合运用江恩角度线分析。

刻度

江恩角度线以固定的速率变动，所以对于价格刻度很敏感。图形中必须设定适当的刻度，江恩角度线才有价值。如同先前所说，每个市场都存在特定的价格刻度，而且市场是以几何的方式发展。因此，图形将遵循几何的法则。

如果我们研究摆动图与江恩的著作，可以发现江恩所选择的刻度确实符合几何的法则。当行情处于偏低的价位时，使用较小的价格单位。当行情处于偏高的价位时，使用较大的价格单位。

挑选价格刻度的一条法则是，根据价格的高低关系，依照几何法则来设定刻度。唯有如此，几何的角度才能够精确衡量价格与时间。日线图、周线图与月线图上的价格单位可以选取下列的关系：

0.01—0.02—0.04

0.02—0.04—0.08

0.04—0.08—0.16

0.002—0.004—0.008

0.10—0.20—0.40

0.20—0.40—0.80

0.125—0.25—0.50

0.25—0.50—1.00

2/32—4/32—8/32

请记住，江恩从 1904 年到 1955 年过世之前，采用的都是每英寸 8 格的方格纸，第四条线的颜色都会加深。他是根据几何的关系而选用这种图形纸。每英寸 5 格或 10 格的方格纸并不适用。“江恩交易者 2”的绘图软体也采用这种几何关系。

江恩角度线是价格与时间的函数，所以价格刻度很重要。由于江恩角度线代表固定的价格变动率，因此具有预测功能。这是设定适当刻度的另一个原因：如果刻度不正确，预测也就没有意义了。

表 9.1 列示每个期货市场最适用的价格刻度，分析者应该利用这些刻度来绘制江恩角度线图形。这些刻度都经过长期的测试，结果非常理想。使用者也应该自行测试，评估这些数值是否符合个人交易风格。如果你希望发展自己的刻度，请参考下列各节的内容。

表 9.1　最佳价格刻度

市场	日线	周线	月线
澳元/美元	0.002 小点	0.004 小点	0.008 小点
英镑/美元	0.002 小点	0.004 小点	0.008 小点
可可	8 点	16 点	32 点
咖啡	50 点	100 点	200 点
铜	0.25 点	0.50 点	1.00 点
玉米	1 美分	2 美分	4 美分
棉花	25 点	50 点	100 点
原油	0.25 点	0.50 点	1.00 点
道琼迷你	10 点	20 点	40 点
纳斯达克迷你	8.00 点	16.00 点	32.00 点
标准普尔迷你 500	4.00 点	8.00 点	16.00 点
股票	0.25 点	0.50 点	1.00 点
ETF	0.25 点	0.50 点	1.00 点
欧元/美元	0.002 小点	0.004 小点	0.008 小点
欧洲美元	2 点	4 点	8 点
黄金	1 美元	2 美元	4 美元
热燃油	0.25 点	0.50 点	1.00 点
活牛	10 点	20 点	40 点
活猪	10 点	20 点	40 点
新西兰元/美元	0.002 小点	0.004 小点	0.008 小点
燕麦	1 美分	2 美分	4 美分
橙汁	50 点	100 点	200 点
白金	1 美元	2 美元	4 美元

续表

市场	日线	周线	月线
白银	1 美分	2 美分	4 美分
黄豆饼	50 点	100 点	200 点
黄豆油	10 点	20 点	40 点
黄豆	2 美分	4 美分	8 美分
糖	4 点	8 点	16 点
国库券	0.125	0.25	0.50
无铅汽油	0.25 点	0.50 点	1.00 点
美元/加元	0.002 小点	0.004 小点	0.008 小点
美元/日元	0.25 小点	0.50 小点	1.00 小点
美元/瑞士法郎	0.002 小点	0.004 小点	0.008 小点
小麦	1 美分	2 美分	4 美分

如何决定未列示市场的价格刻度 决定刻度的最简单的方法是取“头部到头部”与“底部到底部”的价格距离，除以“头部到头部”与“底部到底部”的时间距离。结果就是上升和下降趋势线的速度。例如，“头部到头部”与“底部到底部”的价格是 50 美元，时间是 27 天，则趋势线的速度是 1.85。我们可以衡量许多“头部到头部”与“底部到底部”的距离，计算趋势的平均速度，然后四舍五入取整数。例如，如果上升趋势线的平均速度是每天 1.95，可以假定江恩刻度为 2。这种方法可以决定表 9.1 没有列示的市场价格刻度。

决定市场适当刻度的方程式 两个主要底部之间的价格距离除以时间距离，结果将是价格的上升变动速率。相同的公式也可以应用在两个主要头部之间的距离。然后，根据这一系列顶部（底部）计算出的数据，可以计算它们平均值，再四舍五入为整数。

$$上升趋势刻度=\frac{(主要底部2-主要底部1)}{两个底部之间的时间距离}$$

$$下降趋势刻度=\frac{(主要头部2-主要头部1)}{两个头部之间的时间距离}$$

这是计算波动率的其中一个方法。

范例 1：2008 年 5 月黄豆日线图 2006 年 11 月 3 日主要底部7.02，2007 年 8 月 16 日主要底部 8.37。时间距离为 39 周。

$$\frac{(8.37-7.02)}{39}=\frac{1.35}{39}=3.46\text{ 美分/周}$$

这个值相当接近之前所建议的最佳价格刻度（每周 4 美分）。

范例 2：英镑/美元汇率日线图 2008 年 3 月 14 日主要头部为 2.0398，2008 年 3 月 27 日主要头部 2.0193。时间距离为 9 个交易日。

$$\frac{(2.0398-2.0193)}{9}=\frac{0.02\ 05}{9}=0.0023\text{ 小点/天}$$

这个值相当接近之前所建议的最佳价格刻度（每天 0.002 小点，参考图 9.21a）。

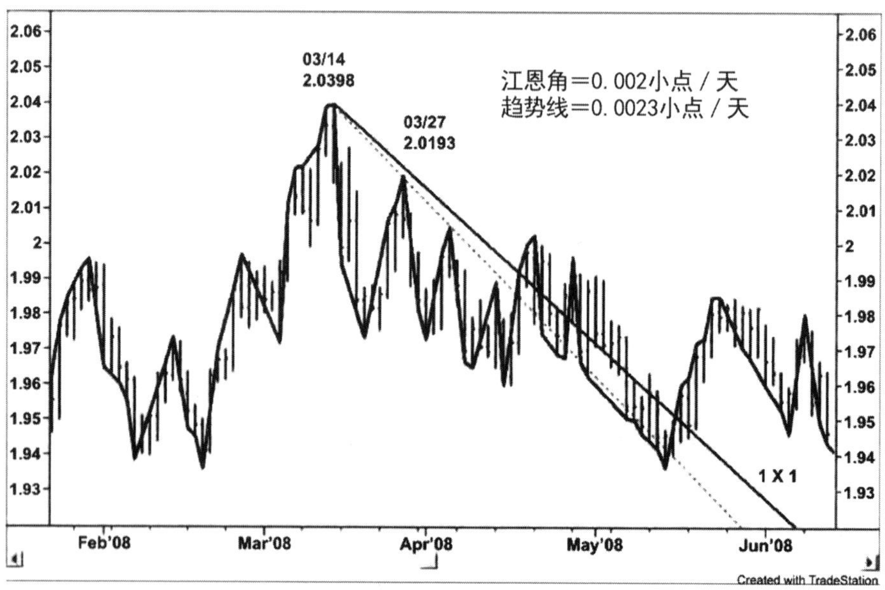

图 9.21a 英镑/美元汇率的日线图

交易者应该详细记录趋势指标头部到头部、与底部到底部的资料，以便计算相关刻度。

如果希望透过实际的图形决定价格刻度，就必须绘制出许多不同的刻度图形。因此最简单的方法，还是透过数学运算。

小龙注

以万科 A（SZ000002）的日线图为例，2013 年 5 月 29 日万科 A 在 12.61 见顶后回调，我们利用上面公式“下降波动率 =（其后最显著的高点-显著的高点）/ 两点之间时间距离”，所以将 2013 年 5 月 29 日的 12.61 跟 2013 年 5 月 8 日 12.04 元相减，并除以 15 个交易日。下面是万科 A（SZ000002）的日线图。

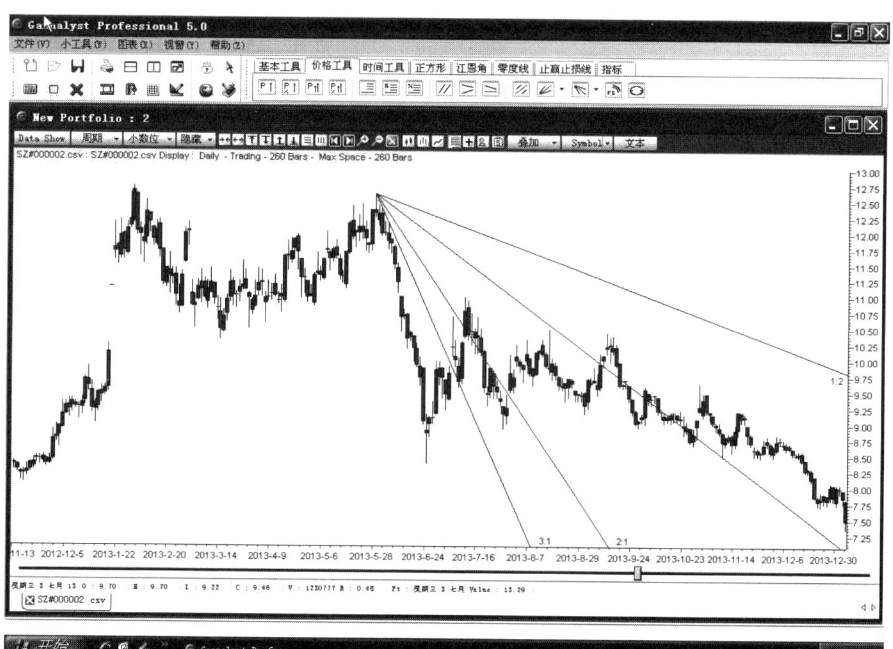

图 9.21b　以万科 A（SZ000002）的日线图为例计算波动率

江恩角度线的计算

江恩角度线很容易绘制。所需要的工具是：绿笔、红笔、计算器和尺子，以及绘制适当的摆动图。

适当摆动图的时间刻度中仅包括交易日，不含周末与假日。如果图形中包含没有交易行为的空白方格，将使角度线的衡量发生误差，角度线可能偏高或偏低。

小龙注

江恩理论源于自然法则，是利用占星学、数学、天文及几何而成的理论。很多江恩追随者认为，绘制江恩图表时必须要利用自然日（包括周末和假期）。但本书作者使用交易日。

江恩角度线的基本运算公式是：**价格×时间**。

其实相关计算只是简单的数学，如果我们知道正确的刻度、基准的价格与未来的价格，就可以预测未来价格发生的时间。如果我们知道正确的刻度、基准的价格与未来的时间，就可以预测该时间的可能价格。

计算上升趋势的角度

起自中期底部的江恩角度线：1×1 角度线之上的强劲做多市场。

1. 第一个重要的角度：1×1。

首先必须绘制最重要的角度 1×1，这代表一单位价格与一单位时间的关系。

第一步：在适当的中期摆动图上，利用红笔从底部向右绘制一条直线，延伸到图形的右端。计算这个中期底部到图形右端之间的线形数量（利用 4 只线形为一单位将有助于计数）。

第二步：从中期底部准备绘制 1×1 的角度线。

基本的计算公式是：刻度乘以时间，加上底部价格。

范例：2008 年 8 月黄金周线图　刻度是每周 8 美元。中期底部是 2007 年 8 月 17 日当周的 679.30。

从 2007 年 8 月 17 日当周的中期底部 679.30 绘制一条红线，向右延伸到期货到期日。

计算 2007 年 8 月 17 日当周至合约到期日之间的周数（图 9.22）。期货到期日为 2008 年 8 月 29 日，因此距离中期底部的周数为 54 周。

由于刻度是每周 8 美元，54 周乘以 8，结果是 432 美元。

将 432 美元加到中期底部，所以 679.30+432＝1111.30。若从中期底部绘制 1×1 角度线，在期货到期日即为 1111.30。利用绿笔将 679.30 与 1111.30 连接起来。

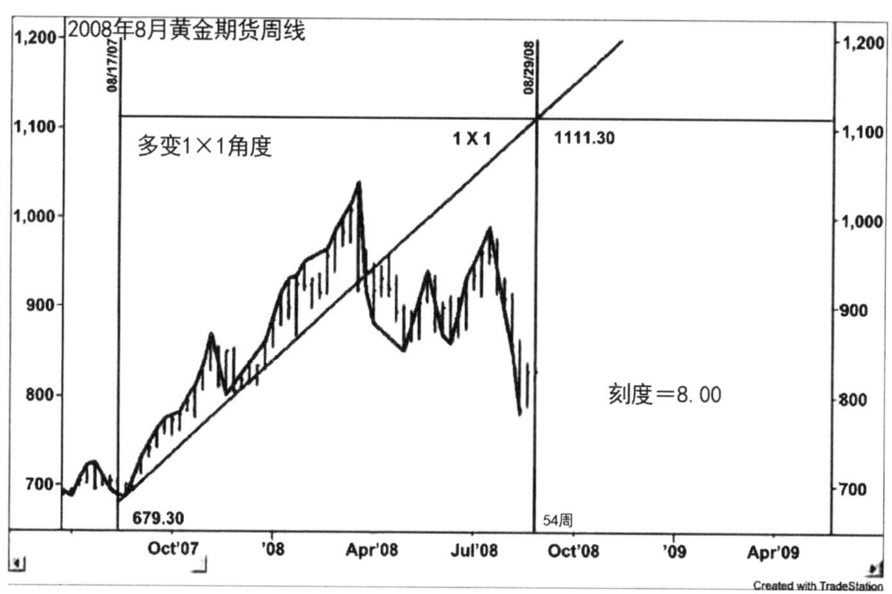

图 9.22　计算上升的角度，准备画 1×1 角度线

每个时间点都对应 1×1 角度线上的某个特定价位。举例来说，2008 年 3 月 14 日与中期底部相隔 30 周，它所对应的江恩角度线读数就是

919.30（图 9.23）。

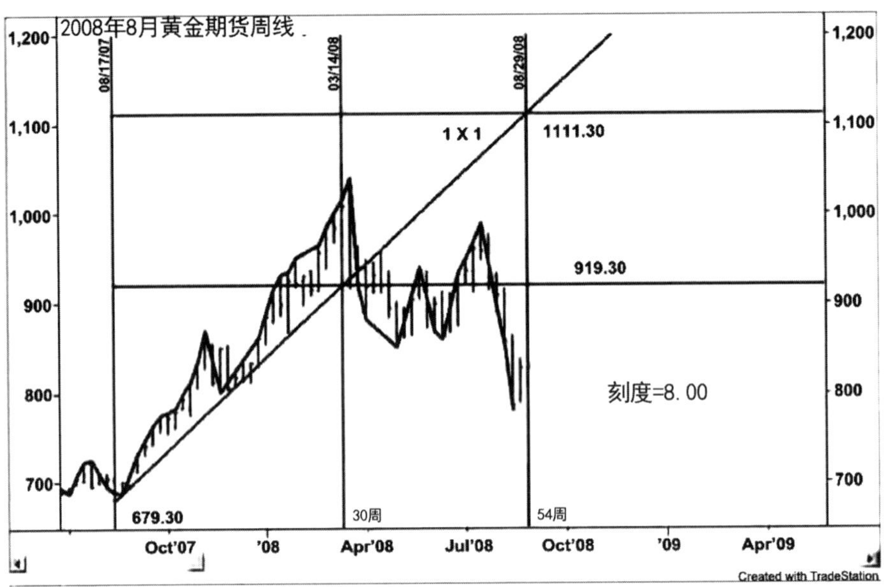

图 9.23　计算上升的角度，得出特定日期的 1×1 线对应的价格

计算 1×1 角度的另一种方法或决定价格。如果已经知道中期底部与刻度，可以估计某特定价位将发生在什么时间。继续引用 2008 年 8 月份黄金的例子，已知中期底部在 679.30 美元。**问题：**根据目前刻度与 1×1 角度线，960.30 美元价位可能发生在什么日期？（图 9.24）

这个问题很容易处理，将目标价位 960.30 美元减去中期底部 679.30 美元，然后除以刻度，结果即是发生目标价位所需要的交易天数。最后查阅该交易天数的日期。换言之，如果行情根据 1×1 角度线发展，该日期的价格就是 960.30 美元。当然，该日期的实际交易价位未必是 960.30 美元。

解答：

960.30－679.30＝281.00

281.00÷8＝35.13

答案是 36 周，也就是 2008 年 4 月 25 日的那个礼拜。

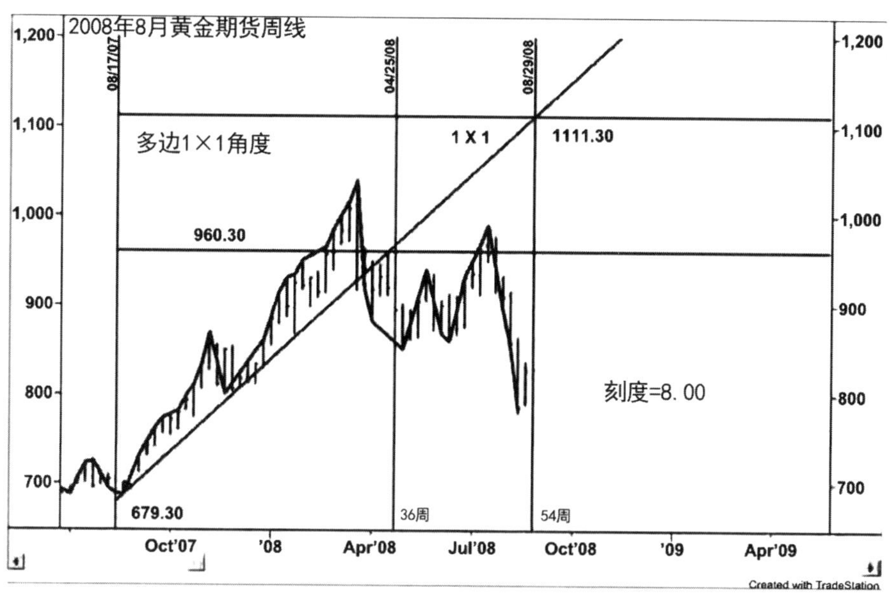

图 9.24　1×1 角度线的另一种计算方法

2. 第二个重要的角度：2×1。

第二个绘制的角度是 2×1，这代表两单位价格与一单位时间的关系。

第一步：除了 1×1 的角度之外，另外绘制 2×1 的角度。

第二步：由中期底部准备绘制 2×1 的角度线

基本的计算公式是：刻度乘以时间，加上底部价格。

范例：2008 年 5 月份玉米周线图　刻度是每周 2 美分，中期底部是 2006 年 9 月 15 日这周的 293½。

计算 2006 年 9 月 15 日这周的中期底部 293½ 到参考点的周数。（图 9.25）

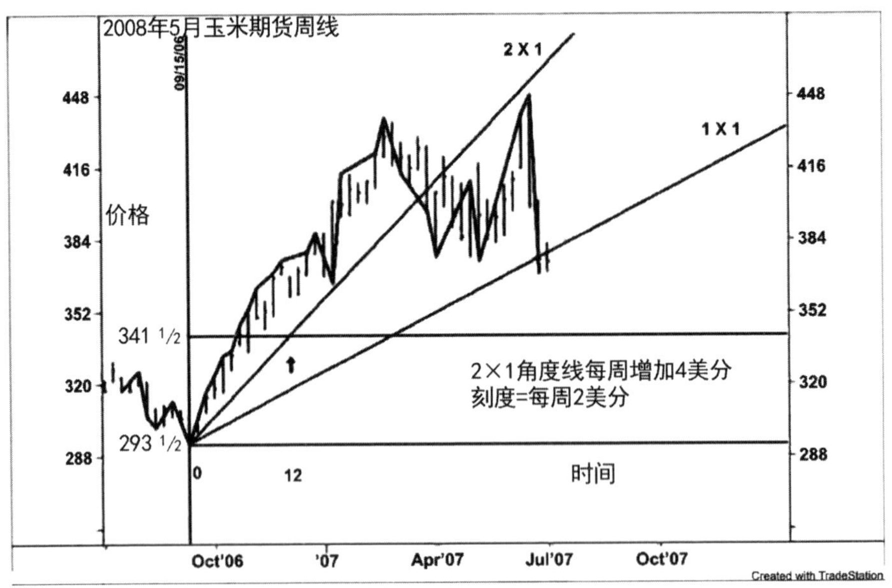

图 9.25　从中期底部计算 2×1 角度线

目前这个例子挑选 12 周为参考点。

由于刻度是每周 2 美分，12 周为 0.24 点，这就是 1×1 角度线的目标价位（截至目前，相关计算与 1×1 角度线相同）。接着再将 0.24 乘以 2，结果是 0.48 点，也就是相当于两倍速度的目标价位。

将 0.48 加上中期底部 $293^1/_2$，得出第 12 周为 $341^1/_2$。用红笔将 $293^1/_2$与 $341^1/_2$ 衔接起来，这就是 2×1 角度线。

横轴上的每个时间点都对应 2×1 角度线上的某特定价位。举例来说，2007 年 3 月 30 日与中期底部相隔 2 8 周，它所对应的 2×1 角度线读数就是 $405^1/_2$。（图 9.26）

计算 1×2 角度的另一种方法或决定价格。如果已经知道中期底部与刻度，可以估计某特定价位将发生在什么时间。继续引用 2008 年 5 月份玉米期货的例子，已知中期底部是 $293^1/_2$。**问题：**根据目前的刻度与 2×1 角度线，$361^1/_2$ 的价位可能会发生在什么日期？

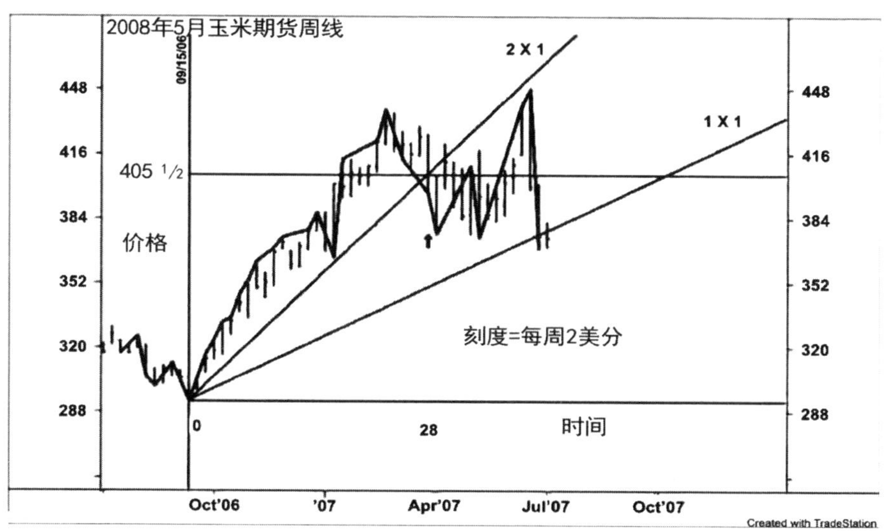

图 9.26　从中期底部画 2×1 角度线，计算出特定的日期对应的价格

这个问题很容易处理。首先将目标价位 $361^1/_2$ 减去中期底部 $293^1/_2$，然后除以刻度，再除以 2，结果即是发生目标价位所需要的周数。(图 9.27) 最后查阅该交易天数的日期。换言之，如果行情根据 2×1 角度线发展，该日期的价格就是 $361^1/_2$。当然，该日期的实际交易价格未必是 $361^1/_2$。

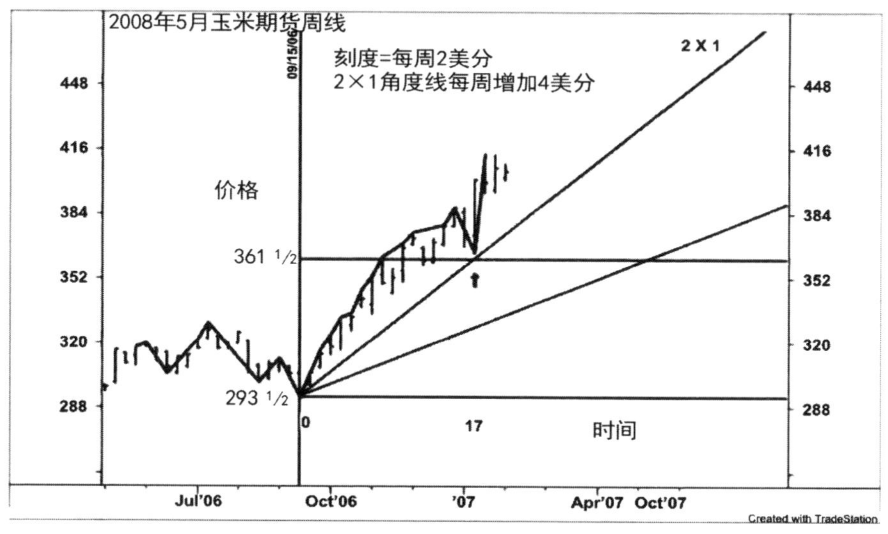

图 9.27　2×1 角度线的另一种计算方法

解答：

$361^{1}/_{2}-293^{1}/_{2}=68$

$68\div2=34$

$34\div2=17$

答案是 17 周，也就是 2007 年 1 月 12 日的那个礼拜。

3. 第三个需要绘制的角度是 1×2，这代表两单位价格与一单位时间的关系。

第一步：除了 1×1 的角度之外，另外绘制 2×1 的角度。

第二步：由中期头部准备绘制 2×1 的角度线。

基本的计算公式是：刻度×时间+底部价格。

范例：2008 年 5 月份玉米期货日线图 刻度是每周 2 美分，中期底部是 2006 年 9 月 15 日这周的 $293^{1}/_{2}$。(图 9.28)

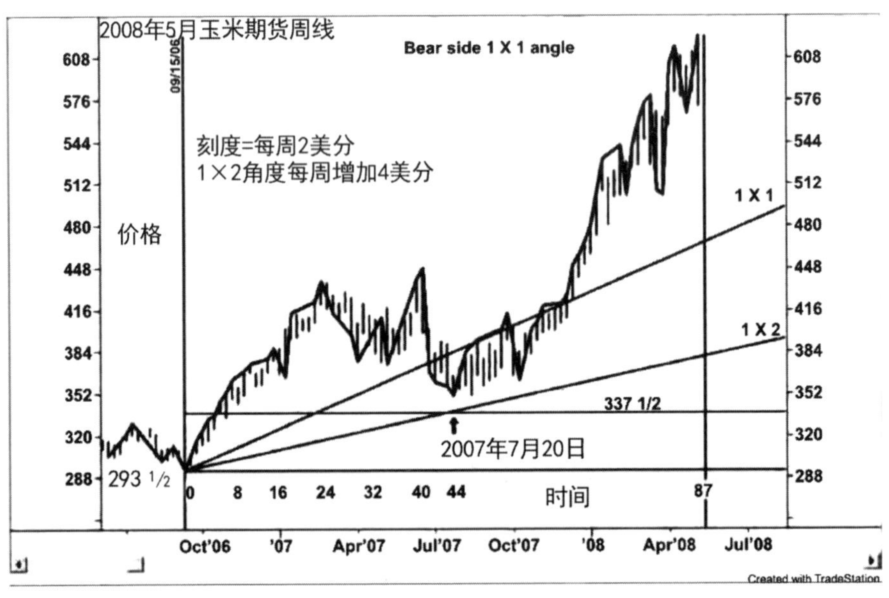

图 9.28　从中期底部计算 1×1 角度线

计算出中期底部至期货到期日 2008 年 5 月 16 日这周的周数为 87 周。

由于刻度是每周 2 美分，87 周乘 0.02，结果是 1.74（目前为止，相关计算与 1×1 角度线相同）。接着把 1.74 除以 2，原因是变动的速度减半，结果是 0.87。将此数据 0.87 加上中期底部 293½，得出结果为 380½。利用红笔衔接 293½ 与 380½ 就可以绘制出 1×2 角度线。

横轴上的每个时间点都对应 1×2 角度线上的某特定价位。举例来说，2007 年 7 月 20 日距离中期底部为 44 周。从 293½ 底部绘制的 1×2 角度线，在 2007 年 7 月 20 日的读数就是 337½。**另一种计算 1×2 角度线决定价格的方法**　计算 1×1 角度的另一种方法或决定价格。如果已经知道中期底部与刻度，可以估计某特定价位将发生在什么时间。

继续引用 2008 年 5 月份玉米期货期货，我们知道中期底部在 293½。**问题：**目前的刻度与 1×2 角度线，350½ 最有可能会发生在什么日期？（图 9.29）

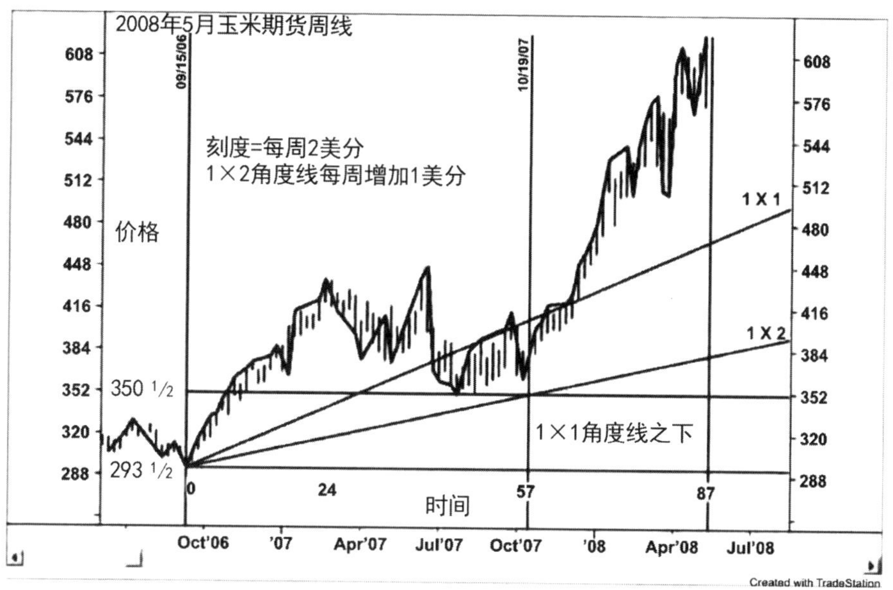

图 9.29　1×2 角度线的另一种计算方法

这个问题很容易回答。将目标价位 350½ 减去中期底部 293½，然后除以刻度，再乘以 2，结果即是发生目标价位所需要的时间。最后再查询该时间所对应的日期即可。如果行情根据 1×2 角度线发展，该日期的价格就是 350½。当然，该日期的实际价格未必是 350½。**解答：**

350½—293½＝57

57÷2＝28.5

28.5×2＝57

答案是 57 周，也就是 2007 年 10 月 19 日的那个礼拜。

起自中期头部的江恩角度线：1×1 角度线的弱势做空市场

1. 第一个重要的角度：1×1。首先必须绘制最重要的角度 1×1，这代表一单位价格与一单位时间的关系。

第一步：在适当的中期摆动图上，利用红笔从头部向右绘制一条直线，延伸到图形的右端。计算这个中期头部到图形右端之间的线形数量（利用 4 只线形为一单位将有助于计数）。

第二步：由中期头部准备绘制 1×1 的角度线。

基本的计算公式是：头部价格-（刻度×时间）。

范例：新西兰元/美元汇率日线图 刻度是每天 0.002 小点。中期底部是 2008 年 7 月 15 日的 0.7761。

从 2008 年 7 月 15 日的中期底部 0.7761 绘制一条红线，向右延伸到 2008 年 10 月 15 日。

从 2008 年 7 月 15 日头部开始计算交易天数，到 2008 年 10 月 15 日之间的交易天数为 66 日。（图 9.30）

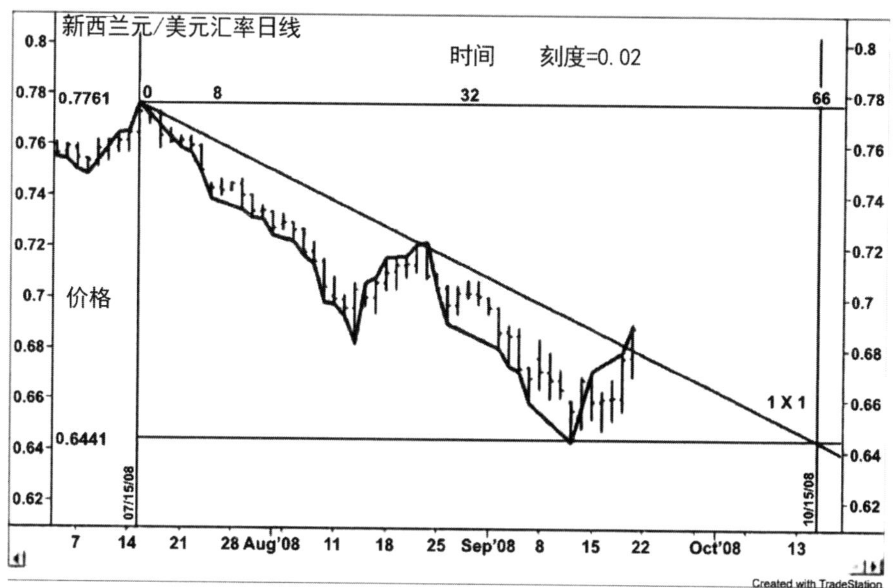

图 9.30　计算下跌的角度，画出 1×1 角度线

由于刻度是每天 0.002 小点，66 天乘以 0.002，结果是 0.1320 小点。

接着从主要头部扣减这个点数，0.7761 减去 0.1320，结果是 0.6441。最后拿绿笔从 0.7761 的头部衔接到 0.6441，即可绘制出 1×1 角度线。

横轴上的每个时间点都对应 1×1 角度线上的某个特定价位。举例来说，2008 年 8 月 31 日距离中期头部 0.7761 为 27 个交易日。从 0.7761 头部绘制的 1×1 角度线在 2008 年 8 月 31 日所对应的值就是 0.7221。(图 9.31)

计算 1×1 角度的另一种方法或决定价格。如果已经知道中期头部与刻度，可以估计某特定价位将发生在什么时间。继续引用新西兰元/美元汇率日线图。我们知道中期头部是 0.7761。**问题：**根据目前刻度与 1×1 角度线，0.6781 可能发生在什么日期？(图 9.32)

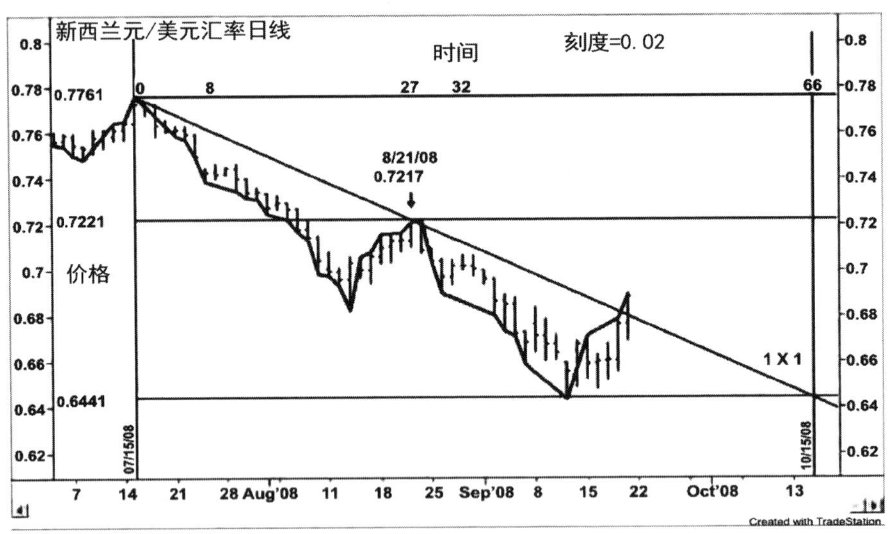

图 9.31 计算下跌的角度，得出特定日期的 1×1 线对应的价格

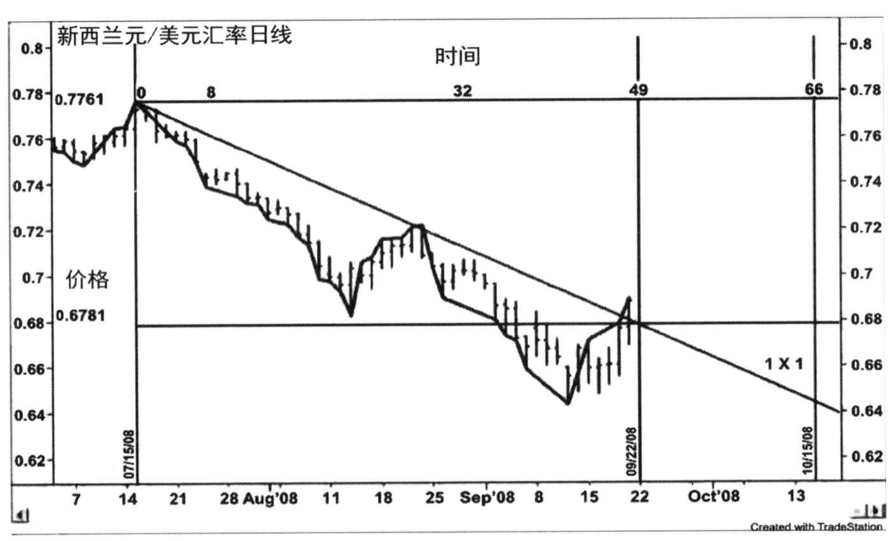

图 9.32 1×1 角度线的另一种计算方法

这个问题很容易回答。将中期头部减去目标价位，然后除以刻度，结果即是发生目标价位所需要的交易天数。换言之，如果行情根据 1×1 角度线发展，该日期的价格就是 0.6781。当然，该日期的实际交易价格

未必真的是 0.6781。

解答：

0.7761－0.6781＝0.0980

0.0980/0.002＝49

答案是 49 个交易日，也就是 2008 年 9 月 22 日那天。

2. 第二个需要绘制的角度是 2×1，这代表两单位价格与一单位时间的关系。

第一步：除了 1×1 的角度之外，另外绘制 2×1 的角度。

第二步：由中期头部准备绘制 21 的角度线。

基本的计算公式是：头部价格－（刻度×时间）。

范例：澳洲元/美元汇率日线图　刻度是每天 0.002 小点。中期头部是 2008 年 7 月 15 日的 0.9850。

计算 2008 年 7 月 15 日的中期头部 0.9850 到 2008 年 10 月 15 日为止的交易天数，结果是 66 天。（图 9.33）

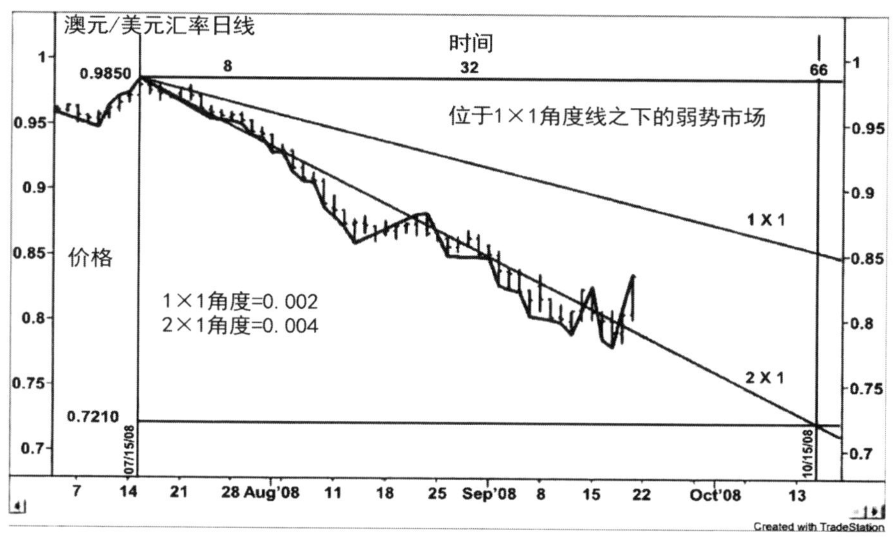

图 9.33　**从中期头部计算 2×1 角度线**

因为刻度是每天 0.002 小点，66 乘以 0.002，所以答案是 0.1320 小点（相关计算与 1×1 角度线相同）。接着再将 0.1320 乘以 2（因为变动速度是 1×1 角度线的两倍），结果就是 0.2640 小点。

中期头部 0.. 9850 减掉 0.2640 的结果就是 0.7210。用红色笔将 0. 9850 与 0. 7210 连接起来，这就是 2×1 角度线。

横轴上的每个时间点都对应 2×1 角度线上的某特定价位。举例来说，2008 年 8 月 7 日距离中期头部为 17 个交易日。若从头部 0.9850 绘制 2×1 角度线，2008 年 7 月 15 日所对应的值就是 0.9170。(图 9.34)

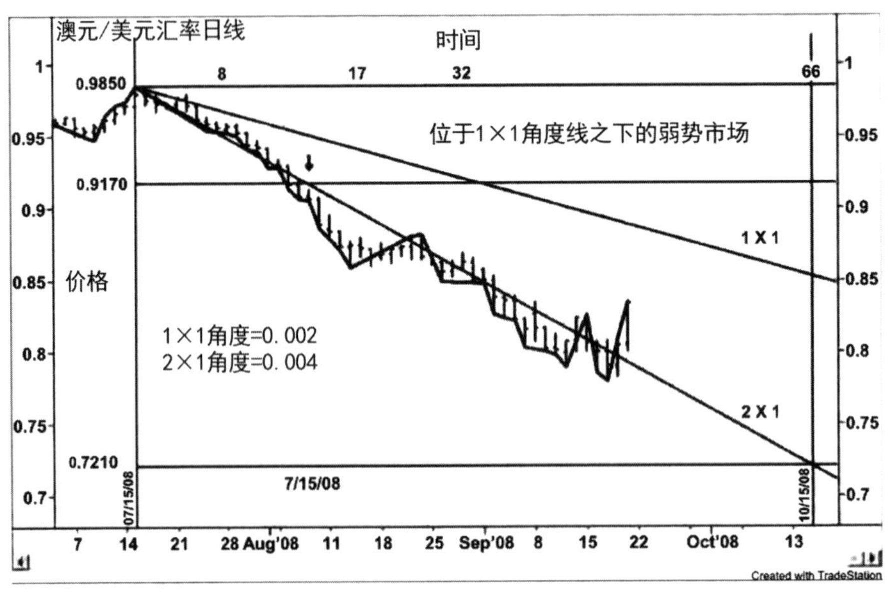

图 9.34　从中期头部画 2×1 角度线，得出特定日期所对应的价格

计算 2×1 角度的另一种方法或决定价格。如果已经知道中期底部与刻度，可以估计某特定价位将发生在什么时间。继续引用澳元/美元汇率日线图。我们知道中期头部是 0.9850。**问题：**根据目前的刻度与 2×1 角度线，0.8850 将会发生在哪个日期？(参考图 9.35)

首先将中期头部减去目标价位，然后除以刻度，再除以 2，结果即是发生目标价位所需要的交易天数。最后再查询该交易天数所对应的日期即可。如果行情根据 2×1 角度线发展，该日期价位就应该是 0.8850，但实际价格当然未必是 0.8850。

解答：

0.9850－0.8850＝0.1000

0.1000÷0.002＝50

50÷2＝25

答案应该是 25 天，也就是 2008 年 8 月 19 日。

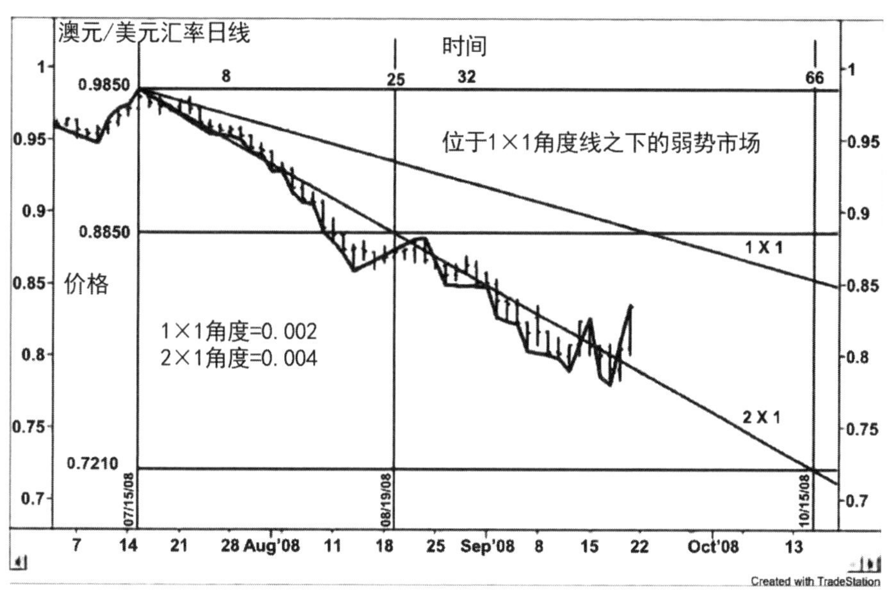

图 9.35　2×1 角度线的另一种计算方法

3. 第三个要绘制的是 1×2 江恩角度线，这代表的是一单位价格与两单位时间的关系。

第 1 步骤：除了 1×1 角度线之外，另外绘制 1×2 角度线。

第 2 步骤：准备从中期头部开始绘制 1×2 角度线。

基本计算公式为：头部价格－（刻度×时间）。

范例：新西兰元/美元汇率周线图　刻度是每周 0.004 小点。中期头部为 2008 年 2 月 29 日这周的 0.8215。(图 9.36)

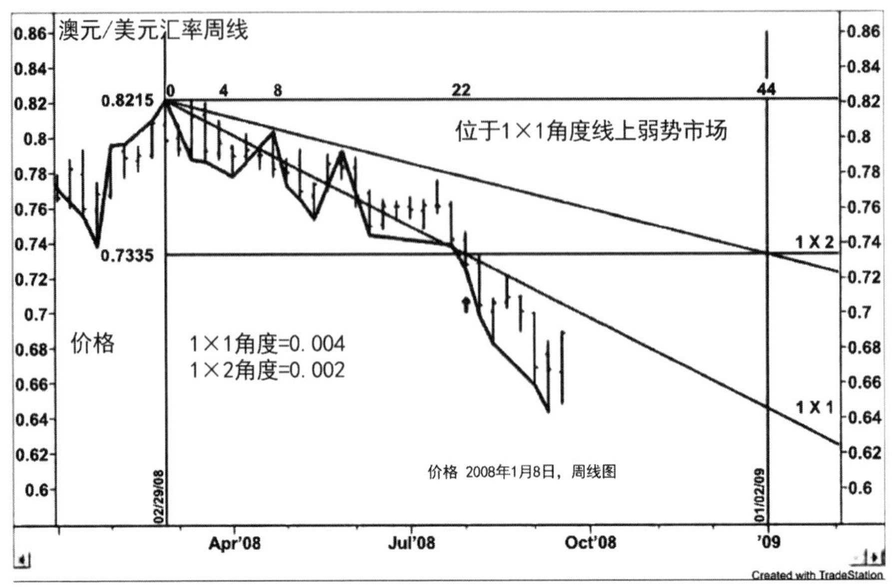

图 9.36　从中期头部计算 1×2 角度线

从中期头部 0.8215 计算到 2008 年 12 月 31 日这周的时间距离，结果是第 44 星期。

由于刻度是每周 0.004 点，44 周总共是 0.1760 点（截至目前，相关计算与 1×1 角度线相同）。接着将 0.1760 除以 2，因为速度是 1×1 角度线的一半，所以结果是 0.0880 点。

中期头部 0.8215 减掉 0.0880 点，结果就是 0.7335。用红笔将头部 0.8215 与 0.7335 连起来，就可以画出 1×2 角度线。

横轴上的每个时间点都对应 1×2 角度线上的某特定价位。例如：2008 年 5 月 30 日这周距离中期头部为 13 周。若从 0.8215 绘制 1×2 角度线，2008 年 5 月 30 日这周的价格就是 0.7955。(图 9.37)

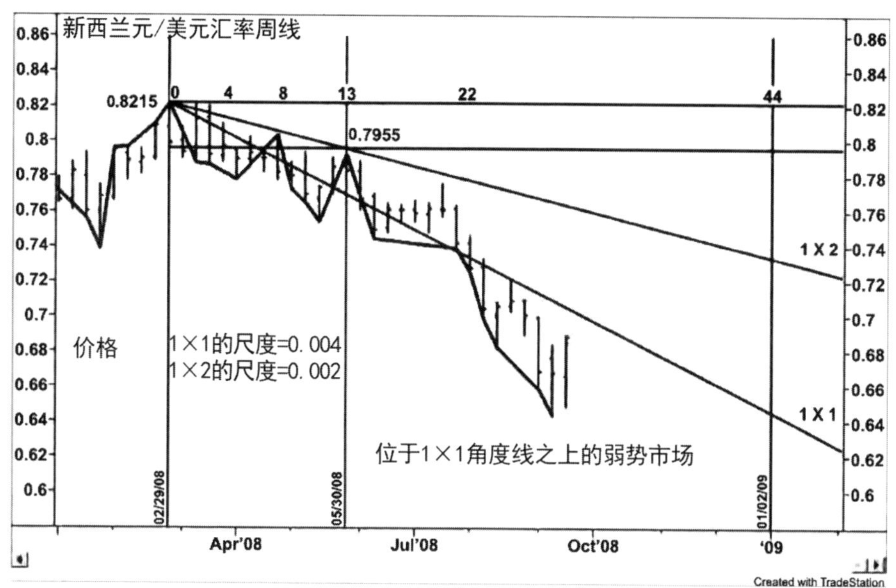

图 9.37　从中期头部画出 1×2 角度线，得出特定时间对应的价格

计算 1×2 角度的另一种方法或决定价格。如果已经知道中期头部与刻度，可以估计某特定价位将发生在什么时间。引用新西兰元/美元汇率周线图。我们知道中期头部是 2008 年 2 月 29 日这周的 0.8215。**问题：**根据目前的刻度与 1×2 角度线，0.7795 最有可能发生在什么时候？(图9.38)

这个问题很容易回答。首先将中期头部 0.8215 减去目标价位 0.7795，然后除以刻度，再乘以 2，结果即是发生目标价位所需要的时间。最后再查询该时间所对应的日期即可。换言之，如果行情根据 1×2 角度线发展，该日期价格就应该是 0.7795。当然，该日期的实际价格未必是 0.7795。

解答：

0.8215−0.7795＝0.0420

0.0420÷0.004＝10.5

10.5×2＝21

答案是 21 周，也就是 2008 年 7 月 15 日的那个礼拜。

如果有必要的话，只要运用相同的公式，就可以继续计算出 8×1、4×1、1×4、1×8 等角度线相应的结果。

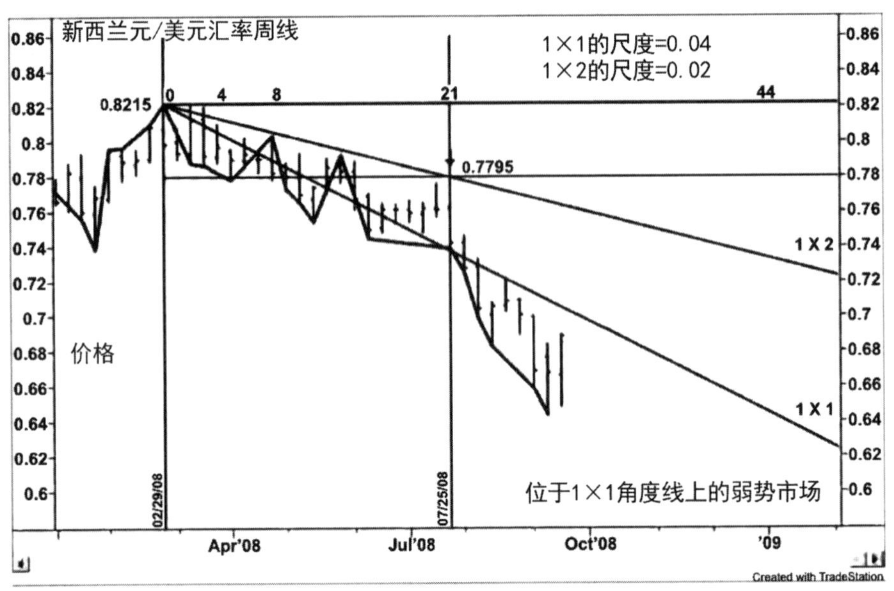

图 9.38　1×2 角度线的另一种计算方法

零度角度线

由价格零绘制的角度线很重要，也很容易运用于图形。这种技巧比较适用于月线图与周线图，因为时段较长。除非日线图上包含两三年的资料，否则，零度角度线可能失效。

范例：如果重要的低价是 100，可以在其对应的横轴（时间轴）位置，将价格设定为零，由此绘制向上的 1×1 角度线，然后由低价发生时间向右计算 100 个方格，这可能是未来发生重要头部与底部的时间位置。同理，对于 2×1 的角度线，这是从低价发生时间向右计算 50 个方格；对于 1×2 的角度线，这是从低价发生时间向右计算 200 个方格。当然，这是假定价格刻度为 1 点。如果你取其他的刻度，就必须按比例调整。

这种绘图的技巧主要是将目前的重要价格与时间关系投射到未来。这称为低价四方形，细节请参考第十章。

范例：如果在 500 发生重要的高价，可以在对应的横轴（时间轴）位置，将价格设定为零，由此向下绘制各种重要的角度线。如果刻度为 5 点，1×1 的角度线相当于是由高价发生时间向右计算 100 个方格。同理，对于 2×1 的角度线，这是从高价发生时间向右计算 50 个方格；对于 1×2 的角度线，这是从低价发生时间向右计算 250 个方格。

这种绘图的技巧主要是将目前的重要价格与时间关系投射到未来。这称为高价四方形，细节请参考第十章。

如何运用江恩角度线

将江恩角度线纳入你的交易系统。你或许听说过江恩理论的分析者称："只要 1×1 的角度没有跌破，就继续持有做多仓位。"或者"如果守不住 50%，必须注意趋势的变化。"

初听之下，这些说法似乎很难解释。例如，何谓"跌破 1×1"或"守不住"？由于江恩理论涉及许多角度线，当价格穿越角度线时，穿越的幅度究竟应该是多少才能看作有效？

小龙注

为何"只要 1×1 的角度没有跌破，就继续持有做多仓位"？假设波动率为 45 点，江恩角度线 1×1 表示以 1 个时间单位上升 45 个价格单位的方式进行。同样如果在下跌的走势中，波动率是 45 点，即表示该商品以每天 45 的比率下跌。如果在日线图中，即表示该商品以每天上 45 个价格单位的比率上升。如商品处于 2×1 以上，即该商品以每天 90 个价格单位的比率上升。所以处于愈高的江恩线以上，市况走势愈强。

利用几何角度来判断趋势的变化确实有很多困难地方。对于几何角度的运用，江恩也并非一成不变，他认为交易者应该不断研究、测试与运用，这才是了解角度意义的关键。江恩的书籍与教材都仅提供入门而已，他鼓励交易者多尝试。

几何角度的绘制很简单，虽然解释它们稍微有些困难，但也不是不可能。本节将回答有关江恩角度线的一些问题，并说明如何建立交易系统。

发展任何的交易系统都涉及三个步骤：

1. 决定系统的形态：顺势交易或支撑一压力。

大多数的顺势交易系统都希望掌握大型的趋势。对于使用这类交易系统的交易者来说，最担心错失大行情。江恩结合了顺势交易与支撑和压力系统，只要市场发出信号，进场永远不算太迟。即使你错失底部或头部，还是可以通过江恩角度线来建立头寸。

当市场由底部上涨或由头部下跌时，江恩角度线也可以提供有效的支撑与压力位置。因为由底部或头部所绘制的江恩角度线，相当于让底部或头部根据固定的速率移动。这涉及江恩理论的核心观念：过去的头部与底部可以预测未来的头部与底部。

2. 拟定进场法则。

进场的机制是建立在江恩理论的一个最常用法则上：在行情触及江恩角度线时买进或卖出。

最重要的角度线是1×1。江恩认为这个角度决定市场的力量与发展方向，你可以仅根据这个角度线进行交易，每当价格向下触及1×1线时，就代表买进机会。

市场在从底部向上绘制的1×1线之上运行时，表示很强势；市场在从头部向下绘制的1×1线之下运行时，代表很弱势。

在做空行情中，最佳的卖出机会是价格反弹到1×1角度线（从中期头部向下绘制）附近，但并不穿越；在做多行情中，最佳的买进机会是价格下跌到 1×1 的角度线（由中期底部向上绘制）附近。在连续性的走势中，这类的情况经常发生。

请记住，角度线相当于是底部或头部的延伸。每当你在某角度线买进时，相当于是在该角度线的底部买进。所以，当你错失底部或头部时，进场永远不算迟。

某个底部愈重要，从它所绘制的角度线也愈重要。所以，多头仓位最好是建立在从中期与主要底部所绘制的角度线附近，因为底部愈强劲，所绘制的向上角度线愈具有支撑功能。

角度线的通用法则

另一个重要的指导法则是江恩所谓的“角度线的通用法则”（Rule of Angles）：当行情突破某个角度线后，将向次一个角度线发展。随着时间推进，角度线的支撑与压力将减弱，最后将被突破。所以，当行情向下突破 2×1 角度线之后，将跌向 1×1 角度线，向下突破之后又跌向 1×2 角度线。同理，在上升走势中，如果行情守住 1×2 角度线，将涨向 1×1 角度线，向上穿越之后又涨向 2×1 角度线。

当市场形成底部时，牢记如果价格位于 1×1 角度线的上方，价格领先时间；如果价格位于 1×1 角度线的下方，时间领先价格；如果底部恰好位在 1×1 角度线，代表价格与时间处于均衡状态。(图 9.39)

在日线图中，当价格从底部向上穿越 1×1 角度线后，可能没有足够力量领先于时间。这通常造成行情停靠在 1×1 线 上 休 整，或者下穿后跌向 1×2 寻求支撑。当时间正确并且周期循环结束后，行情通常沿着 1×2、1×1 或 2×1 角度发展。最理想的是沿着 1×1 角度发展。

在多头市场的初期，价格往往会缓慢攀升，夹杂着小幅回调。随而下的角度线形成了压力。随着时间推移，对于涨势不利，因为从初期和中期头部向下延伸的角度线将对价格造成压力。

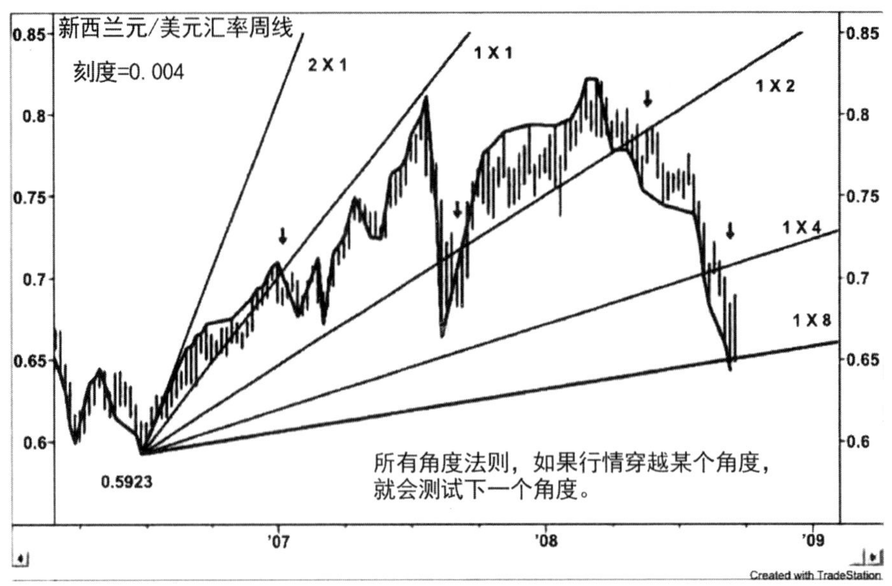

图 9.39　所有角度法则

如果追踪这些由头部向下延伸的角度线，可以发现从中期底部与主要底部向上展开的涨势将遭遇向下的角度线，面临压力。如果走势同时穿越了从中期头部延伸而下的角度线与从中期底部延伸而上的角度线，这代表走势强劲，因为突破两条角度线所需力量高于一条角度线。

价格愈向高位发展，角度线的间隔也就愈宽。（图 9.40）这意味着价格愈向上攀升，距离底部也愈远，向下回调的可能性就愈大。

如果将这个特性与“角度线的通用法则”相结合，那么当走势跌破 2×1 角度线之后，跌势会加速发展，唯有回到 1×1 角度线时，才能够产生显著的反弹。上涨走势的情况也是如此。

当走势跌破 2×1 角度线之后，跌势将加速发展，唯有跌到 1×1 线才能够产生显著的反弹。上涨走势的情况也是如此。

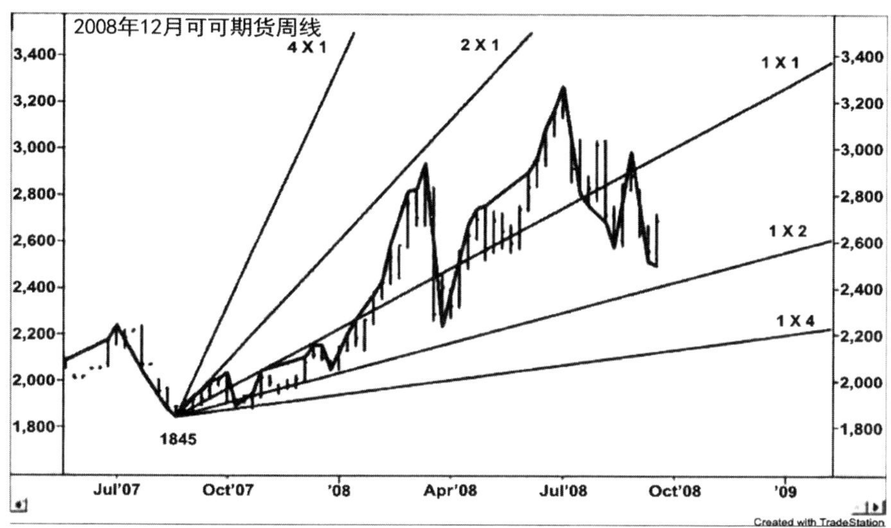

图 9.40　较宽的角度线等于价格摆动，较高的走势角度线也较宽，底部的角度线则相对空间窄

3. 决定停止点的设定位置

只有趋势发生变动，你才希望离场。关键的问题是：角度线被贯穿到什么程度，才代表有效的趋势变动？江恩提出了几种判断方法。

趋势向下反转的判断法则，是等待当前跌幅超过先前回调的跌幅。趋势向上反转的判断法则，是等待当前涨幅超过先前反弹的涨幅。当价格贯穿角度线的程度超过先前的贯穿程度，这代表趋势可能发生变动。（图 9.41）

小龙注

市场超越平衡（Market Over-Balanced）是江恩专有的术语，平均指数或个股在上涨或下跌了相当长的一段时间后，就会失去平衡。当市场在上升的趋势中，每次调整的时间较之前的一次调整的时间长，或者每次价位下跌的幅度较之前一次调整的幅度大的话，就意味着市场失去了平衡，而且转势即将发生。

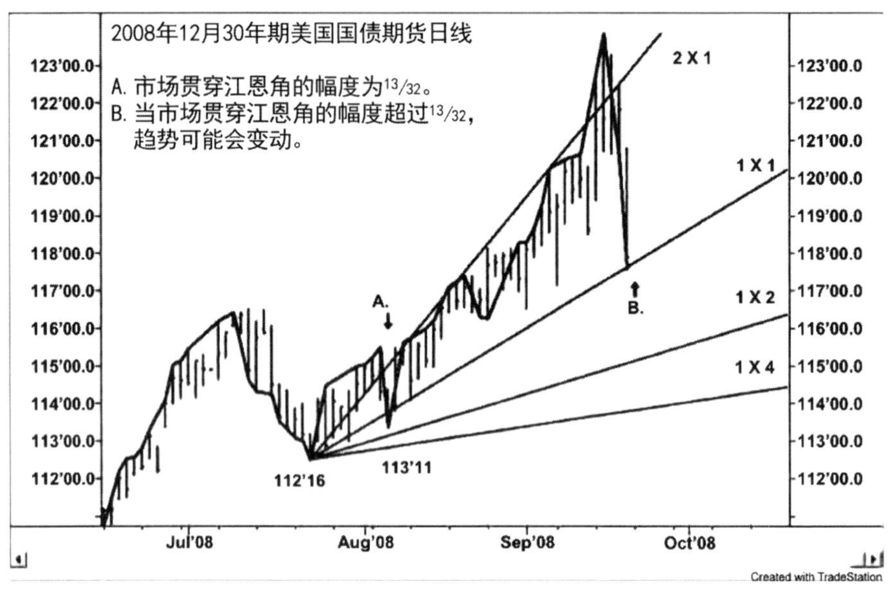

图 9.41　江恩角度线判断走势变动的法则

这将告诉你如何设定止损单。研究过去的走势，就可以判断价格贯穿角度线的“平均程度”。就涉及空转（lost motion）的概念，我们随后会进一步讨论。在第 6 章时，我们曾经解释过这个概念。在前面讨论的摆动图的空转概念，也完全适用于角度线。

空转

当价格穿越重要的角度线之后，后续走势没有跟进，而是又反向穿越角度线，从而恢复了原先的趋势，这就是空转。在上升趋势的发展中，价格将沿着某个固定速率的角度线发展。行情往往会向下跌破该角度线，但一两天之后又上涨到角度线之上。交易者应该记录这类空转的幅度，用来判断停止点应该设定在角度线的什么位置。这类的分析可以分为两部分：在整个历史资料中，某特定角度线的空转幅度，以及在某月份期货的走势图中，某特定角度线的空转幅度。(图 9.42)

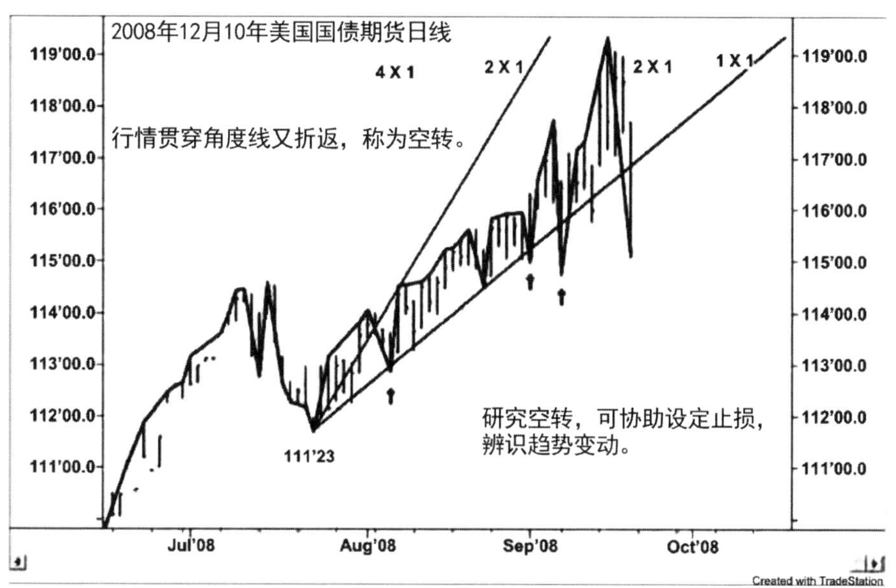

图 9.42　角度线中的空转

测定空转的幅度，然后以此决定停止点的位置。

测定某特定角度线的空转幅度，需要记录详细的资料。根据这些历史资料，交易者可以计算空转的平均幅度，然后据此设定止损点。对于上升的角度线，止损点可以设定在角度线下侧的空转距离，再减去一单位的价格；对于下降的角度线，止损点可以设定在角度线上侧的空转距离，再加上一单位的价格。(图 9.43)

范例：在 8 美元价位上升的江恩角度线。历史的空转平均幅度是 5 美分。将止损点设定在上升角度线下侧的至少 6 美分处。(图 9.44)

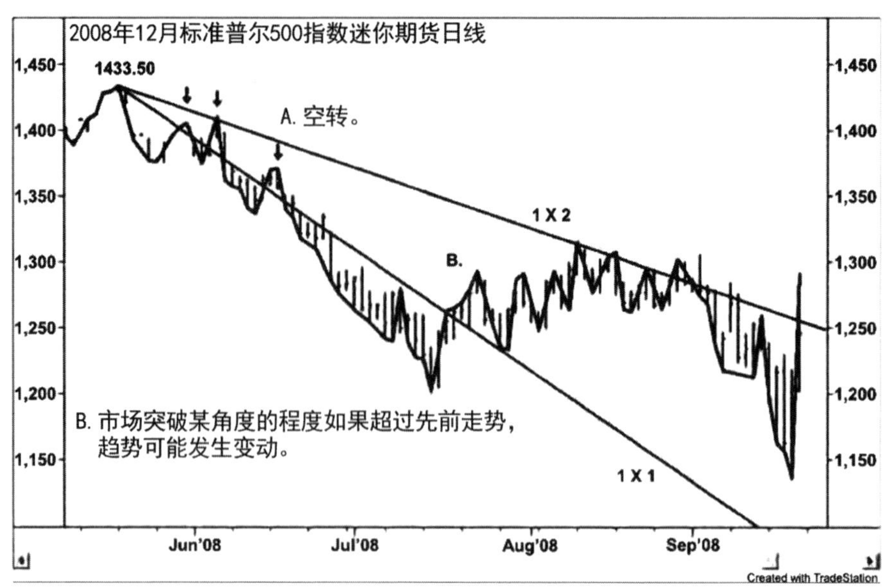

图 9.43　通过特定的角度线测定空转的历史倾向

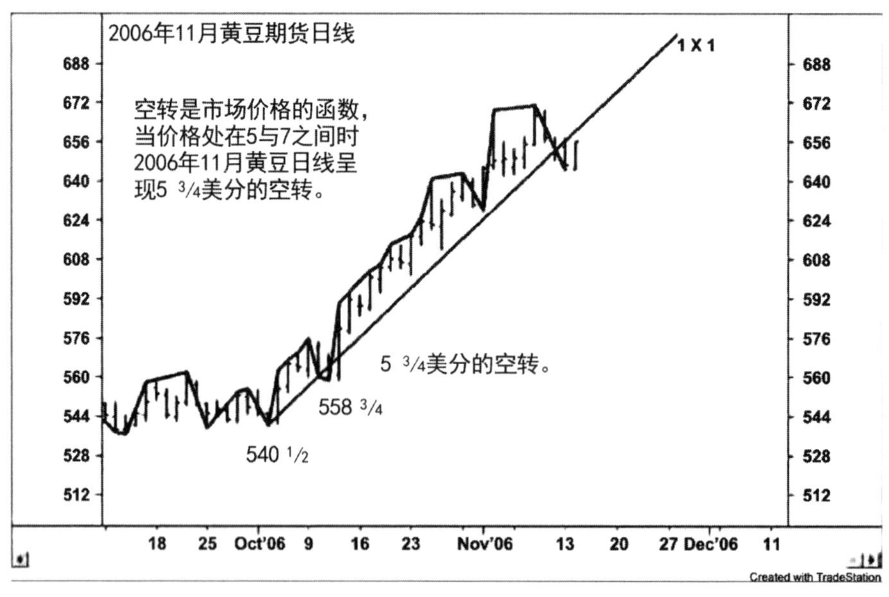

图 9.44　空转及江恩角度线

当前市况下的空转运用稍有不同。江恩理论是一套弹性的交易法则。止损位置经常需要根据市况进行调整。也就是说，止损点不应该采用固定的金额，而应该参考主要底部、主要头部、江恩百分比回撤点与江恩角度线。如果希望根据江恩角度线设定止损点，交易者应该观察相关角度线的先前空转程度。止损点的设定应该以这个数据为准，而且至少加或减一个价格单位。例如，在上升行情中，如果相关角度线的先前空转是 5 美分，止损点应该设定在角度线下侧至少 6 美分的距离。同理，在下降行情中，如果相关角度线的先前空转是 20 个基点，止损点应该设定在角度线上侧至少 21 个基点的距离。

范例：在 6.80 美元价位的上升江恩角度线。先前的空转幅度是 5 美分。可将止损点设定在上升角度线下侧的至少 6 美分处。

范例：在 800.25 美分价位的下降江恩角度线。先前的空转幅度是 100 美分。可将止损点设定在下降角度线上侧的至少 105 美分位置。

关于空转与江恩角度线之间的关系，基本的观点是：行情将维持既有的角度，除非击破了历史形态或当前形态。如果角度线被贯穿的程度超过先前的贯穿幅度，止损点可以保护交易者免遭更大的损失。请注意，所有角度的法则认为，价格穿越某个角度线之后，将向下一个角度线发展。

不同角度线与不同市况的空转程度也不同。例如，4×1、2×1、1×1、1×2、1×4 的角度线都有不同的空转程度。另外，价格所处的区间也会影响空转程度。低价区的空转幅度通常小于高价区。（图 9.45）

通过主要头部、主要底部、江恩百分比回撤与角度线，对空转进行衡量之后，你会发现，使用不同的工具，都能得到相同的空转平均值。这是很重要的结论，意味着你可以使用这些不同的江恩工具，对价格进行综合考量，然后根据空转来设定止损点，让交易更成功。

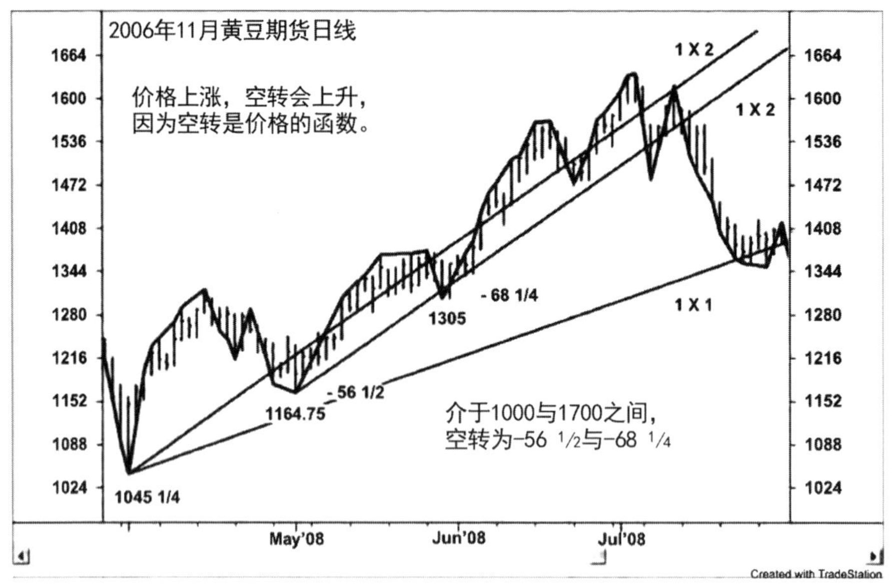

图 9.45　空转是价格的函数

最后，当行情沿着江恩角度线发展时，往往会发生修正走势，却没有改变趋势方向。这些修正走势经常也属于空转。空转是因为市场的动能变化而造成角度线暂时被突破。在江恩的年代，谷物类的平均空转幅度大约是 1¾ 美分。这也是为什么江恩的著作中经常建议采用 3 美分止损的理由。交易者应该研究相关市场的空转情况，尽可能避免止损点被假突破触发。

通过深入的研究与尝试，你能够掌握空转的性质。它们发生在头部、底部、50%回撤或江恩角度线的穿越区。任何纳入几何角度的交易系统，都必须拟定空转的处理法则，用以设定止损点。

以上有关江恩角度线的讨论到此结束。现在，你已经具备用江恩角度线分析行情与进行交易的基本知识。虽然江恩角度线有助于判断趋势的强度，测定支撑与压力，而且能够单独运用于交易，但操作上最好还是结合波动头部、底部与江恩百分比回撤。

总结

江恩通过许多方法来判断支撑与压力。江恩分析的精髓是：重要的价位取决于对角与水平方向的支撑与压力。对角的价位，是由江恩角度线来决定的。水平的价位，则是由摆动头部、底部与百分比回调点来决定的。虽然每种方法都可以有效辨识支撑与压力，但各种方法相互结合之后的效果更理想。另外，江恩角度线需要很精确的计算，所以摆动图的刻度很重要。最后，当我们在交易系统中纳入江恩角度线与百分比回调技巧时，务必留意空转。

本章强调价格对于交易策略的重要性。下一章将分析形态与价格的相关运用。

第十章　结合形态与价格

虽然价格指标可以单独运用，但最好还是结合使用。某些可作为支撑的结合如下：

◆向上走势的江恩角度线与百分比回调。如果是采用 50% 回调与向上走势 1×1 角度线，则可视为是特别显著的支撑。(图 10.1)

◆向上走势江恩角度线与旧有头部。用向上走势 1×1 角度线，支撑会特别明显。(图 10.2)

◆向上走势江恩角度线与旧有底部。(图 10.3)

百分比回调与旧有头部。(图 10.4) 部分的位置可作为压力的结合如下：

◆向下走势江恩角度线与价格百分比回调。用 50% 回调与向下走势 1×1 角度线，则可视为是特别明显的压力。(图 10.5)

◆向下走势江恩角度线与旧有底部。用向下走势 1×1 角度线，压力会特别明显。(图 10.6)

◆向下走势江恩角度线与旧有头部。(图 10.7)

◆百分比回调与旧有底部。(图 10.8)

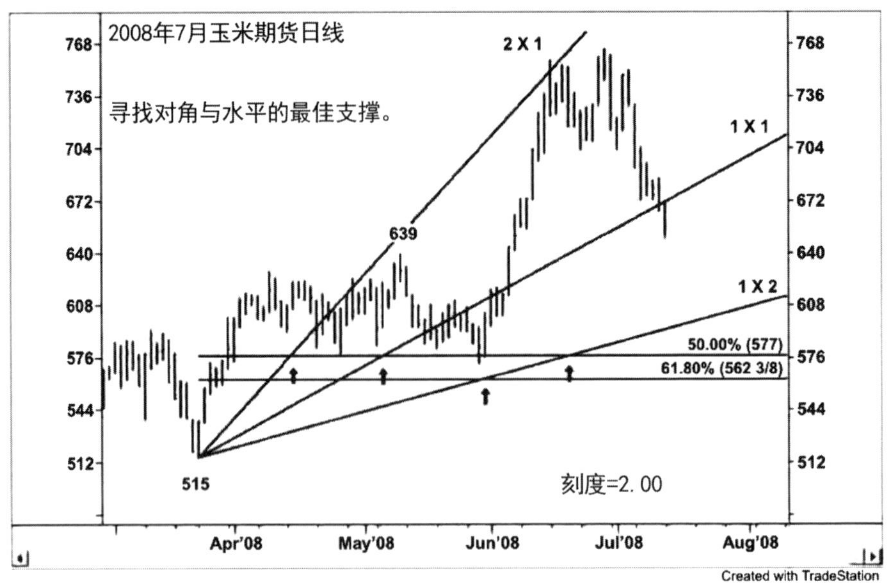

图 10.1 对角与水平线的支撑，向上走势的江恩角度线及百分比回调

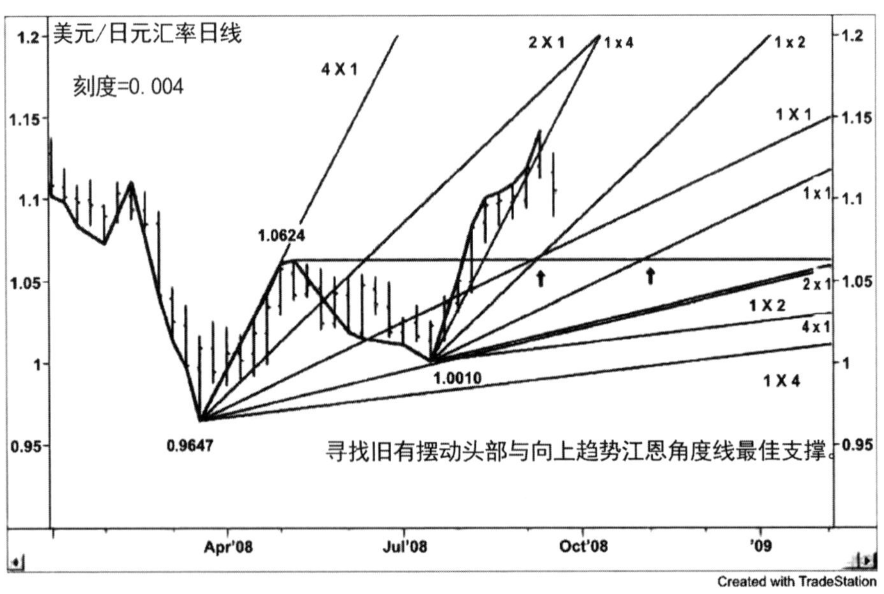

图 10.2 对角与水平线的支撑，向上走势江恩角度线及旧有摆动的头部

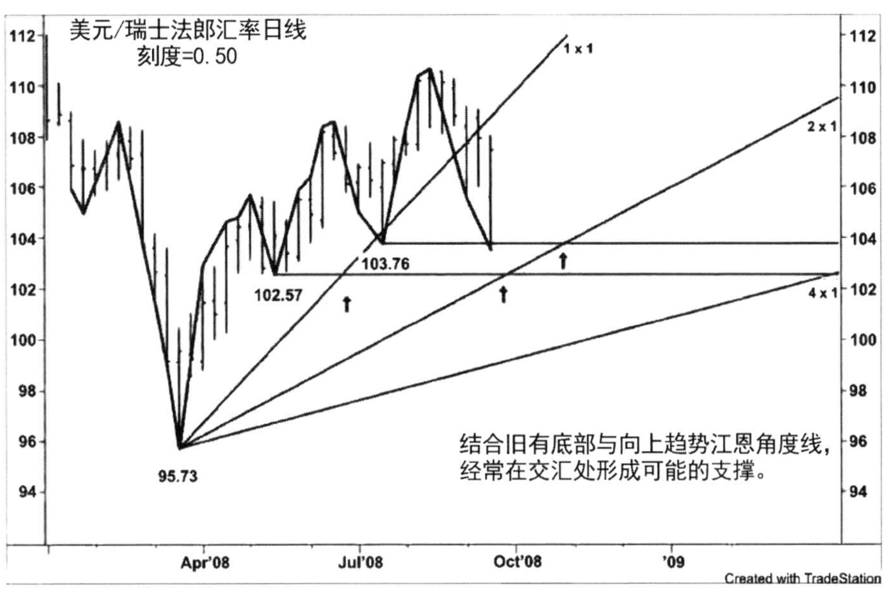

图 10.3　对角及水平线的支撑，向上走势的江恩角度线及旧有摆动的底部

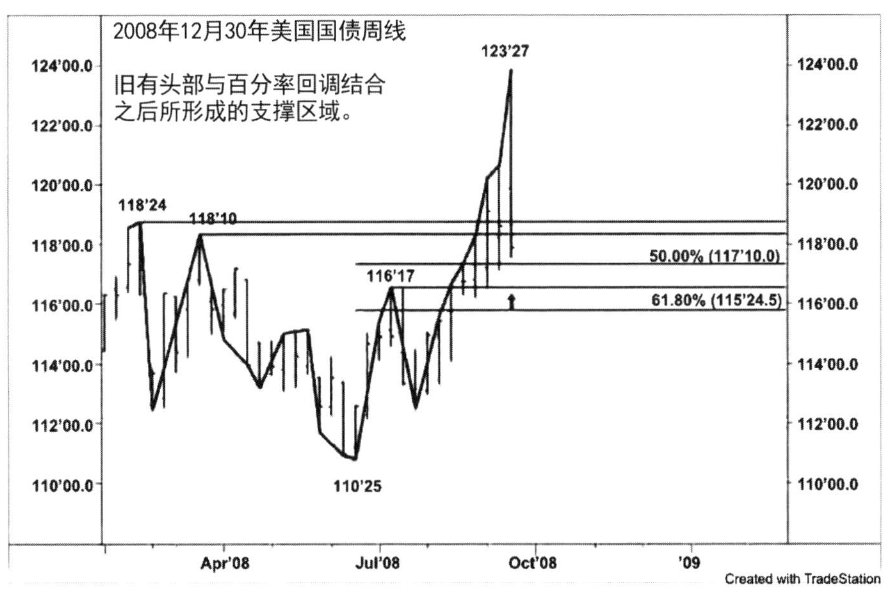

图 10.4　水平线的支撑，百分比回调及旧有的摆动头部

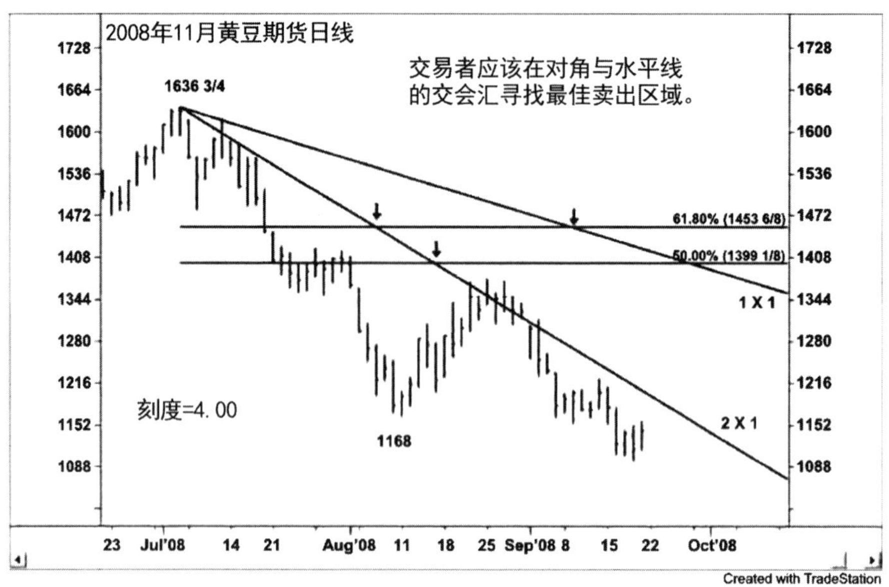

图 10.5 对角及水平线的压力，向下走势江恩角度线及百分比回调

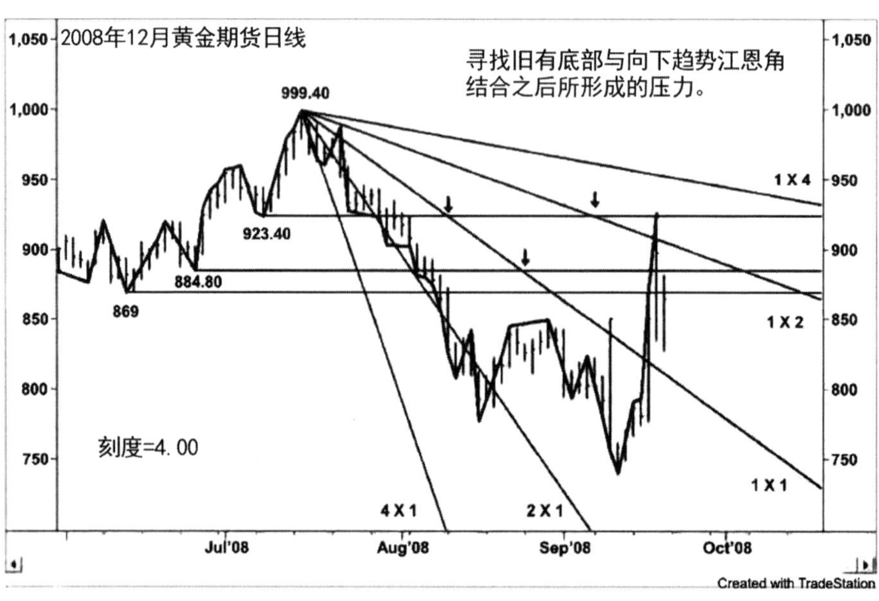

图 10.6 对角及水平线的压力，向下走势的江恩角度线及旧有摆动底部

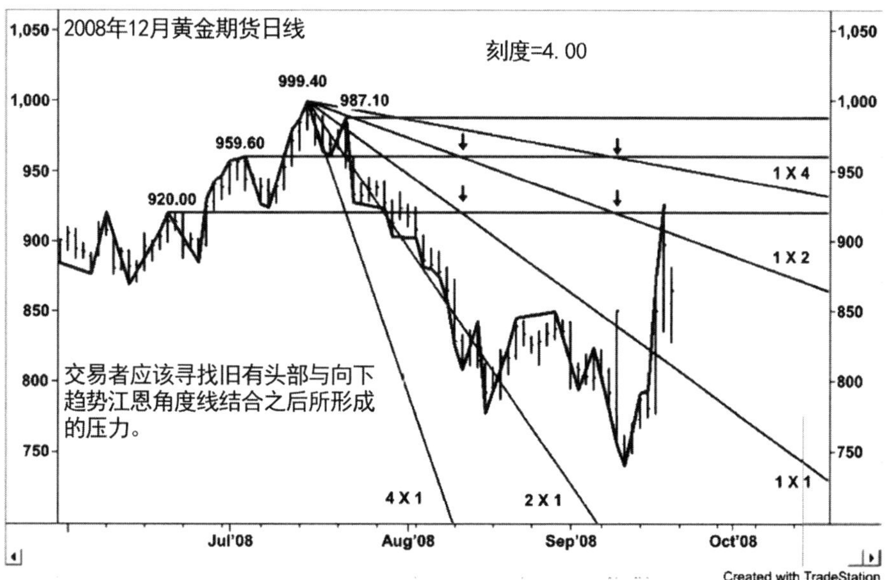

图 10.7 对角及水平线压力，向下走势的江恩角度线及旧有的摆动头部

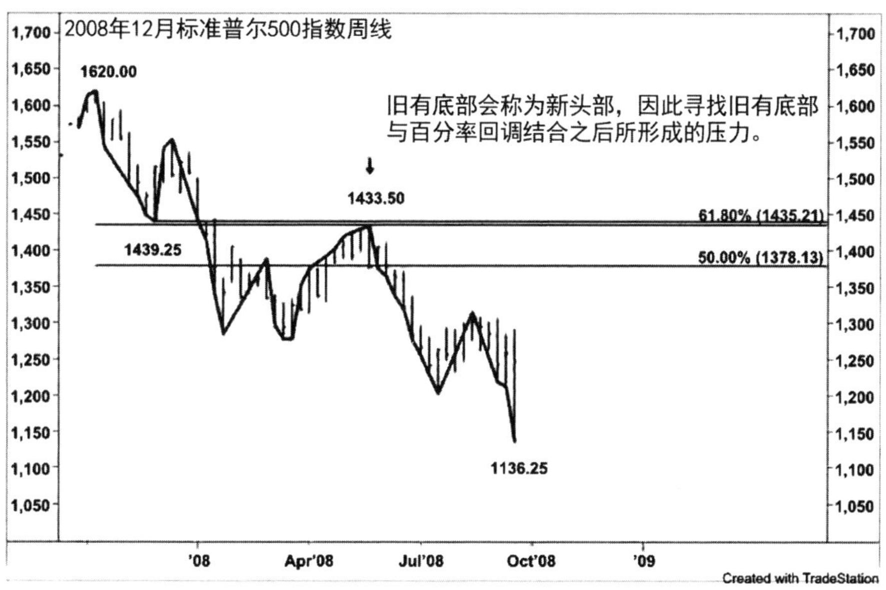

图 10.8 水平线的压力，江恩百分比回调及旧有的摆动底部

交易者必须学习如何综合运用价格指标才能更有效地设定止损。如果运用江恩角度线进行交易及设定止损。这可能会把止损设定在50%回调区。如支撑一旦被跌穿就会引发止损盘。同样如果在50%回调区买进，可以考虑使用江恩角度线来设定止损。

不过摆动图有可能会发出修正走势的信号，而发出信号的位置有可能就刚好在百分比回调或江恩角度线的买进位置。如果能结合两个或三个价格指标，就可以设定更有效的止损点，也不容易被引发。而一旦止损点被引发，或代表趋势确实已经发生了变动。

卖出信号的情况也一样。可以尝试结合多项指标，而把止损点设定在更合适的位置，交易者没必要接受个别的卖出信号。

计算有效的支撑与压力的时间必须判断是否要将时间视为重要因素。下一章的我们会讨论时间。到时我们会解释各种形式的时间分析，并加以运用于交易策略之中。

第十一章　时　间

江恩认为，时间是决定趋势变动最重要的因素。他以各种方式来衡量时间，包括自然界的循环、周年日、季节性、波动循环与时间四方形。本章将讨论各种衡量方法，用来决定头部、底部与趋势变动的时间。由讨论最难的方法（自然界的循环）开始，最后讨论最常用的方法（时间四方形）。自然界的循环很不容易理解，因为其中涉及许多金融占星术的问题，需要许多背景知识才可能运用成功。时间四方形是最常用的一种方法，因为这是利用图形来预测头部、底部与趋势变动的发生时间。第九章所讨论的许多技巧也运用于此。所以，研究图形中的价格，在此可以得到时间技巧的强化。本章也将讨论如何通过季节性图形与摆动图来进行时间分析。这些概念需要引用第四章到第七章的内容。

自然界的循环

自然界的循环是可以根据自然法则衡量与预测的循环行为，而且不受人类的控制。

天体现象

行星　有九大行星绕着太阳旋转：水星，金星，地球，火星，木星，土星，天王星，海王星和冥王星，通常我们默认是以地球为中心)。相位是每个行星之间存在的几何角度。例如：例如：(con－junctions)、相刑

(squares)、互拱 (trines) 与 相 对 (oppositions)。当两个或多个行星处在相同的位置称为会合；当两个或多个行星处在 90 度角，称为直角；当两个或多个行星处在 120 度角，称为三分一对座也称为拱；两个或多个行星处在 180 度角，称为相对。金融占星术将这些形态归类于做多或做空。会合与三分一对座是属于做多的形象，直角与相对是属于做空的现象。江恩与其他金融占星家希望找到星历表（行星运动的表格），通过主要行星形态来预测头部、底部与市场走势。由于江恩可以通过星历表来预测行星的未来位置，所以可以运用行星之间的关系来预测多年之后的行情。

通常我们在研究金融占星学时，主要考虑的有金星、水星、火星、土星、木星和天王星。金星代表金钱和享受，火星代表行动力和纷争，水星代表信息传达，这三颗内行星是最多关注的行星。而从大环境来说，木星与土星最重要。木星是属于做多的星体，土星是属于做空的星体。木星代表扩张，扩张的市场也就是多头市场；土星代表收缩，收缩的市场也就是空头市场。天王星与火星代表波动的行情。将占星学运用到金融市场，首先必须研究这些星体的性质，以及它们与市场之间的关系（图 11.1）。

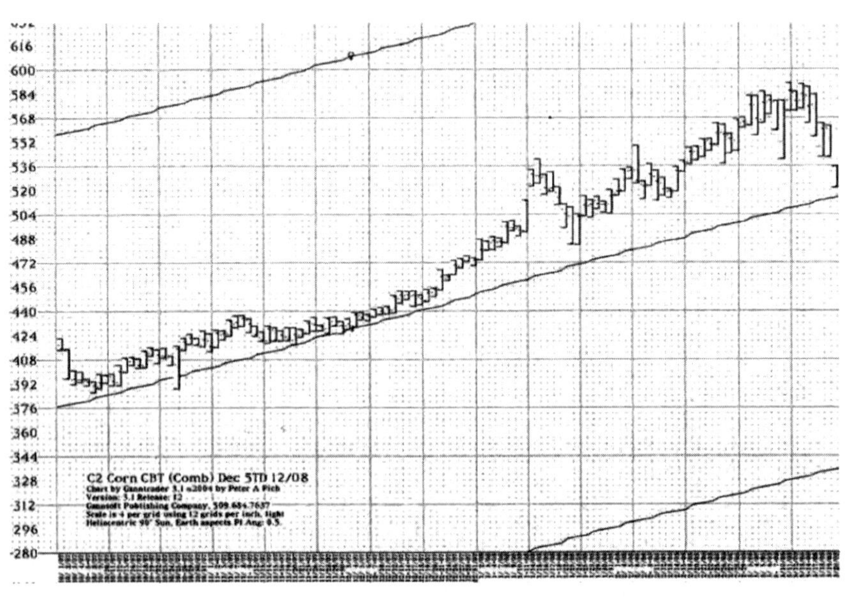

图 11.1a　星相自然周期跟玉米 2008 年 12 月期货日线图

小龙注

金融占星学中，认为当行星跟其他行星形成特定角度，将会对市场有一定影响。如下图中，展示 180 度交会（conjunctions）、90 度直角（sqares）、120 度三分一对座（trines）等相位。他们会根据星历表进行查找，从而找出市场转角。江恩认为行星的运行轨道、职权及相对的关系会影响人类的心智行为，从而影响金融市场。江恩利用占星学而创造了不同的工具及交易系统。百分比回调、轮中轮及江恩角度线等正基于此而创立。而进阶的江恩理论可以将行星的角度转换为价格，不过在此不做讨论。

11.1b　土星及火星形成 90 度的占星相位与恒生指数的走势

星体的运行原理　了解星体的运行原理，也是进行金融预测的重点之一，因为占星学认为某个或某些星体与特定市场之间存在关系。市面上有许多这方面的书籍，但通常仅供参考。这些公认的关系虽然是不错的起点，但作为有效的预测与交易工具，还必须深入研究与实验。虽说如此，了解星体的职权，还是有助于预测的。

除了运用大星体的运动来预测主要的行情走势之外，江恩也采用许多小循环，例如：月亮的 7 天循环与太阳的 30 天循环。市场的主要走势，基本上是根据大星体的循环与现象来预测，例如：2 年期的循环可能与火星的轨道有关，它绕太阳循环一圈需要 2 年的时间；84 年的循环与天王星有关，它环绕太阳一圈需要 84 年的时间。最后，江恩还利用星体之间所构成的现象来预测未来的走势，例如：木星与土星的汇合，通常都与 20 年的循环有关。

30 天循环或太阳循环　太阳循环是属于自然循环，它不受人类的控制。太阳的循环实际上是 365 天，很接近圆周的 360 度。完整的年度循环是以 360 度或 365 天来衡量。也就是说，一度大约对应一天。这是江恩解释循环的基础。

除了 365 天的完整太阳循环之外，年度循环中的分割也很重要，这些分割包括一年的 1/4、1/3、1/2、2/3 与 3/4，它们经常对应头部、底部与趋势的变动。换算为角度，这些分割代表 90 度、120 度、180 度、240 度与 270 度。以天数来表示，它们分别等于 90 天、120 天、180 天、240 天与 270 天。

春分（3 月 21 日）、夏至（6 月 21 日）、秋分（9 月 21 日）与冬至（12 月 21 日）都代表天体的循环。这些重要的节气日是以太阳的循环来衡量，彼此的间隔大约是 90 天。虽然人类的日历也有季节，但分别为 3 月 31 日、6 月 30 日、9 月 30 日与 12 月 31 日，这不同于自然或天体的节气。这些期间经常对应着头部或底部到次一个头部或底部之间的时间长度。

根据太阳的自然循环，江恩又设定另一个重要的 30 天循环（图 11.2 与图 11.3），相当于太阳通过黄道十二宫的循环。

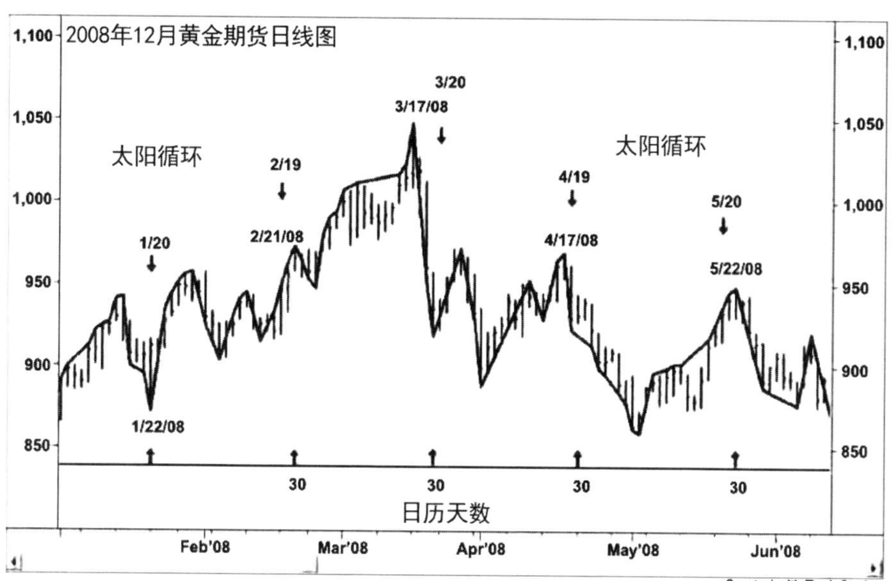

图 11.2 30 天循环，从主要头部或底部计 30 天

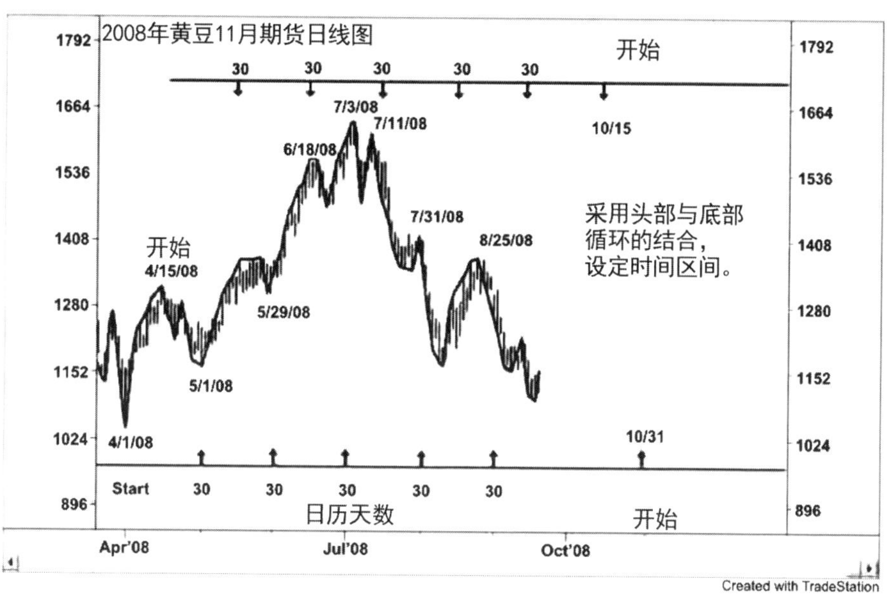

图 11.3 两个 30 天循环，设定未来可能的 30 天底部

7 天循环或月亮循环 江恩所建议的另一个天体循环，是月亮的循

环。由新月到新月的循环是 28 天。7 天是 28 天主要循环中的重要小循环。例如，14 天是代表新月到满月或满月到新月的循环。

金融占星术 这些循环是属于金融占星学的领域，显然超过本书要讨论的范围。如果希望实际运用这些方法来预测头部、底部与趋势变动，需要进一步研究。另外，江恩的著作经常只有晦涩的说明。这意味着你必须非常了解占星学，才可能从江恩的著作中解开天体循环之谜。

江恩的方法

江恩深入研究星体的循环与现象，观察市场循环与星体循环之间的相关性。经过多年的研究之后，他认为星体的经纬度将形成力量，驱使价格变动，它们的直角化与三分一对座造成价格的涨跌。

需要注意的是，江恩不仅是活跃的交易者，也是一位研究者。所以，他虽然提出长期的市场预期，但还是根据短期的行情走势来调整或修正这些预测。他讲，如果市场发生重要的变动，就需要调整原来预测的头部与底部。例如，假定他预测 1 月 8 日为头部，2 月 10 日为底部。如果 1 月 8 日实际上是底部，他会告诉交易者 2 月 10 日将是头部而不是底部。也就是说，日期的重要性高于预测此时是头部还是底部。要强调的是，虽然江恩的预测基本上很精确，但正确进行交易的重要性高于预测行情的走势。

如何将自然界的循环套用于市场

如果希望运用天体循环（图 11.4），首先必须熟悉星历表。星体的运动法则可以用来预测星体的未来位置。另外，星历表也可以用来辨识各种现象，例如：星体的会合、相刑、相对与相冲，以及星体由黄宫到黄宫的运行与月球的方位。最后还必须判定星体的经纬度。（图 11.5）

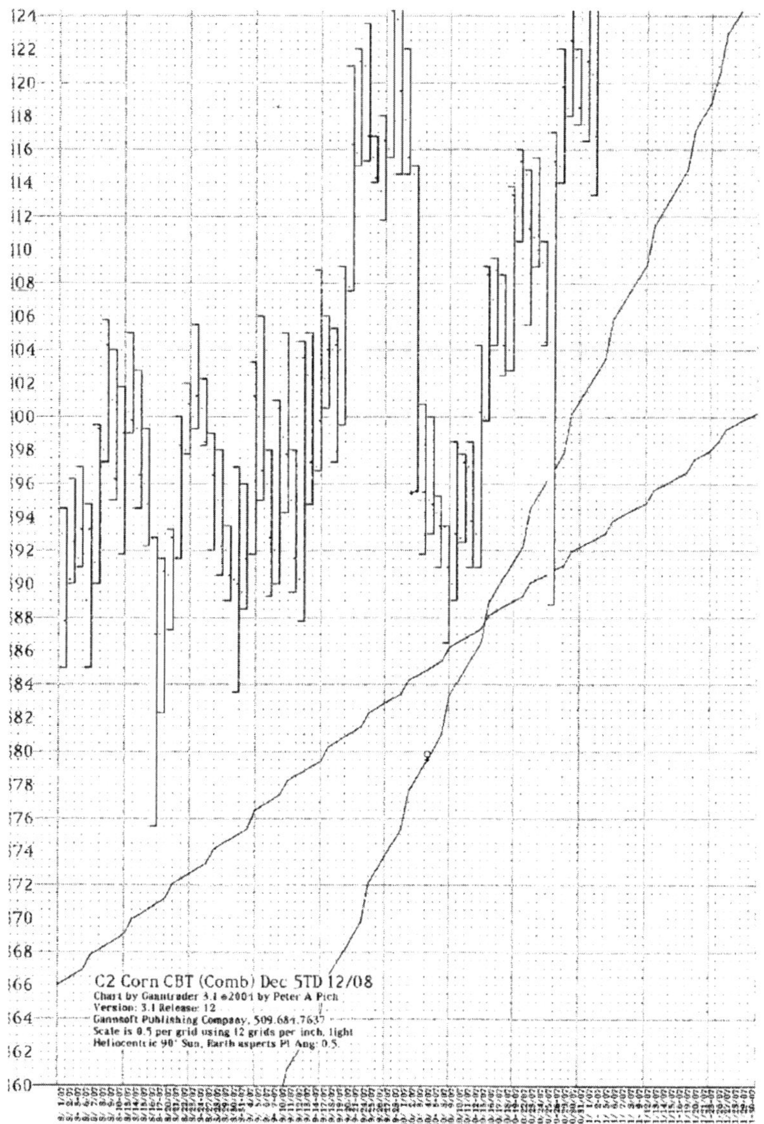

图 11.4　2008 年 12 月玉米期货日线图

这是两个星体的经度的走势，某星体运行比较快。两个经度相交的位置，市场加快运行。

图 11.5 2008 年 12 月黄金期货日线图

这份图表展示两个移动很慢的星体如何控制区间。天王星是支撑位，土星是压力位。

江恩用这些资料来预测头部与底部，以及多空市场的力度。通过星历表，他可以预测多年之后的行情方向与力量。

江恩曾经花费了很多年，通过图书馆与其他来源收集金融占星术的书籍，并列出一份书单。许多书到现在仍是非常有价值的。另外，类似如“江恩交易者 2”的电脑软件也有助于绘制星体的图形。某些电脑化的金融占星术程序也可以提供星历表。总之，目前很容易找到相关的资料。

可是，仍有一点必须强调，虽然资料很容易找到，但预测行情这件事的艺术成分，还是多过于科学的成分。这是因为占星术资料的理解，需要相当深的功力，而不只是单纯地阅读数据。研究者必须熟悉星体的性质、运行原理对于各种市场的影响，以及星体的各种现象。

总之，如果希望运用星体循环来预测市场行情，你必须具备金融占星学的基本知识，包括阅读星历表，了解星体的职权，理解星体的现象。具备这些基本知识之后，还必须继续研究与练习，实际将这些资料套用在金融市场上。唯有了解如何运用这些知识之后，才能够根据自然界的循环来预测与交易。

江恩的许多预测与交易都是源自自然循环与金融占星术。通过这套方法，他预测头部与底部、趋势的变动，以及支撑与压力。他是通过深入的研究而了解自然界的循环与金融占星术的各种方法。除此之外，他也是一位交易者。虽然他运用这些预测作为交易的准则，但还是会根据市况调整他的预测。

周年日

就太阳与月亮的循环来看，自然界的循环研究，可寻找贯穿一年的固定日期，星体的会合、直角、三分一对座与相对都存在可以预测的周期。也就是说，交易者可根据预先知道的精确日期来预测市场的头部、底部与趋势的变动。

周年日循环也是采用相同的概念，但在头部与底部形成之后，才知道确切的日期。周年日的基本定义，是由主要头部或底部算起的一年期循环。举例来说，如果2008年3月17日发生主要头部，其6个月期的周年日就是在2008年9月17日，一年期的周年日则应该发生在2009年3月17日。未来每年的3月17日，都应该是这个主要头部的周年日。（图11.6）这个定义也适用于主要底部的周年日。（图11.7a、图11.7b）

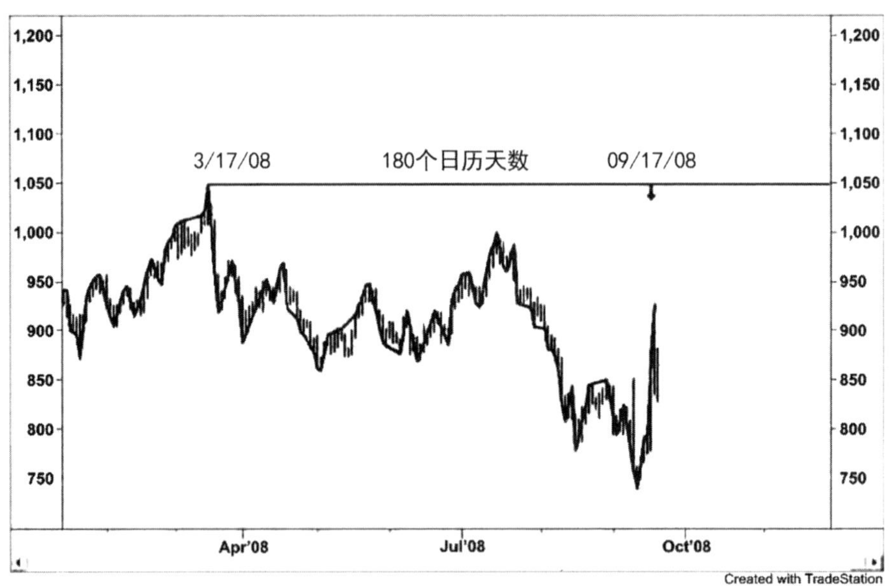

图11.6 2008年12月黄金期货日线图

图11.6中2008年3月17日出现主要头部，如果这个头部出现历史高价。未来每年3月17日都会是周年日。

江恩纪念日（Anniversary）是江恩独特的预测时间的工具。江恩纪念日是在顶部或底部形成之后，例如2007年恒生指数的高位发生于2007年10月30号，其后的一年循环，或未来每年的10月30号亦是这顶部的周年纪念日。

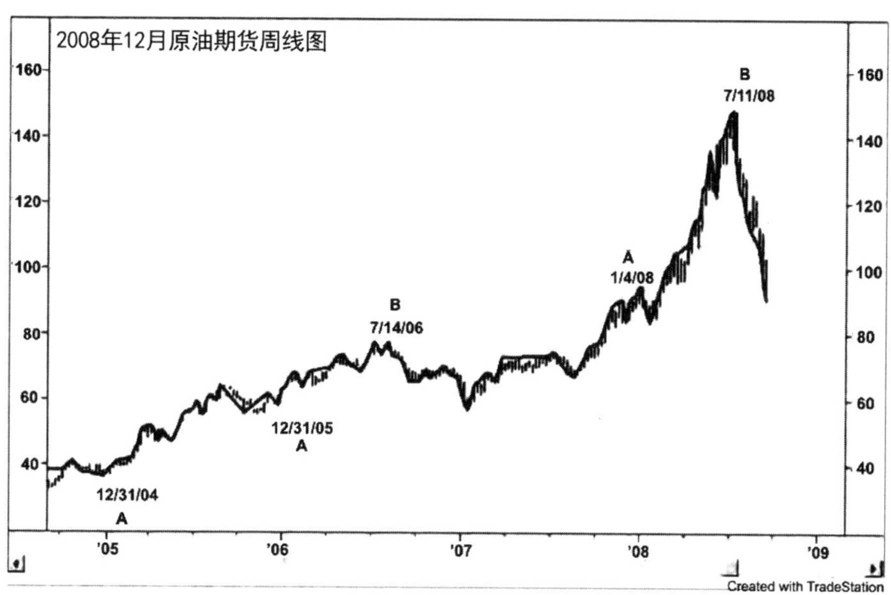

图 11.7a　周年日循环可预测未来顶部及底部

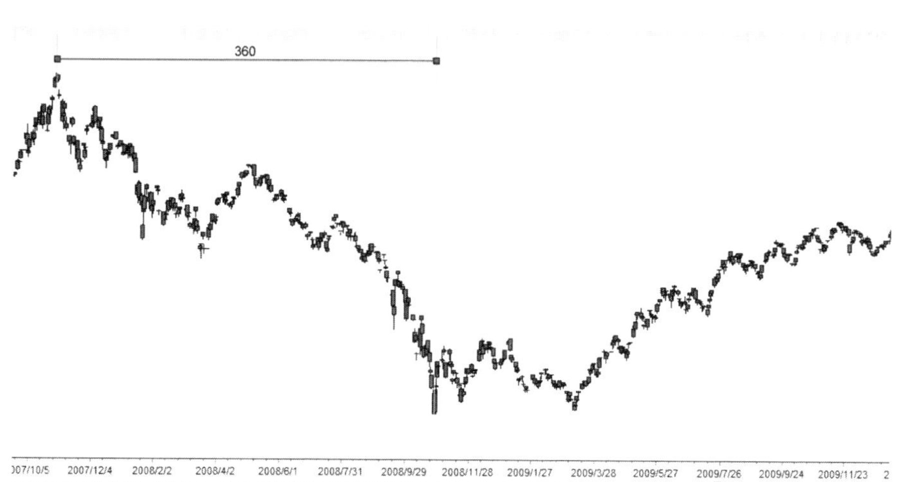

图 11.7b　2007 年恒生指数周年纪念日转势

时间的小型分割

周年循环可以分割为1/4、1/3、1/2、2/3与3/4等时间单位。（图11.8a、图11.8b）由于一个周年循环大约是365天，1/4分割大约是90—91天，1/3的分割大约是120—122天，1/2分割大约是180—182天，2/3的分割大约是240—244天，3/4的分割大约是270—274天。这些分割都代表周年循环内的重要小循环。

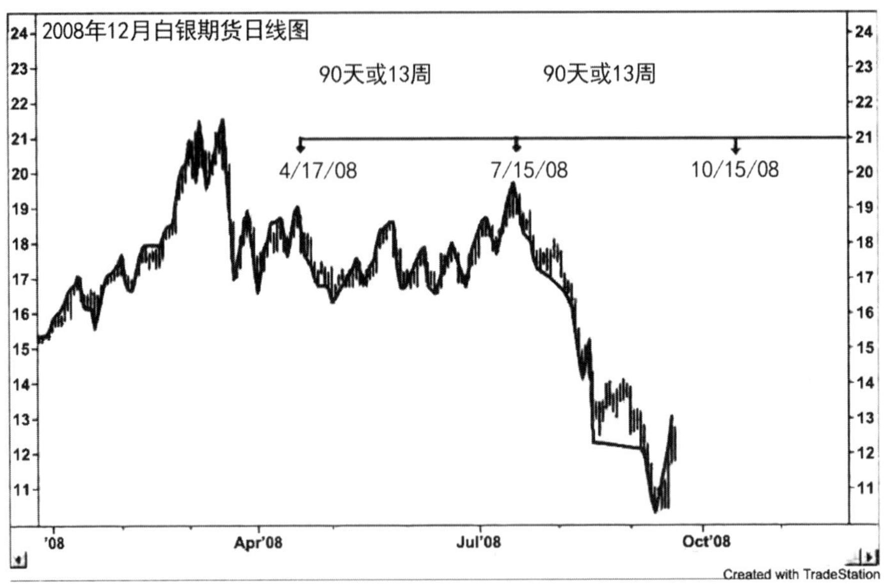

图11.8a　90天或13周周期

小龙注

江恩纪念日以四分去分割，即1/4、1/3、1/2与3/4的时间单位，是90、120、180及270。这些分割出来的时间，使我们可以掌握指数或期货的细微变化。同样我们也可以将此分割成七分或八分。

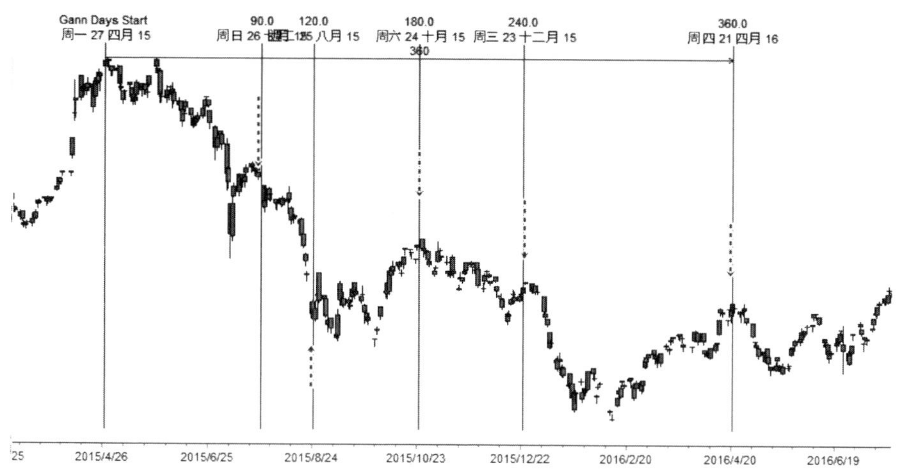

图 11.8b 2015 年汇丰银行 360 天自然日分割

结合周年循环与小型分割

一年期的周年日循环还可以与其中的小循环结合。（图 11.9a、图 11.9b）例如，目前的周期可能是由主要头部或主要底部算起的 $1\frac{1}{4}$ 或 $2\frac{1}{2}$ 周年循环。当我们向未来延伸时，务必精确记录这些循环的日期。研究这些循环的目的，可寻找未来的周年循环交汇日，它们代表可能的头部、底部与趋势变动日期。

小龙注

周期之间是互相重叠有规律地运行。一个大周期中，将会有很多大大小小的中期及短期运行。一个大的周期中存在小的周期，一个周期又是上一个周期的延续，也是下一个周期的开始。在金融市场中，一个指数运行时，将会受到一些长期周期（如 10 年周期）或一些以日、星期计的短线影响。循环有大有小，有长期、中期，亦有短期。因此，循环中又有循环，互相重叠，轮中有轮。如图 11.9b 标普 500 指数中，周期互相重叠有规律地运行。

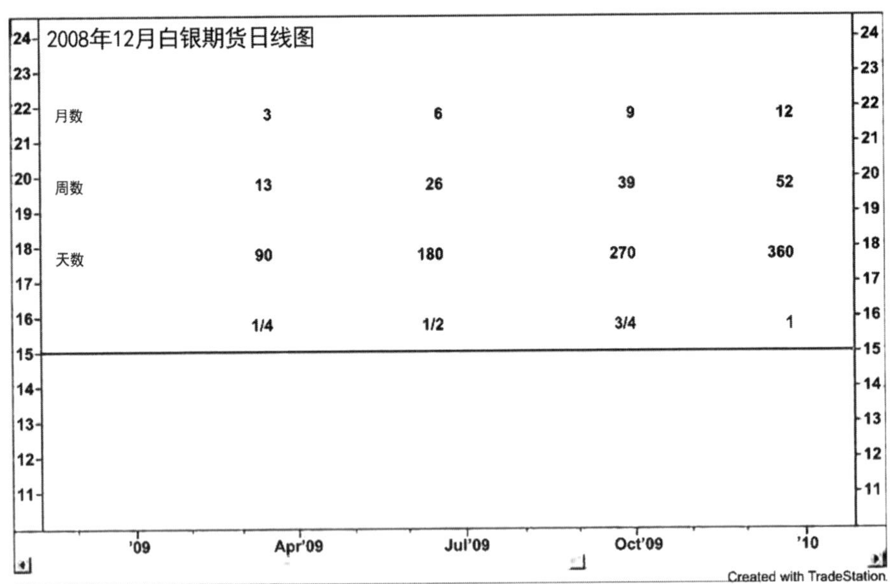

图 11.9a 周年日可有不同的时间分割

图 11.9b 标准普尔 500 指数期货周线图

如何将周年日套用到交易之中

在一份适当绘制的主要趋势指标图中，交易者可以辨别其中的主要头部与底部，以及它们发生的价位与日期。这些日期应该录入电子数据表中，作为主要头部与底部的永久记录。

月线的主要趋势图 关于周年日的分析，资料愈多愈好。我们希望根据过去的资料来寻找未来的循环，用来预测未来的头部、底部与趋势变动的发生日期。正如之前提到的，这方面的研究应该从主要趋势指标图着手，将主要头部与底部的资料记录在电子数据表中。月线图的分析最简单。在个别期货中，月线的主要摆动图通常至少可以提供两个主要的头部与底部。运用10—20年的月线图资料，以过去的头部与底部为基准，将周年循环映射到未来，从日期的汇集点，可以有效预测未来头部与底部的大致日期。

周线的主要趋势图 第二份重要图形是周线的主要趋势图。这份图形可以提供更多的未来周年循环日。图形中应该包括期货的高价与低价，以及月线图上的主要头部与底部。同样，运用5—10年的月线图资料，从过去的头部与底部为基准，将周年循环映射到未来，从日期的汇集点，预测未来头部与底部的日期。

日线的主要趋势图 第三份重要图形是日线的主要趋势图。这份图形可以提供更多的未来周年循环日。图形中应该包括期货的高价与低价，以及月线图与周线图上的主要头部与底部。另外，某些周线图上的主要头部或底部并没有显示在月线图上，某些日线图上的主要头部或底部并没有显示在周线图上。

短线交易者应该特别留意日线图上的循环。如果从期货开始交易之初就绘制图形，当该月份期货成为交易最活跃的期货时，图形中应该显现90天期的循环。这些日期对于预测未来的头部与底部非常重要。

时间上的连续性

学习如何绘制摆动图，通常最适合开始于一波连续性的走势之后。根据每个市场的短期循环资料，从头部到头部、头部到底部、底部到底部和底部到头部的连续性走势经常与90天期循环有关。也就是说，如果行情由主要的头部下滑而处于跌势中，则主要的底部形成位置可能在前一个主要头部 90 天处。底部到头部的情况也是如此。

除了预测向上与向下的波动之外，交易者也应该注意市场的做头行为，这可能发生在之前主要底部或头部的 90 天之后。请注意，这个循环是用来预测未来的头部与底部，不是趋势的变动。

请注意，趋势的变动是发生在走势穿越先前的主要头部或底部之后，而不是走势形成主要的头部或底部之后。所以，虽然主要的头部或底部已经形成，配合循环的分析，这仅能提供趋势可能即将变动的线索。

90 天期循环的重要性

周年日的基本功能是辨识未来头部或底部的可能发生日期。90 天期循环是最常用的周年日循环。如果目前头部与先前的头部相隔 90 天，交易者必须注意头部的信号，这是配合价格形态而预测未来头部的最佳循环。反之，如果目前与先前的底部相隔 90 天，交易者必须注意底部的信号，这是配合价格形态而预测未来底部的最佳循环。

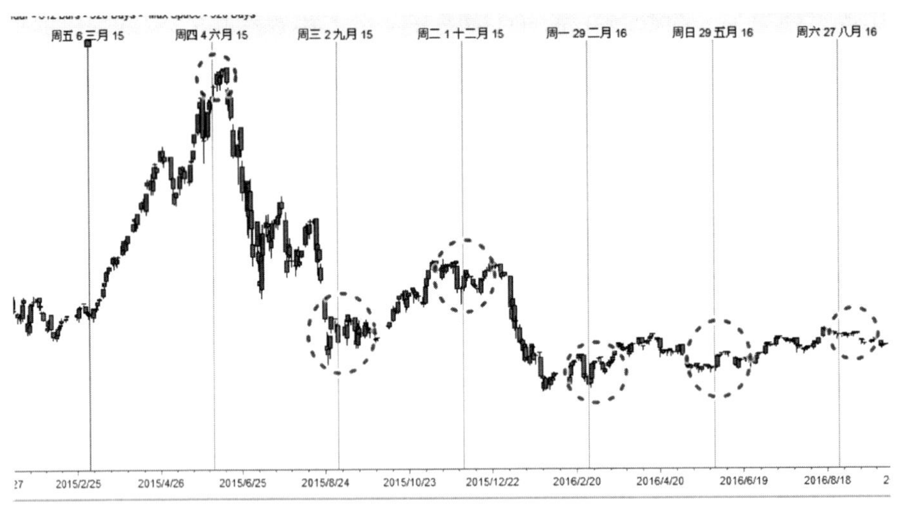

11.10 上证指数 90 天循环

结合三种主要趋势图预测头部与底部

结合三种主要趋势指标图，循环的技巧可以精确预测未来的头部与底部。将未来的主要底部锁定在某个月份、周与天，这是很重要的信息。例如，研究 10 年期的月线资料，交易者可以判断期货的头部与底部将发生在某个月份。同理，通过周线图与日线图的资料，交易者可以判断头部与底部将发生在该月份中的某一周与某一天。这完全取决于交易者的交易偏好，他也可以采用月线的中期或小型摆动图，这些图形可以提供更多的循环日期。循环日期的资料愈多，愈能够寻找相互汇合的日期。这种说法也适用于周线与日线图。

通过周年日预测未来的趋势变动

头部与底部的周年日，仅能用来预测未来的头部与底部，不适用于预测未来的趋势变动。唯有当波动头部或底部被穿越时，趋势才会发生变动。这类的变动可能发生在循环头部与底部形成之后的一段时间。根据历史资料研究头部和底部与趋势变动之间的时间距离，这将有助于预测未来的趋势变动发生时间，分析的方法也类似于头部与底部的预测。也就是说，交易者可以把过去的趋势变动资料投射到未来，寻找周年日的汇合点，如此就可以相当精确地预测未来的趋势变动日期。

除了结合摆动图中的价格形态与时间循环之外，还可以结合周年日（尤其是 90 天期的循环）与信号头部、信号底部，用来预测未来的趋势变动。如同第三章至第七章所叙述的，每当市场发生连续性的走势之后，信号头部与信号底部往往代表趋势发生变化。

请注意，在信号头部与信号底部的定义中，还包括时间与价格的连续性走势。交易者也可以通过 90 天期的循环预测未来的信号头部与信号底部。由于 90 天是经常发生的循环周期，它也可以称为是“连续性的时间走势”。当行情发展逼近 90 天期的循环位置时，务必留意信号头部与信号底部。

虽然 90 天是最常用的循环周期，但交易者也应该尝试 180 天、270 天与 1 年期的循环。

通常我只会参考 1 年期循环及 180 天。但每个市场的最佳参数不同，读者要自行调整。

总之，周年日的功能是用来精确预测未来的头部与底部将发生在哪个月份、哪一周和哪一天。所以，交易者应该尽可能收集过去头部与底部的资料，如此才能够预测未来的头部与底部。基本上来说，最初应该采用最大时段的主要趋势指标图，结合月线、周线与日线的主要摆动图，可有助于辨识未来头部与底部的精确位置。

季节性

一年的周年日图形也称为季节性图形。（图 11.11）这不同于一般常见的季节性分析技巧，后者是通过历史资料中的每年价格走势来预测未来价格的反弹或破位。

运用月线图预测年度之内的头部与底部

进行年度的简单预测时，需要在一张白纸上整理过去主要头部与底部的发生日期。这些资料可以来自月线、周线与日线的主要趋势图。这也是走势图中为什么需要标示精确资料的原因。

为了预测年度内的头部与底部，我们需要准备一张空白的图形纸、绿笔、红笔、尺与主要头部、底部的资料，后者包括价格与时间。图形纸需要有足够的长度，能够涵盖整年。

第一步，在图形纸的下侧标示整年内的时间刻度。月线、周线或日线分别标示对应的月份、每周结束的日期与日历日期。

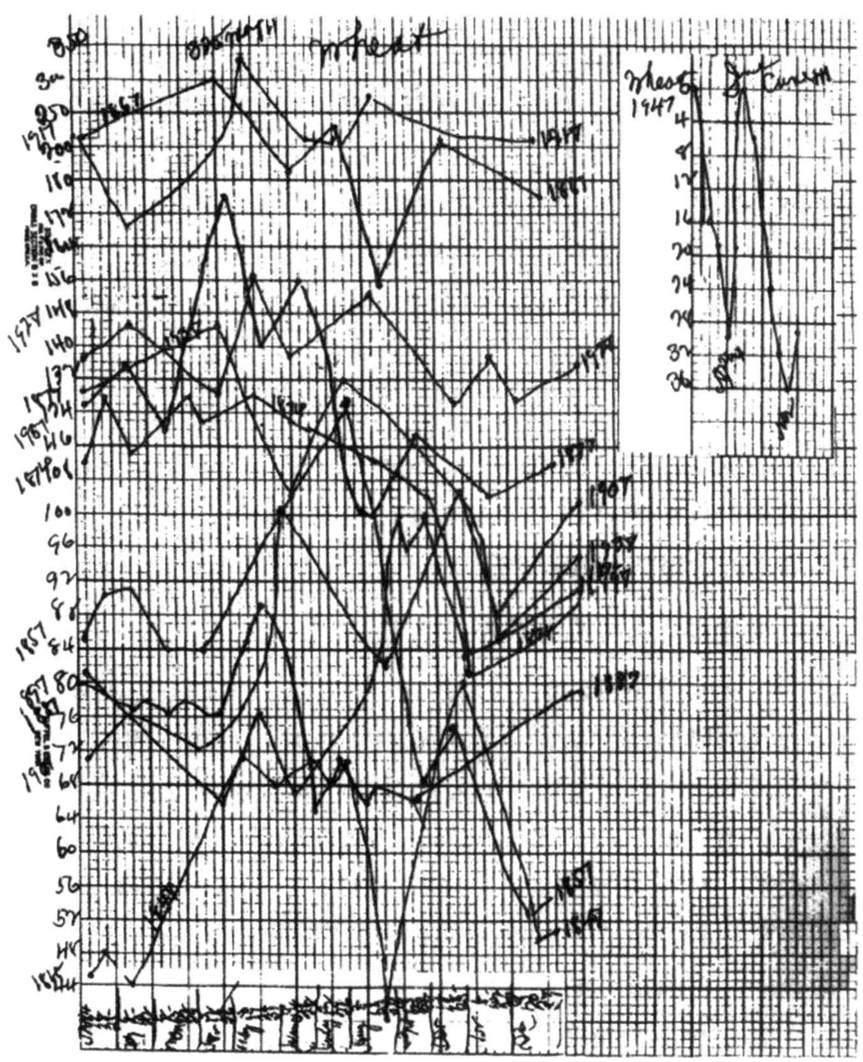

图 11.11　燕麦季节图（1847—1937，江恩原始手稿）

对于这类简单预测图，价格是无关的，但还是把价格的刻度标示在图形的左侧，另外也应该标示历史的总交易区间，至少是 10 年的交易区间。如果希望进行较复杂的预测，就需要运用价格的资料。

时间轴的刻度设定妥当之后，分析者可以把过去主要头部与底部的资料标示在图形中。

第二步，对于每年的主要头部，利用一枝红笔在走势图的上侧标示红色的箭头，位置是对应头部的发生月份。例如，如果某年的主要头部发生在 1 月，在走势图上侧的 1 月位置标示红色的箭头。如果次一年的头部发生在 3 月，也在走势图上侧的 3 月位置标示红色的箭头。依此方式，标示每年主要头部的发生位置。

第三步，对于每年的主要底部，利用一枝绿笔在走势图的下侧标示绿色的箭头，位置是对应底部的发生月份。例如，如果某年的主要底部发生在 2 月，在走势图下侧的 2 月位置标示绿色的箭头。如果次一年的底部发生在 7 月，也在走势图下侧的 7 月位置标示绿色的箭头。依此方式，标示每年主要底部的发生位置。

第四步，分析头部与底部在各个月份的分配情况。这是月线图分析的方法，让交易者评估哪些月份最有可能出现头部或底部。

运用周线图预测年内的头部与底部

首先，在图形纸的下侧标示整年内的时间刻度。由于此处是分析周线图，所以标示每周结束的日期。

对于这类的简单预测图，价格是无关的，但还是把价格的刻度标示在图形的左侧，另外也应该标示历史的总交易区间，至少是 10 年的交易区间。如果希望进行较复杂的预测，就需要运用价格的资料。

时间轴的刻度设定妥当之后，分析者可以把过去主要头部与底部的资料标示在图形中。

其次，对于每年的主要头部，利用一枝红笔在走势图的上侧标示红色的箭头，位置是对应头部的发生周。例如，如果 1 月 4 日结束的当周发生主要头部，在走势图上侧的适当位置标示红色的箭头。如果次一个的头部发生在 3 月 10 日结束的当周，也在走势图上侧的适当位置标示红色的箭头。依此方式，标示每年主要头部的发生位置。

然后，对于每年的主要底部，利用一枝绿笔在走势图的下侧标示绿色的箭头，位置是对应底部的发生周。例如，如果某个主要底部发生在 2 月 10 日结束的当周，在走势图下侧的适当位置标示绿色的箭头。如果次一个底部发生在7月16日结束的当周，也在走势图下侧的适当位置标示绿色的箭头。依此方式，标示每年主要底部的发生位置。

最后，分析头部与底部在全年各周的分配情况，以此评估哪周最容易出现头部或底部。

运用日线图预测年内的头部与底部

首先，在图形纸的下侧标示整年内的时间刻度。由于此处是分析日线图，所以标示每天。

对于这类的简单预测图，价格是无关的，但还是把价格的刻度标示在图形的左侧，另外也应该标示历史的总交易区间，至少是10年的交易区间。如果希望进行较复杂的预测，就需要运用价格的资料。

时间轴的刻度设定妥当之后，分析者可以把过去主要头部与底部的资料标示在图形中。

其次，对于每年的主要头部，利用一枝红笔在走势图的上侧标示红色的箭头，位置是对应头部的发生日。例如，如果3月5日发生主要头部，在走势图上侧的适当位置标示红色的箭头。如果次一个的头部发生在4月10日，也在走势图上侧的适当位置标示红色的箭头。依此方式，标示每年主要头部的发生位置。

然后，对于每年的主要底部，利用一枝绿笔在走势图的下侧标示绿色的箭头，位置是对应底部的发生日。例如，如果某个主要底部发生在2月10日，在走势图下侧的适当位置标示绿色的箭头。如果次一个底部发生在7月16日，也在走势图下侧的适当位置标示绿色的箭头。依此方式，标示每年主要底部的发生位置。

最后，分析头部与底部在全年各天的分配情况，以此评估哪天最容易出现头部或底部。

头部、底部的预测与价格水平

前一节是评估市场头部与底部在全年度内各种时段的分配情况。这一节是讨论预测市场头部与底部价位的技巧。本书数次强调的观念是价格与时间的分析应该相辅相成，交易者必须学习将这两者结合使用，而不是偏重其中的任何一个。

主要头部、底部的价格水准

此处所采用的技巧类似于前一节中提到的方法，但不用红色的箭头在图形的上侧标示主要头部的位置，而是以“X”标示主要头部发生的月份与价位。

举例来说，如果 11 月黄豆期货的主要头部发生在 1988 年 6 月的 10.46 美元，那么在价格与时间的季节性月线图中，就用一个红色 X 标示在 6 月与 10.46 美元。

底部的情况也是如此，利用一个绿色 X 标示出主要底部发生的月份与价位。举例来说，如果 12 月玉米期货的主要底部发生在 1988 年 7 月的 $272^{1}/_{2}$ 美分，那么在价格与时间的季节性月线图中，就用一个绿色 X 标示在 7 月与 $272^{1}/_{2}$ 美分。

周线图和日线图也是运用类似程序处理。如果 11 月黄豆期货的主要头部发生在 1988 年 6 月 2 3 日的 10.46 美元，那么在价格与时间的季节性日线图中，就用一个红色 X 标示在 6 月 23 日与 10.46 美元。(图11.12)

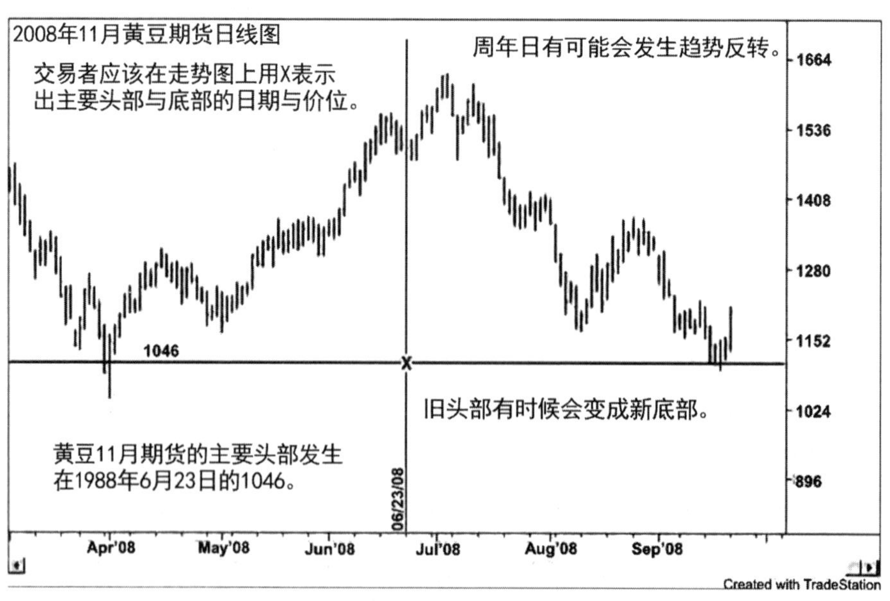

图 11.12　预测日线图

在月线、周线、日线中标示最高价及发生日期和位置。如黄豆 11 月的期货最高价发生在 1988 年 6 月的 1046，这可以找到时间及价格。

季节性走势图的价格与时间读数

通过季节性走势图的价格与时间读数，分析者可以评估市场的头部与底部可能会发生在哪些价位。这很重要，因为季节性的趋势也可能失败。季节性的上升趋势可能发生在历史高价区，或季节性的下降趋势可能发生在历史低价区。

例如，11 月黄豆期货从 6 月 23 日开始出现下跌的季节性倾向。如果当时的市场处于高价区，这类趋势通常有效，但如果处在低价区，有效性就变得很弱。通过季节性的价格与时间分析，交易者可以了解季节性的高点与低点可能发生在哪些价位区。

季节性走势图的变形

在前几节的讨论中，我们都是使用过去的主要头部与底部资料，来预测未来的主要头部与底部。这种技巧的变化是使用月线头部与底部，而不是使用主要头部与底部。

也就是说，分析者是以某特定的月份为准，评估该月份的高点或低点通常会发生在哪些日期。这不同于在月线图中辨识主要头部与底部，因为月份的高点或低点未必是月线图上的主要头部与底部。例如，主要头部或底部发生在某月份开始之前、之后、整个月份内都是单一方向的走势。

此方法有助于判断某月份的高点或低点更可能发生在上旬、中旬还是下旬。

月份的季节性走势图 将前一月份的价格设定为零，然后绘制本月份的价格走势图。（图 11.13）也就是说，将本月份的所有价格都减去前一个月的收盘价，然后观察本月份价格走势的净变动。

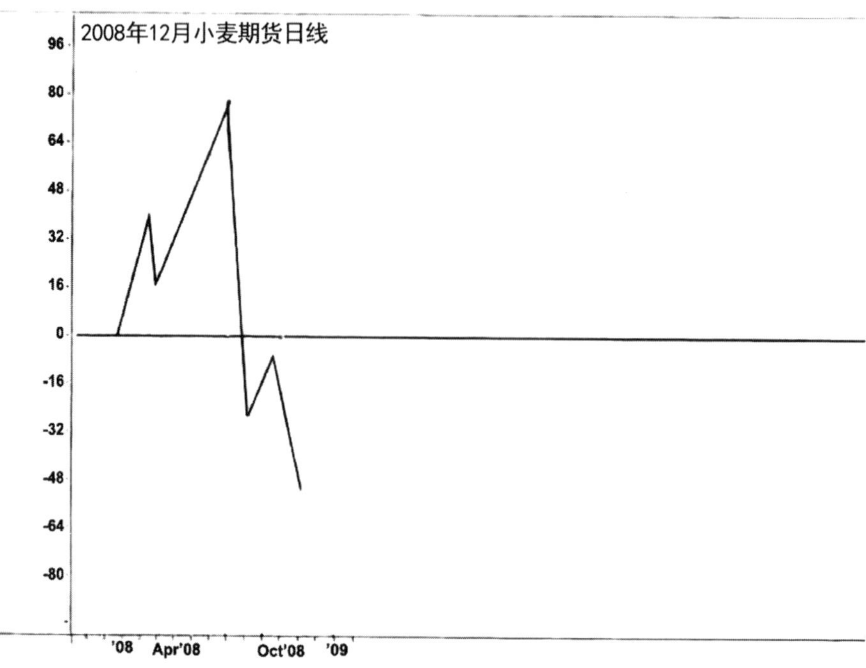

图 11.13 月份季节性走势图

十年期的季节性走势图 十年期的季节性走势是江恩最爱用的图形之一，用来分析十年期循环的季节性倾向。在这类的图形中，将每个年度的起始价格设定为零，然后追踪先前每隔 10 年的波动。例如，如果希望预测 1997 年的行情，分析者将绘制下列年份的摆动图：1987 年、1977 年、1967 年、1957 年、1947 年和每个以“7”结尾的年份。通过这类图形，交易者可以观察十年期循环的波动，并预测行情的发展方向与头部、底部的发生时间。(图 11.14)

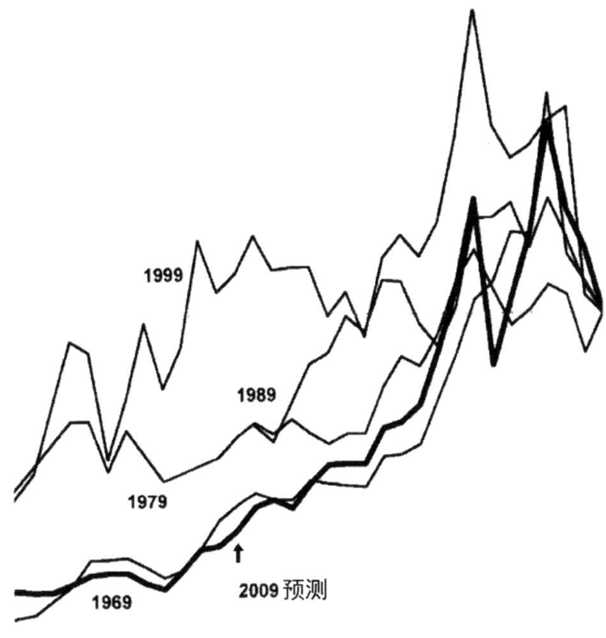

图 11.14 十年期季节性走势图

图 11.14 用于预测 2009 年，为了预测 2009 年，分析者会画出 1999、1989、1979、1969、1959 及 1949 年的摆动。

摆动图

基本运用

本书稍早已经详细讨论摆动图或趋势指标图（第 5 章与第 6 章）。适当绘制的摆动图可以提供许多珍贵的时间资料。通过这些资料，交易者可以预测上升趋势中上升走势与回调走势的持续时间，以及下降趋势中跌势与反弹走势的持续时间。

在强劲的上升趋势中，上升走势的持续时间应该愈来愈长。如果某个上升走势所涵盖的时间短于之前的上升走势持续时间，这是趋势发生变动的第一个信号。上升走势的持续时间也应该长于回调的时间，如果回调时间长于前一波上升走势的时间，这也是趋势即将变动的信号。另外，如果某个回调时间长于前一波的回调时间，这也是趋势变动的信号。最后，如果上升走势的持续时间低于预期，而且回调的持续时间高于预期，这是趋势即将发生变动的强烈信号。

上述评论也适用于下降行情。在疲软的下降趋势中，跌势的持续时间应该愈来愈长。如果某个跌势所涵盖的时间短于之前的跌势持续时间，这是趋势发生变动的第一个信号。跌势的持续时间也应该长于反弹的时间，如果反弹时间长于前一波跌势的时间，这是趋势即将变动的信号。另外，如果某个反弹时间长于前一波反弹的持续时间，这是趋势变动的信号。最后，如果跌势的持续时间低于预期，而且反弹的持续时间高于预期，这是趋势即将发生变动的强烈信号。

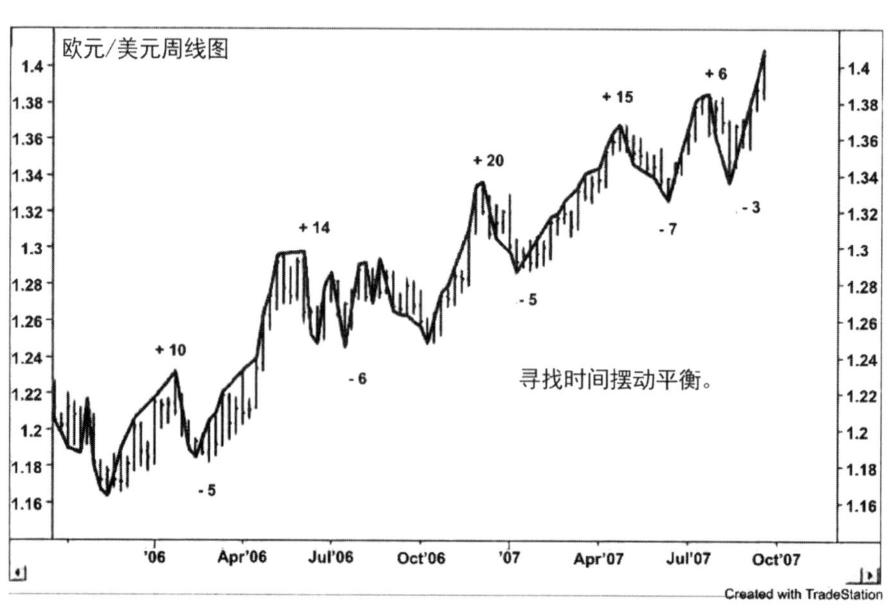

图 11.15　主要为上升走势，向下修正了 5—6 周

请参考图 11.15，行情是处在上升趋势中。2005 年 11 月 5 日到 2006 年 1 月 25 日，总共有 10 周为上升。随后向下的修正走势为 5 周。下一个上升走势为 14 周，后续向下的修正为 6 周。再下一个上升走势为 20 周，然后是 5 周的跌势。

根据预测，后续上升走势应该会维持 10—20 周，然后再出现 5—6 周的回调。结果实际的上升走势为 15 周，回调为 7 周。跌势如果超过先前的跌势，就代表头部的信号。另外，市场如果没有出现至少 10 周的上升走势，就代表趋势随时可能向下反转。

设定摆动图中的时间目标

摆动图也可以用来设定时间目标与止损点。交易者应该从走势图掌握市场的节奏，而不是试图击败市场。

例如，在上升趋势中，交易者应该利用摆动图来预测下一波向上波动的时间。在建立顺势的做多头寸之后，如果行情发展到时间目标区，交易者应该考虑结束头寸。

根据摆动图评估行情的发展，如果交易者预期行情将在某一天出现修正的走势，这就是时间的目标区。（图 11.16）一旦行情发展进入时间目标区，交易者应该根据开盘价、收盘价或某个预定的价位获利了结，此价位可以通过江恩百分比回撤点或江恩角度线来设定。重点是在摆动图预测的头部或底仓位置结束头寸。通过这种方式获利了结，代表交易配合市场的发展节奏。如果继续持有头寸，相当于交易者试图击败市场。在这种情况下，交易者决定继续停留在场内，试图寻找更强劲的走势，但也将承担更大的风险，因为如果波动确实结束于目标区，交易者将失去部分或者全部的利润。

如果行情进入时间目标区时，当时的仓位仍处于亏损状态，交易者还是应该认赔出场，而价格可以选择开盘价、收盘价，或是通过百分比回调点、江恩角度线来决定。重点是要在摆动图所预测的头部或底仓位置结束仓位。通过这种方式认赔出场，代表交易配合市场发展的节奏。如果继续持有仓位，相当于尝试击败市场。在这种情况下，交易者如果决定继续停留在场内，试图寻找上升走势，同时也将承担更大的风险，因为如果摆动确实结束于目标区，交易者就会发生更严重的损失。

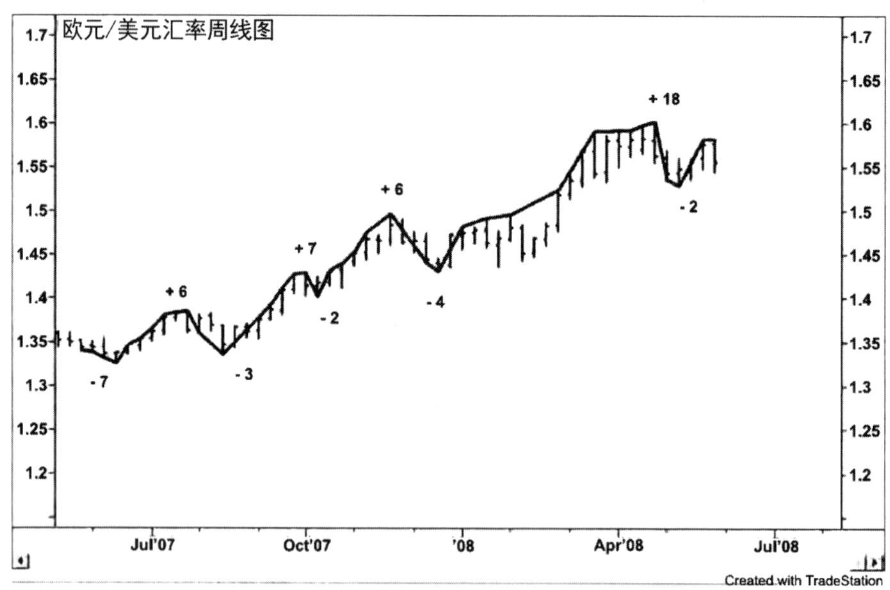

图 11.16　上升走势中，上升的期间长度会超过修正的期间长度

读者应该深入研究第五章与第六章，因为正确绘制摆动图，可以提供重要的时间资料。详细记录与分析过去向上与向下摆动的期间长度，可以用来判断未来行情的力道与节奏。交易者应该可以在摆动图上找到头部、底部或趋势变动的信号。重点是：在上升趋势发展过程中，上升走势的期间长度应该会等于或超过前一波向下摆动。最后，交易者应该根据摆动的期间长度设定时间目标，借以获利了结或认赔出场。

四方图形

区间的四方形

在江恩角度线的讨论中，我们知道了如何利用价格区间来决定支撑与压力。本章将说明四方形图形所决定的价格区间，以及时间的四方形化。江恩的四方形是利用价格区间与区间内的重要时段来辨识未来头部与底部。

绘制四方形与重要的时段 绘制时间的四方图形，其中的技巧类似通过江恩直角来决定价格的支撑与压力。

第一步：寻找主要的价格区间（主要头部与主要底部所决定的价格区间）。

第二步：将区间分成以时间段划分的四方形。（图 11.17）

几个主要的时段，就是分割的 25%、50%与 75%。这些时段的位置分别代表回调时间的 1/4、1/2、3/4。举例来说，如果价格区间是 50，四方化之后 25%的时间就是区间乘以 0.25。在这个例子中，

$50\times0.25=12.5$

这个时段的时间单位，取决于走势图是月线图、周线图还是日线图。所以，12.5 可以代表 12.5 个月、12.5 周或 12.5 天。

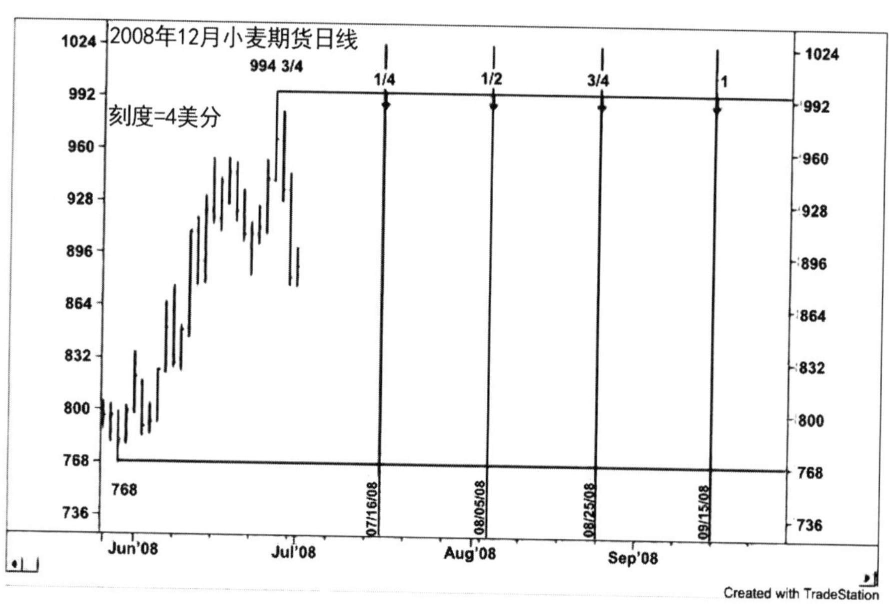

图 11.17 时间区间，主要头部 = 994.75，主要底部 = 768，区间 = 226.75，刻度 = 4.0，1 个区间的时间 = 56.69 天，50%的分割时间 = 28.34，75%的分割时间 = 14.17 天

如果要取 50%的分割时间，就是将价格区间乘以 0.50。在这个例子中，

50×0.50=25

这个时段的时间单位，同样取决于走势图是月线图、周线图还是日线图。所以，25 可以代表 25 个月、25 周或 25 天。（图 11.18）

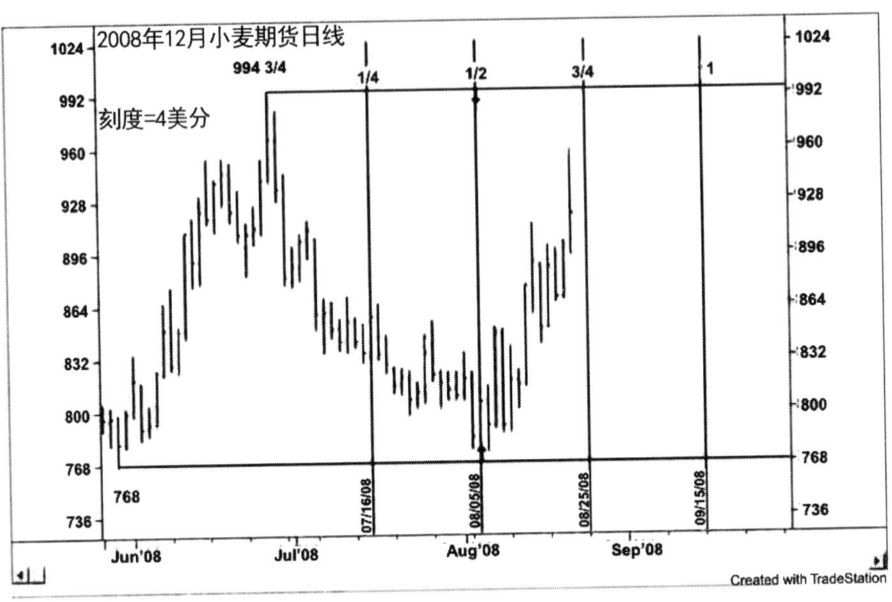

图 11.18　在 50%的分割时间，行情转向上

如果是取 75%的分割时间，价格区间将乘以 0.75。在这个例子中，

50×0.75=37.5

这个时段的时间单位，一样取决于走势图是月线图、周线图还是日线图。所以，37.5 可以代表 37.5 个月、37.5 周或 37.5 天。（图 11.19）

第三步：在走势图中辨识这些时段。

这些时段必须标示在走势图中，它们代表市场可能形成头部或底部的时间。一般来说，在这些时段，行情的波动都很剧烈。

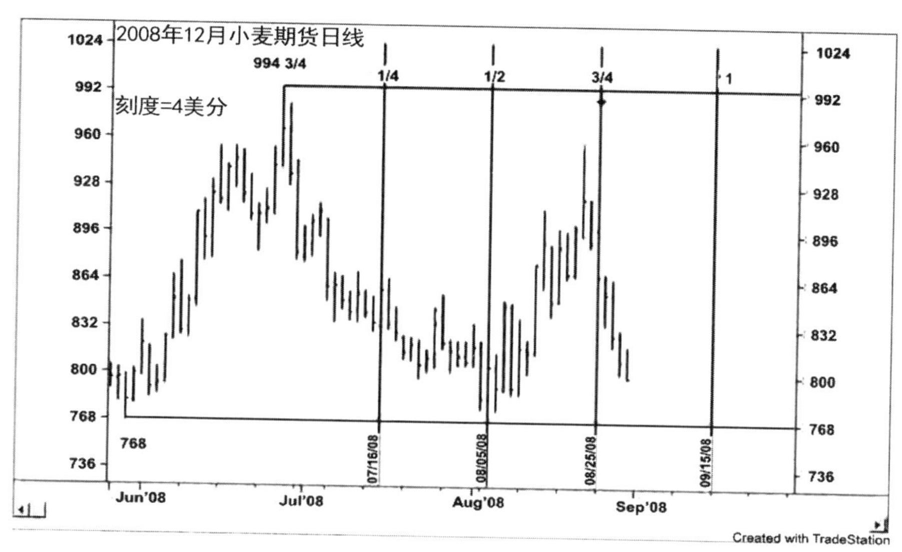

图 11.19　在 70%的分割时间，行情转向下

只要市场处在定义的区间内，这些时段就继续有效。如果区间被突破，这些日期就不能用来辨识头部或底部。由于我们不希望区间经常变动，所以应该运用主要的区间。例如，历史的总交易区间，或是第二大或第三大的交易区间。另外，这些主要区间的时间四方形化也最能够代表主要头部或底部的发生日期。分析上也可以采用某特定日期期货的区间，这些区间在日线图上虽然很大，但在期货的有效日内也经常会被超越。

除了前述的时段之外，其他时段也是常用的时段如 33%与 67%，分别代表 1/3 与 2/3 的时间回撤。33%的时间回撤是将区间乘以 0.67。继续引用前述的例子，价格区间是 50，33%的回撤时间是 16.5 个月、16.5 周或 16.6 天，67%的回撤时间是 33.5 个月、33.5 周或 33.5 天。

时间的汇集　如同本章稍早所说的，当两个或多个预测日相互汇集时，发生头部或底部的机会比较高。市场运行是由数个主要区间构成，而且这些区间会形成历史价格区间。由于这种重叠的关系，区间的四方形日期经常会相互汇集。

举例来说，某区间的 1/4 分割日期可能非常接近另一个区间的 1/2

直角分割日期。(图 11.20) 当然，你还必须注意这些日期与主要头部或底部排列的关系，尤其是当行情处于历史头部或底部附近时，更要特别注意。(图 11.21)

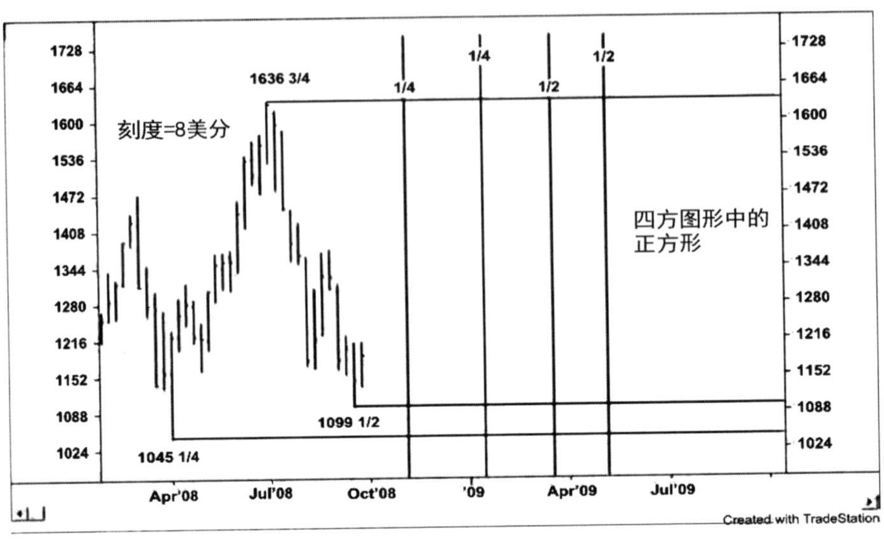

图 11.20　2008 年 11 月黄豆期货周线图

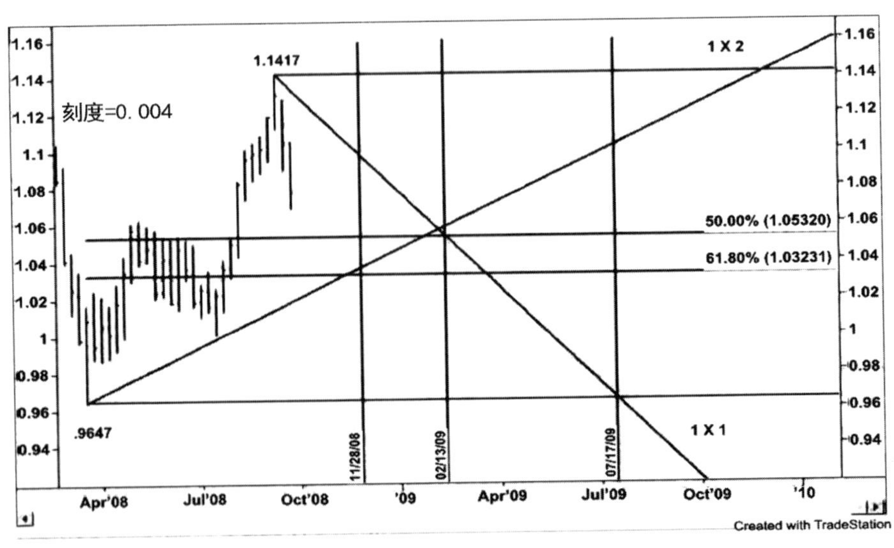

图 11.21　美元/瑞士法郎汇率周线图

高价的四方形化

高价的四方形化是江恩用来预测头部与底部的另一种技巧，尤其适用于月线图。进行高价的四方形化，需要知道主要头部与图形的刻度。所谓“高价”是指历史最高价、次高价或第三高价。它们可以用来预测未来的头部与底部。高价的四方形化不同于区间的四方形化，高价四方形可以向未来无限延伸，因为过去的高价与未来的每个高价或低价之间存在数学的关系。（图 11.22）

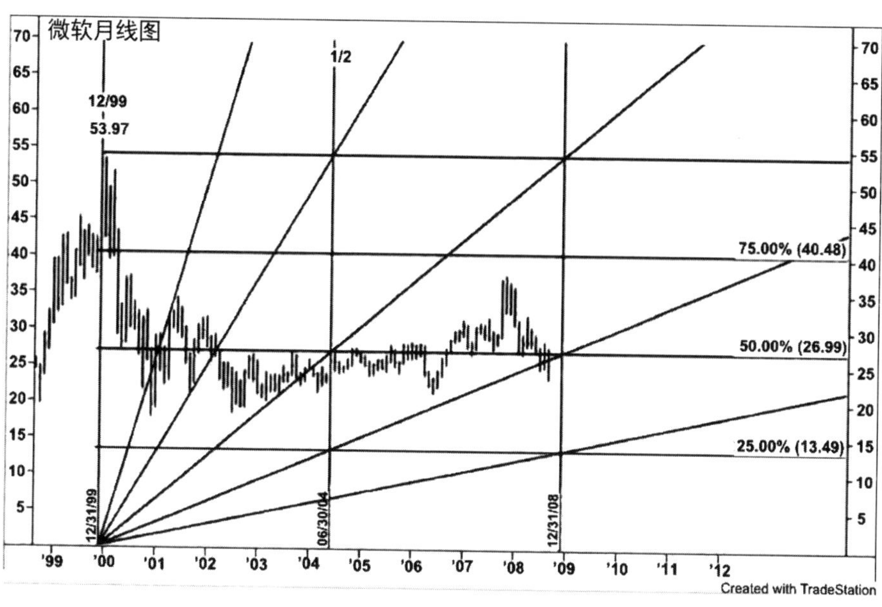

图 11.22　高价的四方形化

请注意历史高位 50 美元的 26.99 两边的交易活动，市场应该会守住此位置，以及 2008 年 12 月 21 日向上的江恩角度线，否则走势转差。

举例来说，微软的主要头部为 53.97。根据每个月 0.50 点的刻度衡量，每隔 107.94 个月就会发生头部或底部。高价四方化是将高价除以每周 0.50 点的刻度，结果就是 107.94 个月的周期。若从 1999 年 12 月 31 日起算，每隔 107.94 个月（大约 9 年）就必须留意头部或底部。另外，关于未来的头部与底部，也必须留意重要的 1/4 或 1/2 时段。

低价四方形化

低价四方形化是江恩用来预测头部与底部的另一种技巧，尤其适用于月线图。进行低价的四方形化，需要知道主要底部与图形的刻度。所谓“低价”是指历史最低价、次低价或第三低价。它们可以用来预测未来的历史头部与底部。低价的四方形化不同于区间的四方形化，低价四方形可以向未来无限延伸，因为过去的低价与未来的每个高价或低价之间存在数学的关系。（图 11.23）

举例来说，欧元/美元汇率的主要低点出现在 2000 年 10 月 26 日的 0.8227。根据每个月 0.008 的刻度衡量，每隔 102.84 个月就会出现头部与底部。低价四方形化是将低价除以每周 0.008 的刻度，结果就是 102.84个月的周期。若从 2000 年 10 月 31 日起算，每隔 102.84 个月（大约 8.5 年）就必须留意头部或底部。

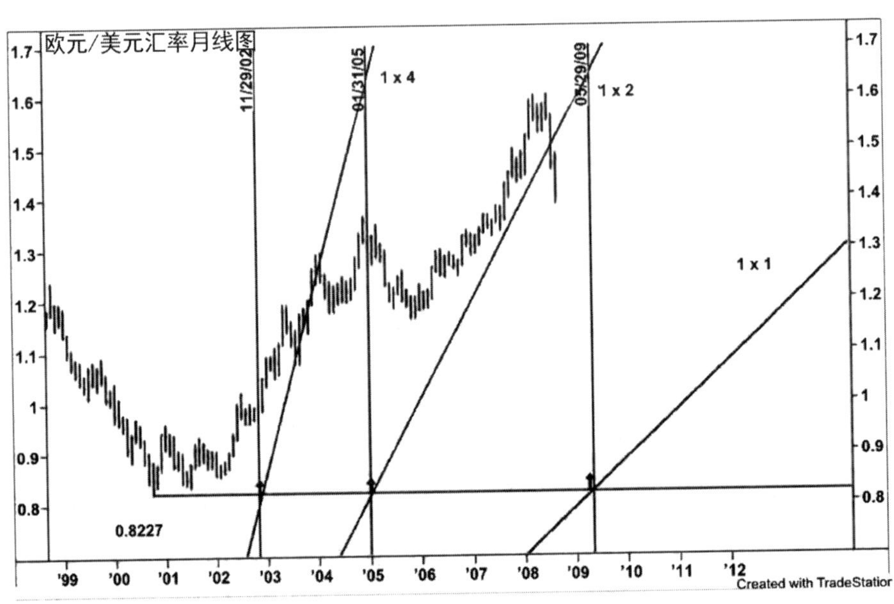

图 11.23　低价的四方形化

从低位所对应的零度角度线可作为支撑位，用来分辨走势变动发生的时间。

总结一下关于四方形的讨论。江恩用来预测头部和底部的最重要的三种方法是区间四方形、高价四方形和低价四方形。这些方法运用价格来决定头部和底部可能发生的位置。学习和实践对于掌握这门技巧是非常必要的。精确运用此方法需要认真的分析。当达到准确运用时，四方形可以预测头部与底部。学习这个时间策略和它所要应用的市场的特征，以便在预测头部与底部时发挥更大的作用。

总结

注意到市场运行是由价格与时间构成非常重要，成功的交易方法必须在两者之间取得均衡。可是，就两者而言，时间尤其重要。为了判断未来头部或底部的发生时间，交易者必须熟悉各种时间的预测方法。时间可能取决于自然界或历史资料的循环。这些循环可能受到自然现象的影响，例如，星体的运行；也可能受到市场过去的行为影响，例如，周年日或时段。通过市场过去的历史资料，我们可以预测未来的头部与底部，例如，价格区间的四方形、高价的四方形和低价的四方形。另外，向上与向下波动的持续时间也可以用来预测头部与底部。最后，我们应该尽可能结合前述的方法。根据经验显示，市场的头部与底部经常发生在时间指标的汇集处。

现在，你已经熟悉江恩分析的基本技巧。下一章将提供一些实际范例用来说明这些技巧的运用。

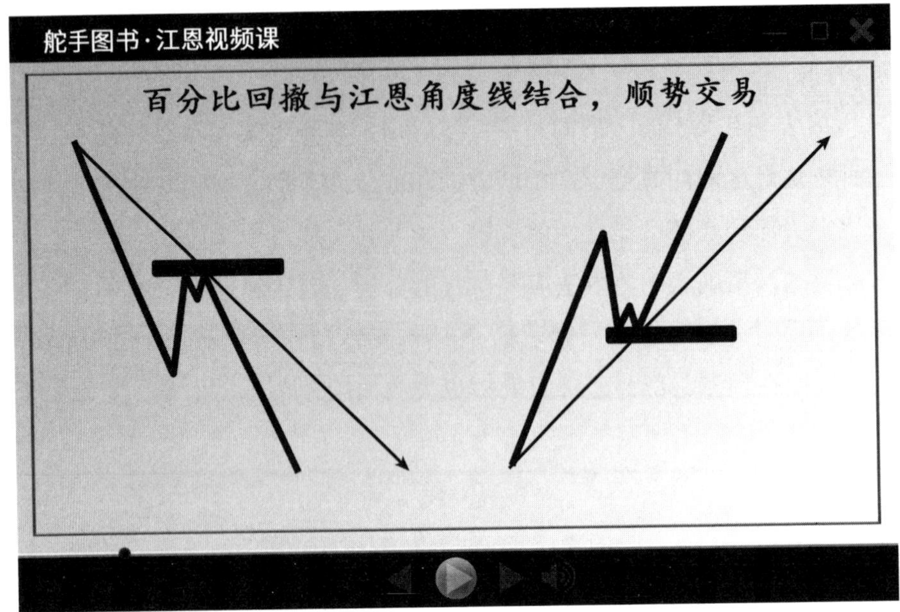

图 11.24　使用江恩工具，进行顺势交易

第十二章　结合形态、价格、时间

欧元/美元外汇市场

江恩以敏锐的洞悉力和精确的预测见长。虽然他也时常被视为不讲原则的非保守份子，但其理论基本上还是健全的，而且长久以来被许多其他交易者成功运用。江恩理论最重要的部分，或许是他所倡导的特殊几何形态与角度性质，并用以预测价格行为。只要结合形态、价格与时间，并寻求此三者之间的重要均衡关系，就能精准预测未来的行情走势。

本章预备使用江恩的三种重要指标：形态、价格与时间，用以分析欧元/美元汇率市场。我们之所以挑选这个市场，主要是因为该市场在江恩的年代并不存在，因此适合说明江恩理论适用于一切市场。另一个理由是因为这个市场的价格波动特别激烈，许多人以为没有办法透过走势图来做分析。通过这些例子，读者将会发现，只要运用适当的技术分析工具，即使是在这个市场，也一样能分析出有用的资讯，说明行情走势。最后，这个例子可以彰显江恩理论的实用性，证明这套理论不需要电脑或其他复杂的方程式，只需要单纯的趋势指标。

中期趋势指标

本节准备分析欧元/美元汇率周线图，来说明分析师和交易者如何分析摆动图，并从走势图得出可用的资讯。

摆动图虽然能够从任何时刻、位置开端做分析，但最好还是从极端点着手。所谓的极端点，是任何时段的最高价或最低价。2005 年 11 月 15 日，欧元/美元汇率周线图创下 1.1637 的低价。当时，中期（2 期线形）趋势向下开展，最近摆动头部落在 1.2589。（图 12.1）分析者随时都要知道自己所考虑的趋势方向。至于如何选择走势图，主要是取决于个人偏好（第五章的讨论）。以这份走势图来看，我们能够看到摆动的每个头部与底部。这是一份中期趋势指标图，现在的 1.1637 还不能被判定为底部，因为后续行情还没有呈现继续推高的高价和低价。

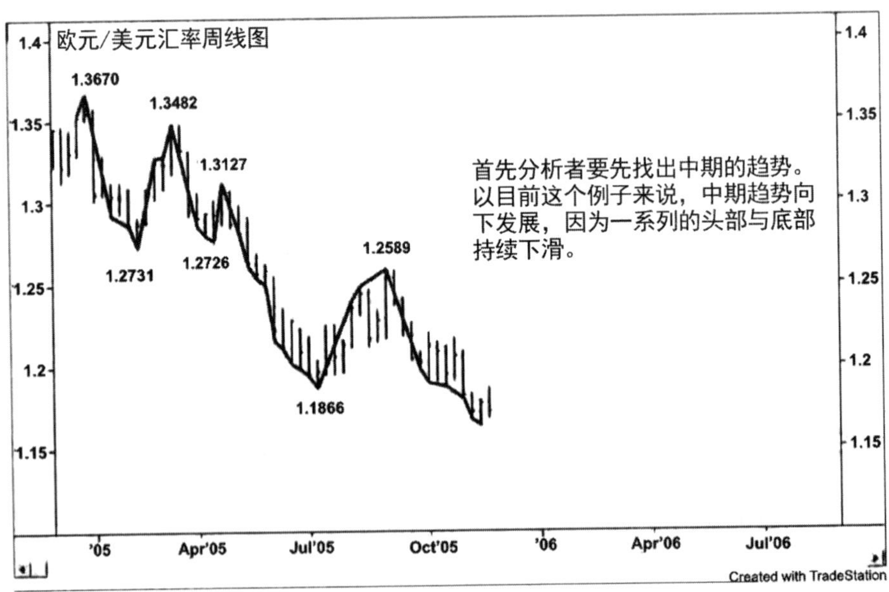

图 12.1 中期走势图

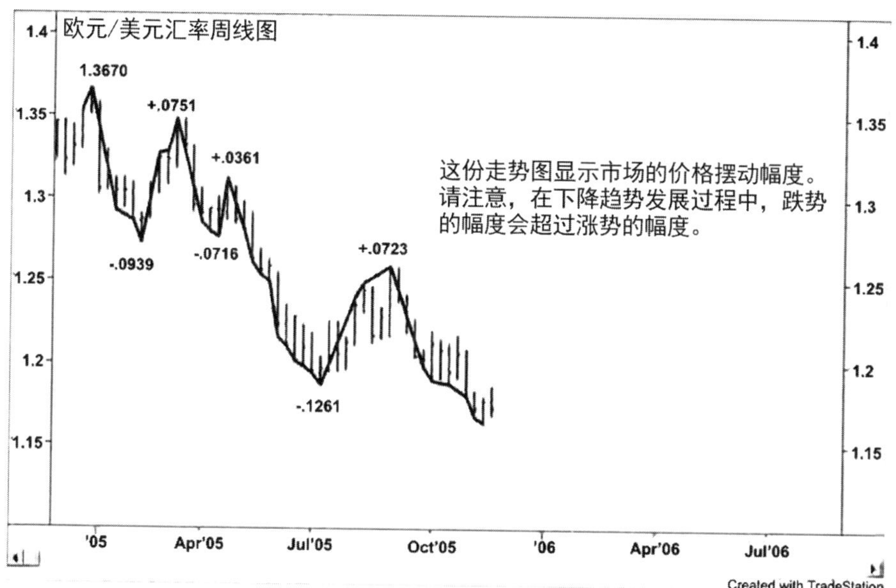

图 12.2　价格摆动的走势

我们也能够从价格与时间的视角来调查这份走势图。换言之，姑且不考虑走势图的头部与底部，分析者可以先衡量摆动的大小（图 12.2）与摆动的期间长度（图 12.3）。通过走势图，交易者就可以得知市场的性质。例如在下降趋势发展过程中，不论是价格的幅度或时间的长短，下跌走势的衡量值总超过上升走势的衡量值。在上升趋势发展过程中，情况则刚好相反，上升走势的衡量值总是超过跌势的衡量值。

交易者应该留意走势的变化，以此作为判断行情是否在做顶部、做底或趋势变动。摆动的规模大小与时间长短也可以用来预测下一波走势。如当某个底部出现时，我们就能够借从前的向上摇摆，预测接下来从该底部向上摆动的可能价格与时间目标。相关分析也可以用来预测潜在的底部。我们可以借由先前的摆动幅度与时间长度，预测接下来的价格幅度与时间目标。（图 12.4、图 12.5）

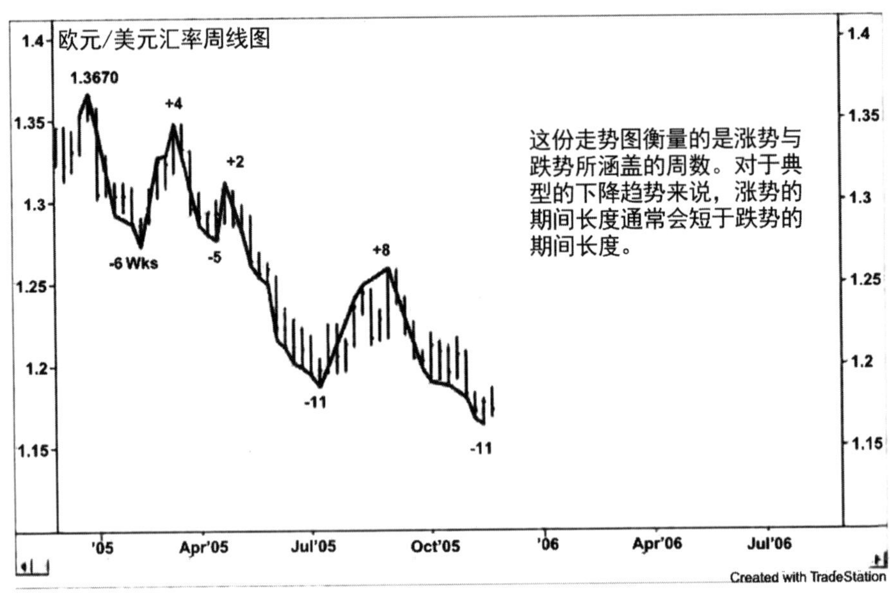

图 12.3　时间摆动走势

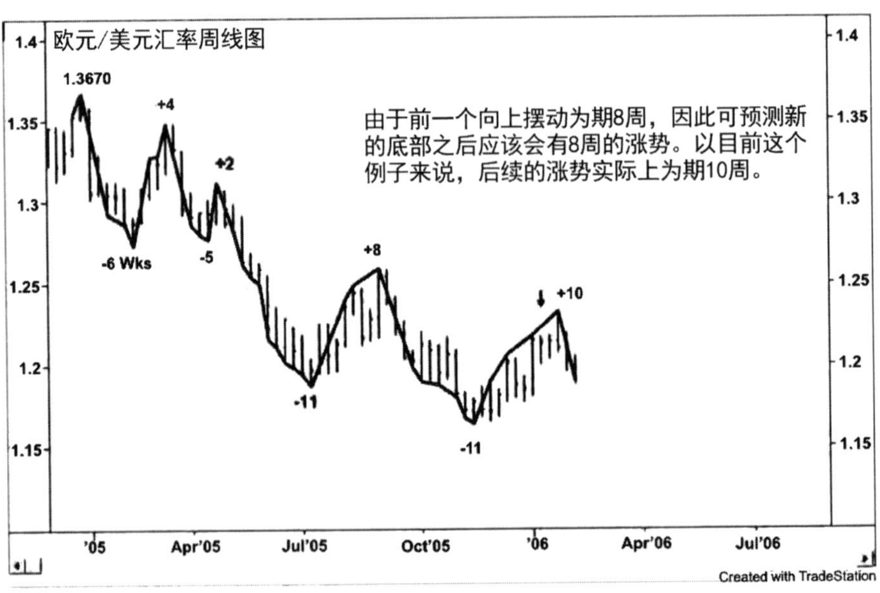

图 12.4　时间摆动的预测走势 1

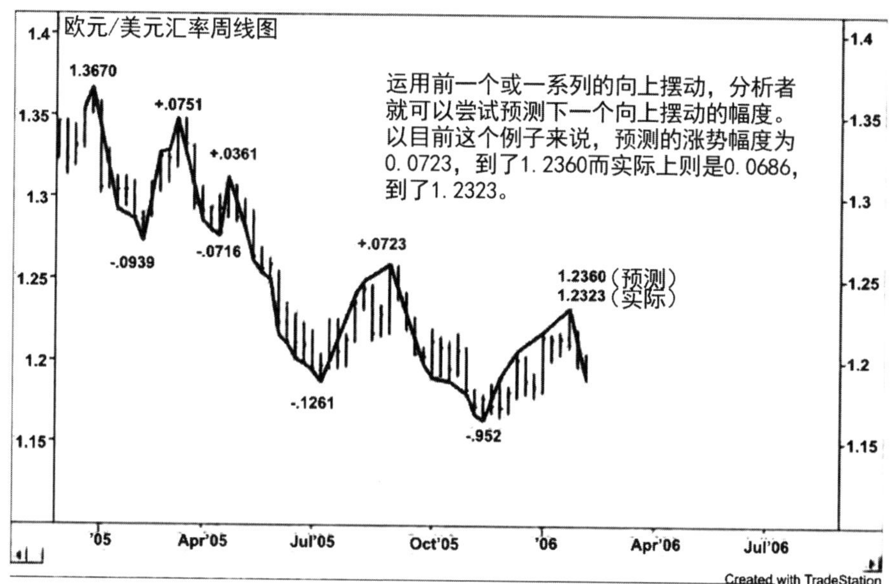

图 12.5　价格摆动预测走势 2

当价格从 1.1637 上升至 1.2323 时，因为上升期间长度超过之前上升走势的期间长度，因此市场发出了底部形成的第一个信号，或者趋势有可能会向上反弹。分析者如留意到这个信号就应该留意其他线索，例如接下来是否出现价位较高的底部。之后欧元/美元汇率在 2006 年 2 月 27 日出现了较高的底部 1.1823。当这个底部形成之后，分析者必须再度分析先前向下摆动的价格幅度与期间长度及判断是否出现主要底部的可能性。这波向下摆动是由1.2323到1.1823，波幅小于先前的向下摆动 1.2589 到 1.1637，这强烈显示趋势有向上发展的信号。（图 12.6）这种在江恩理论中被称为超越平衡，上升走势幅度超过了前一波的上升走势幅度。

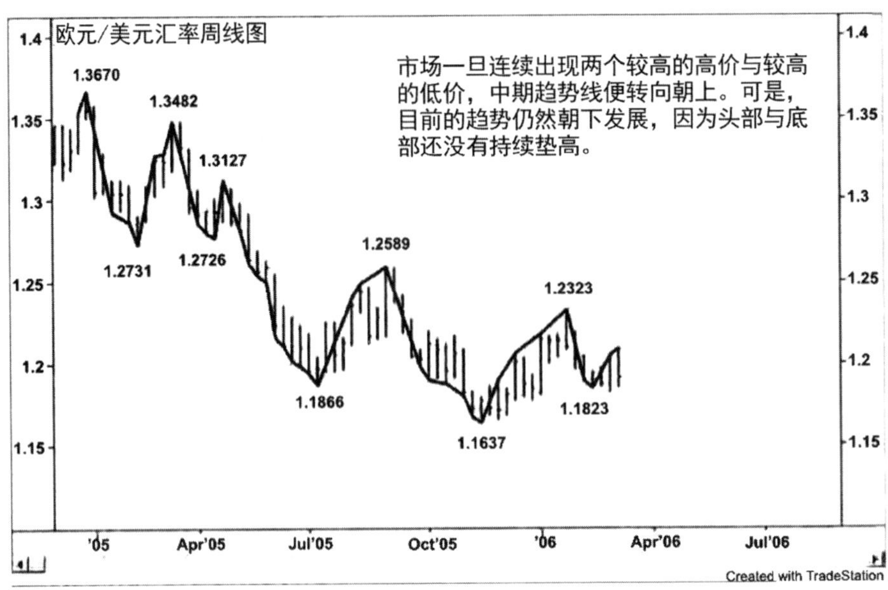

图 12.6　价格开始超越平衡

由 1.1823 的底部起，价格走势开始上升，包括价格与时间，当行情升越摆动头部 1.2323 时，走势便正式确定开始上升了。（图 12.7）分析任何市场时，我强烈建议各位从趋势指标图找答案。读者可分析及实验各种类型的趋势指标图，并根据自己偏好去使用，因为每种趋势指标都各有其特性。读者必须记录各个摆动的价格幅度与时间距离资料，以帮助判断趋势变化。（图 12.8—图 12.10）当上升走势持续，各位可以继续引用前面文中所说明的技巧及之后所讨论的趋势指标去分析学习。（图 12. 11）

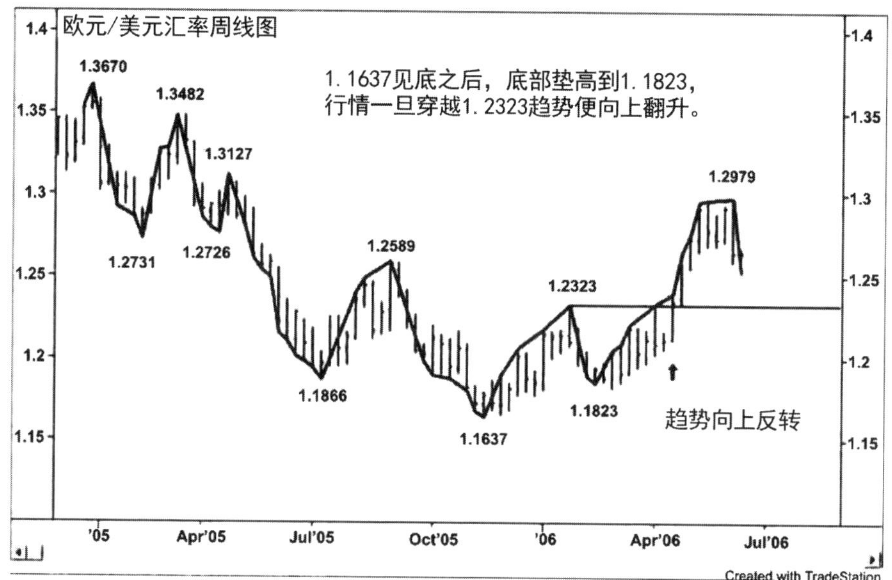

图 12.7 第二个更高的底部，中期走势向上反弹

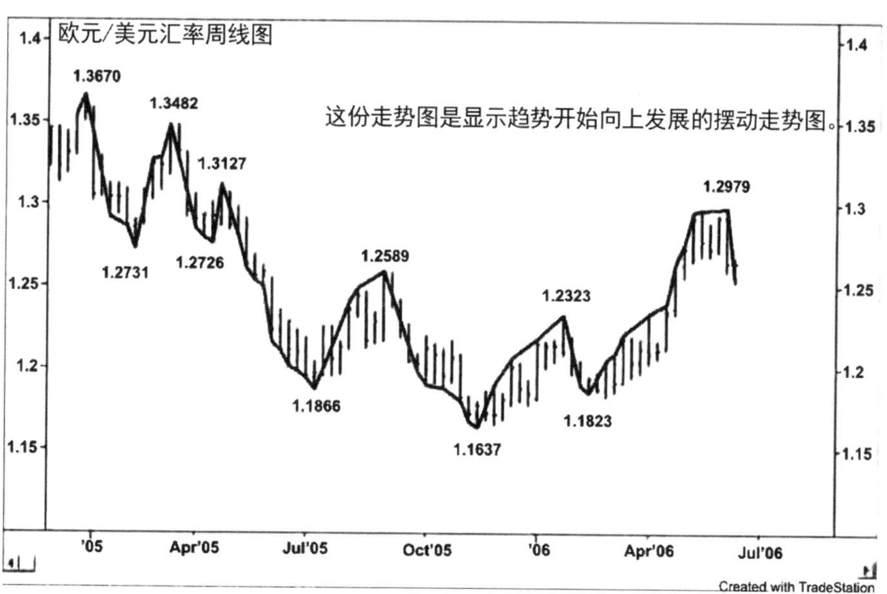

图 12.8 开始显示向上走势

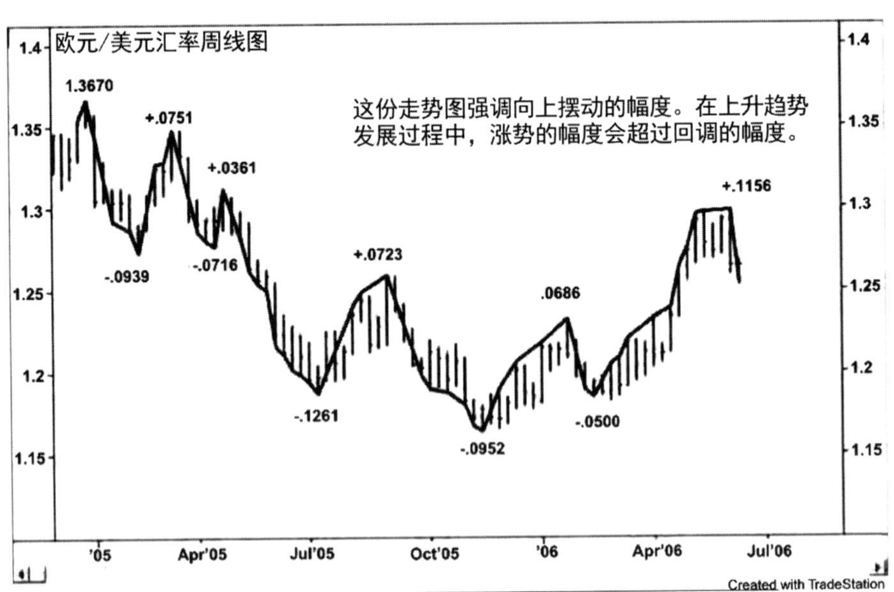

图 12.9 衡量向上波动的幅度

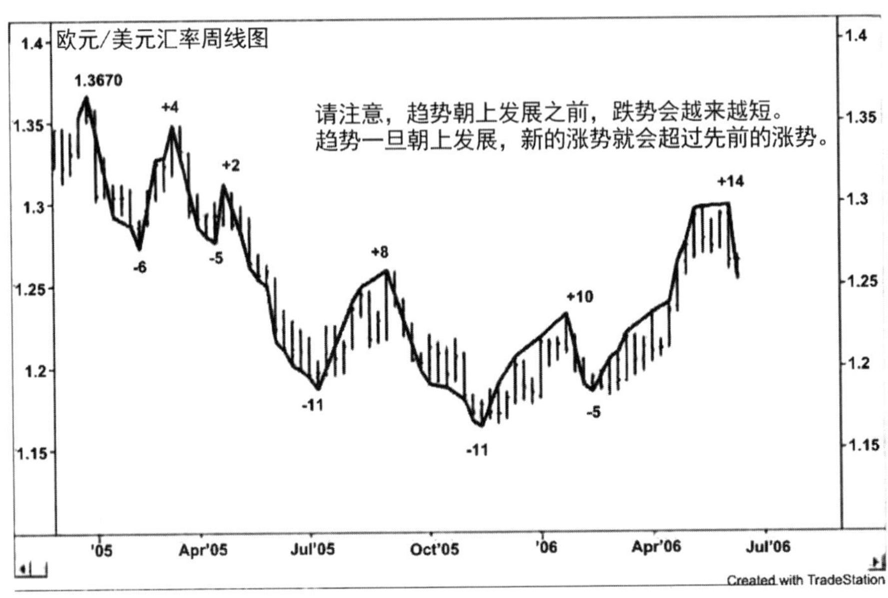

图 12.10 时间影响上升走势

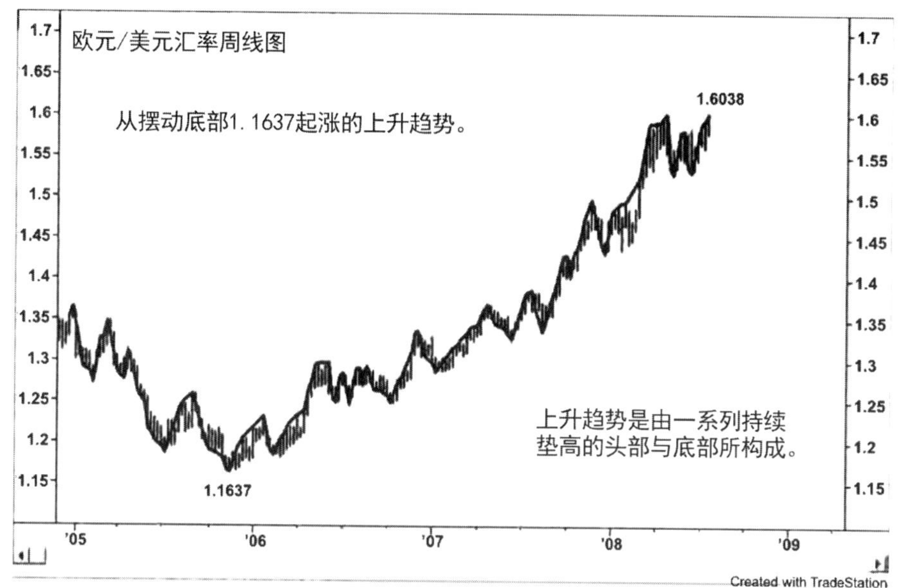

图 12.11 整体上涨趋势

底部信号

画出与分析摆动图后，交易者会发现，使用摆动图经常损失部分的既有获利。如要解决这方面的问题可以考虑利用摆动图的例外法则去解决。我们是从极端低点开始分析欧元/ 美元汇率周线图。（图 12.12）这个外汇市场的主要底部发生在 2005 年 11 月 18 日的 1.1637。

这个底部出现在 2005 年 11 月 15 日。这个底部出现了底部信号。（图 12.13）经过一段时间延伸性跌势之后，价格从在前一周低点回升并且收盘价走高，超越开盘价，并且也升穿这周价格区间的 50%。之后一周又出现持续上升走势，这确认底部反转在 1.1637，但中期趋势仍然向下，因为行情还没有超越摆动头部。

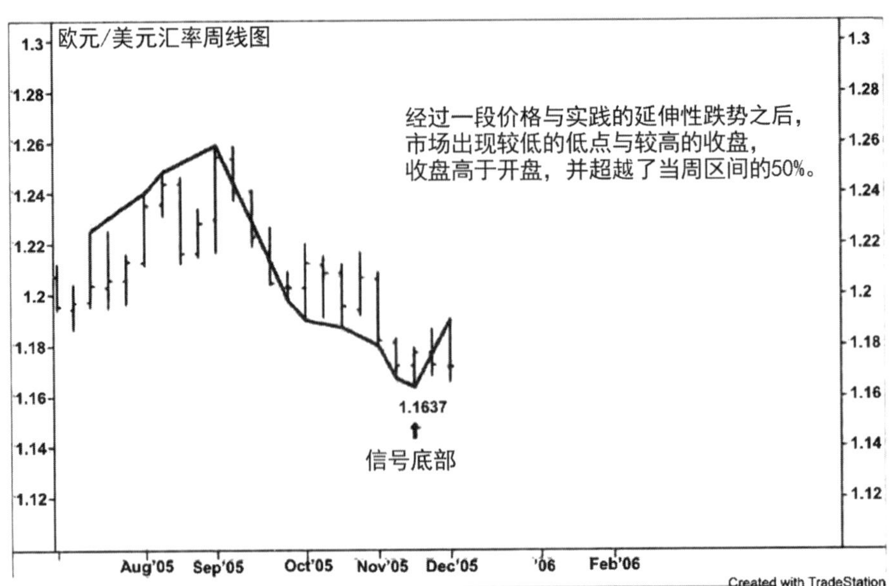

图 12.12　信号底部建立，从价格及时间来看，市场正处于延伸性下降走势

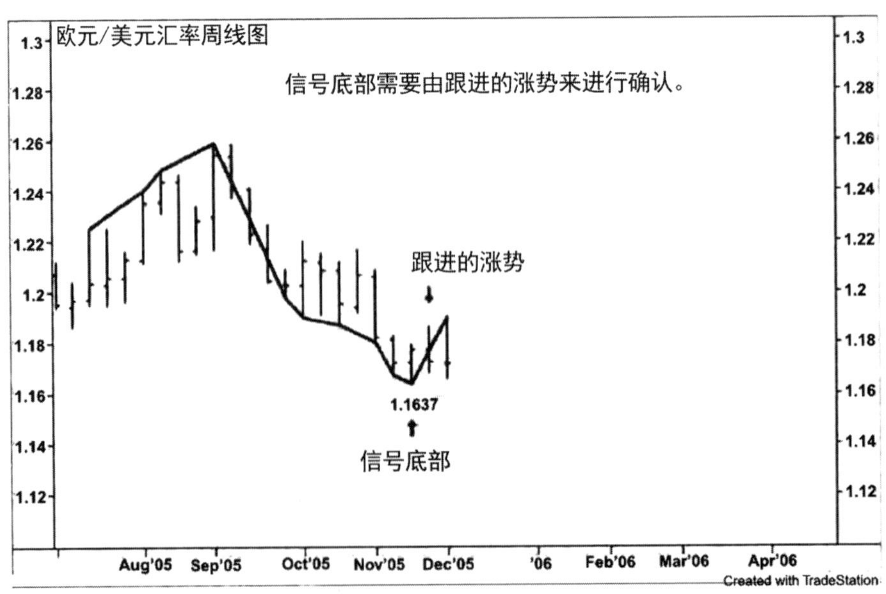

图 12.13　出现底部信号

底部信号出现之后有两种可能的发展。一是交易者做空时，在最近的摆动头部 1.2589 稍上方，设定了止损位，现在可以把止损位向下调整，从而锁定获利。因为底部信号是趋势指标止损设定法则的例外。如果完全按照趋势指标进行交易，止损就应该继续设在最近摆动头部 1.2589 的附近。但一旦出现价格与时间的延伸性跌势，就必须判断什么时候出现底部信号。如果要锁定获利，可以把空头仓位的止损点往下调整，而且空头仓位一旦被止损，而趋势又持续向下发展时，交易者就必须再度做空。相反地，止损点遇到底部信号，使得行情反转向上时，交易者可能就会吐回过多的既有获利。交易者必须遵守规则，这是关键。止损之后，只要行情一恢复下降趋势，就必须重新建立做空仓位。在这样的情况下，可以把买入点调整到底部信号当天的高价稍上方。(图 12.14)

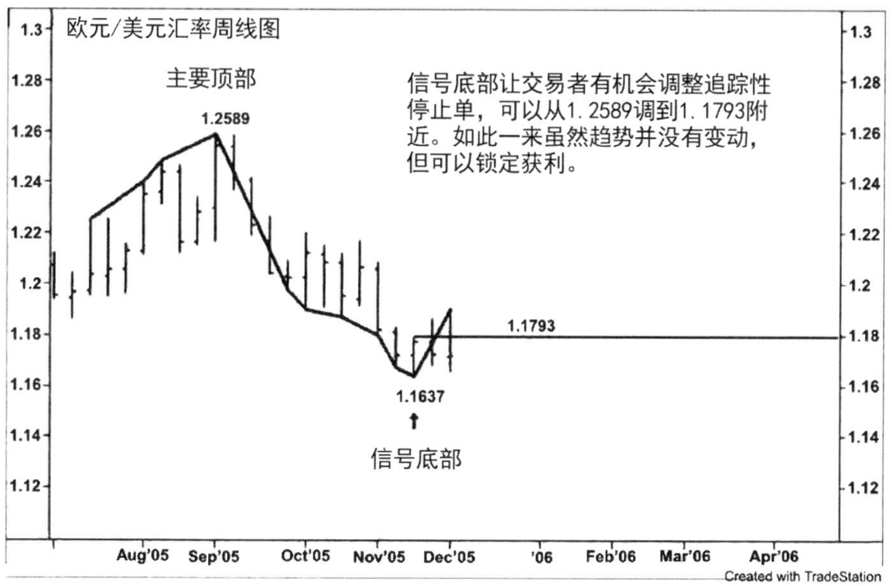

图 12.14　找出正确的止损位

第二种是积极进行逆向操作。交易者愿意提前建立做多仓位，以提早把握反弹的机会。交易者可以把买入点设定在底部信号当天高价稍上方，一旦底部信号获得确认并且建立做多仓位之后，只要将止损点设定在底部稍下方就可以。这类逆势操作的交易者必须了解市场摆动的价格幅度与期间长。

逆势操作交易者必须清楚，市场可能走高而在回调点或向下江恩角度线遇见压力。第一波上升走势的回调可重新测试底部信号的位置。如果测试成功，上升走势可能持续，走势也正式向上发展。(图 12 .15)

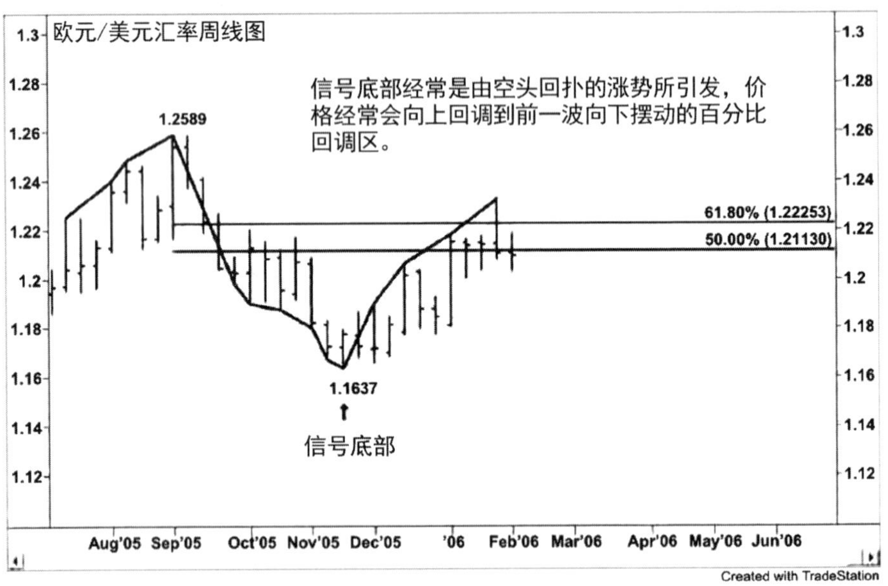

图 12.15　价格摆动走势向上

底部信号：第一个向上的波段

底部信号是最常见的交易形态之一。有些人会借此调整追踪性停止点，以锁定做空仓位的既有获利，而另一些交易者甚至可能会提前建立做多仓位。底部信号所引发的上升走势，有可能会遭遇压力而回调并恢复原先的下降趋势。(图 12 .16)

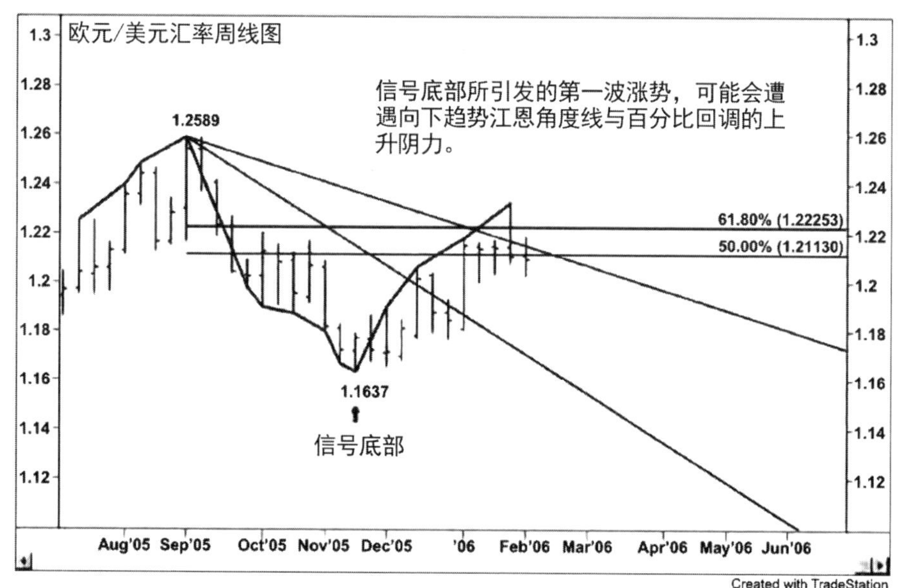

图 12.16　信号底部的第一波涨势通常会遇到压力

有时候市场可能会完成第一波涨势之后再遇到压力回调，之后再出现第二波涨势。(图 12.17) 双底的第二波涨势通常起自下跌的百分比回调或江恩角度线支撑 (或两者的结合)。修正走势会呈现出第二个较高的底部。这个底部一旦形成，通常就代表向上趋势的第一个信号而且开始上升走势，经常会穿越先前的摆动头部。

双底的第二波涨幅一旦形成之后，就应该根据趋势指标图与市场摆动继续操作。(图 12.18) 底部信号可以用来作为锁定获利的手段 (防范趋势向上发展) 或以此开始进行逆向操作 (提早建立做多仓位)。这里有个关键，一定要认真研究与测试这类进场和出场的方法。必须根据最佳价格与时间指标，判断进出场有效信号，否则过于频繁地进场和出场，可能导致不必要的损失。

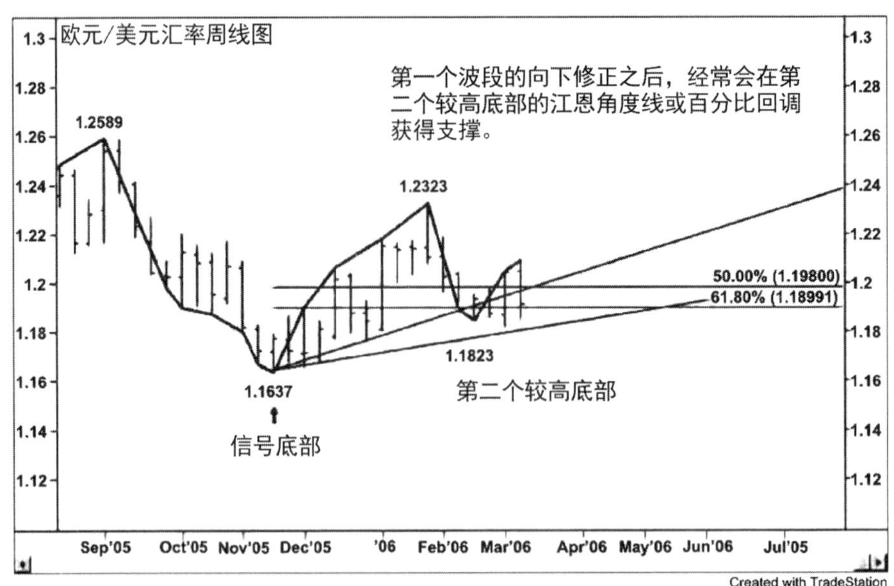

图 12.17　第二个较高的底部

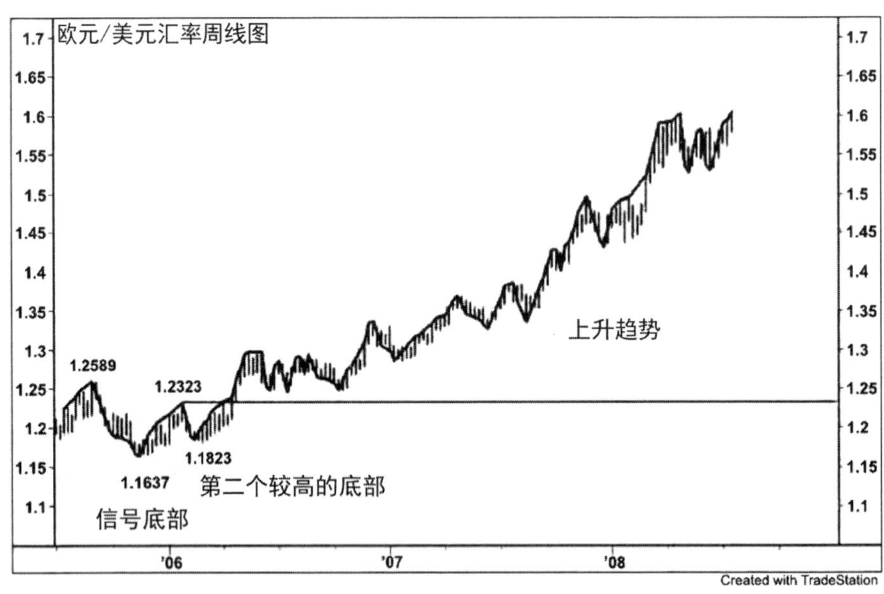

图 12.18　出现上升趋势

江恩角度线

交易者也可以采用江恩角度线去分析这张欧元/美元汇率周线图的走势。江恩角度线能够协助分析者寻找支撑与压力，并判断走势强弱。

从摆动底部绘制江恩角度线。避免混淆，我们不会绘制每个摆动底部的江恩角度线，我们只挑选 2005 年 11 月 15 日当周结束的中期底部（1.1637）及其他中期底部做分析。欧元/美元汇率周线图的刻度是 0.004。（图 12.19）请注意，我们是绘制未来的江恩角度线，然后让市场自己去寻找江恩角度线的位置。即使我们事先就已经知道这些江恩角度线的位置。（图 12.20）

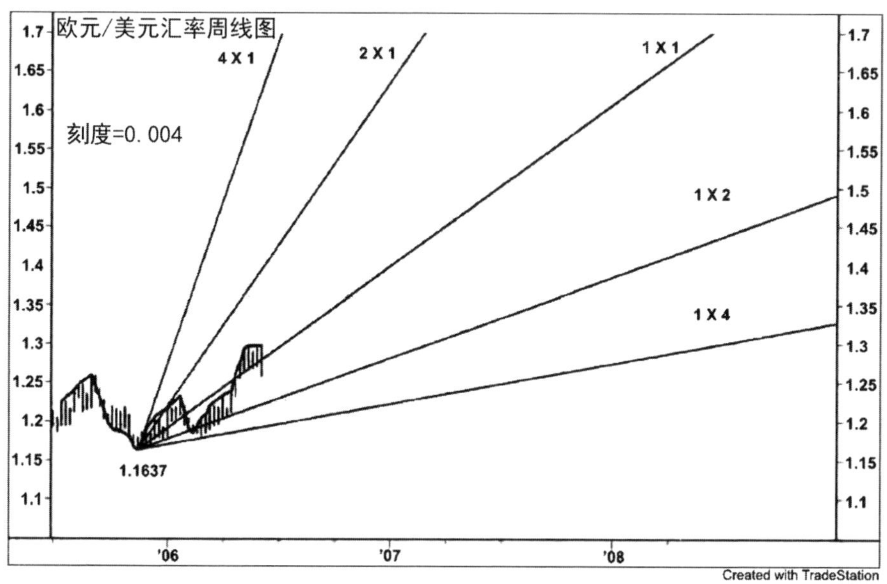

图 12.19　从中期底部 1.1637 开始画出的向上江恩角度线

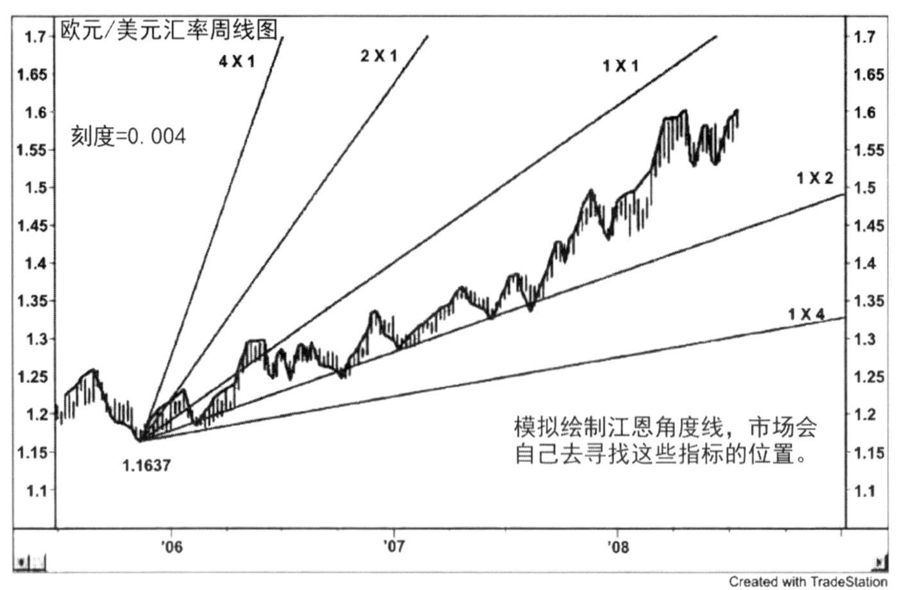

图 12.20　模拟绘制可能的江恩角度线

除了显示底部的支撑之外，江恩角度线也用于判断趋势的变动。例如市场在经历一段延伸性跌势时，会出现一波持续下跌的头部和底部，而行情则通常会沿着向下的江恩角度线发展下去。如果趋势指标图开始出现底部的信号，这样下去上升的走势也会开始突破或穿越向下的江恩角度线，并表示行情转趋强劲。这类穿越信号不足以完全改变趋势，所以应该配合其他趋势指标做判断。(图 12.21) 等到市场在 1.1637 见底之后，回升的行情便在 2005 年 12 月 16 日结束当周向上穿越下降的江恩角度线。

随着上升走势发展，交易者把向上江恩角度线的贯穿与空转走势记录起来，去分析以设定止损位置。从 2005 年 11 月 15 日到 2007 年 9 月 1 日之间的整个上升走势中，市场曾经发生四次空转走势。一旦升穿向上角度线之后，市场接着又恢复沿角度线发展，趋势也持续进行。(图 12.22)

注意，摆动底部一旦形成就应该尽快画出江恩角度线，并向未来延伸。这样交易者就可以预先得知未来可能出现的支撑与压力位置。江恩角度线也有预测未来日期的功能。对趋势指标图做分析时，最简单的操作策略就是顺着趋势方向，运用江恩角度线进场。

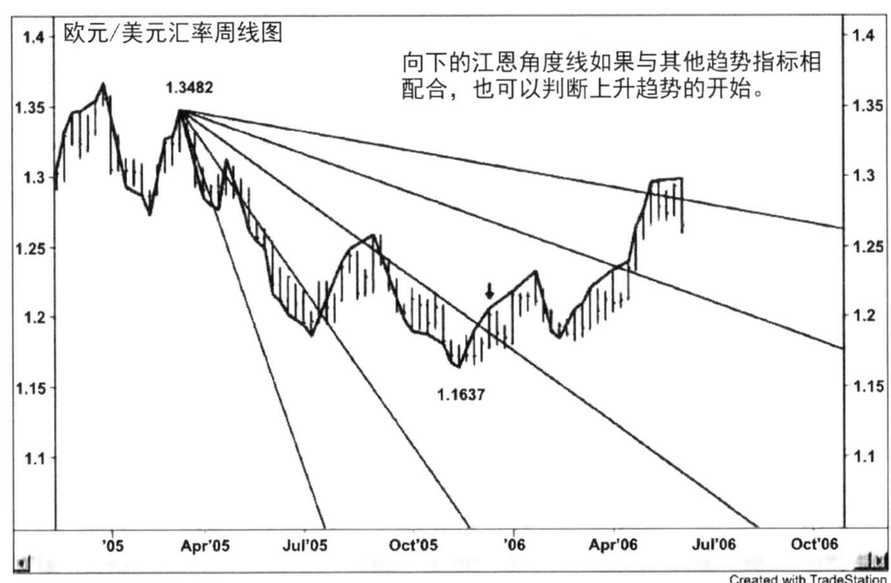

图 12.21　升穿下降江恩角度线表示走势变化

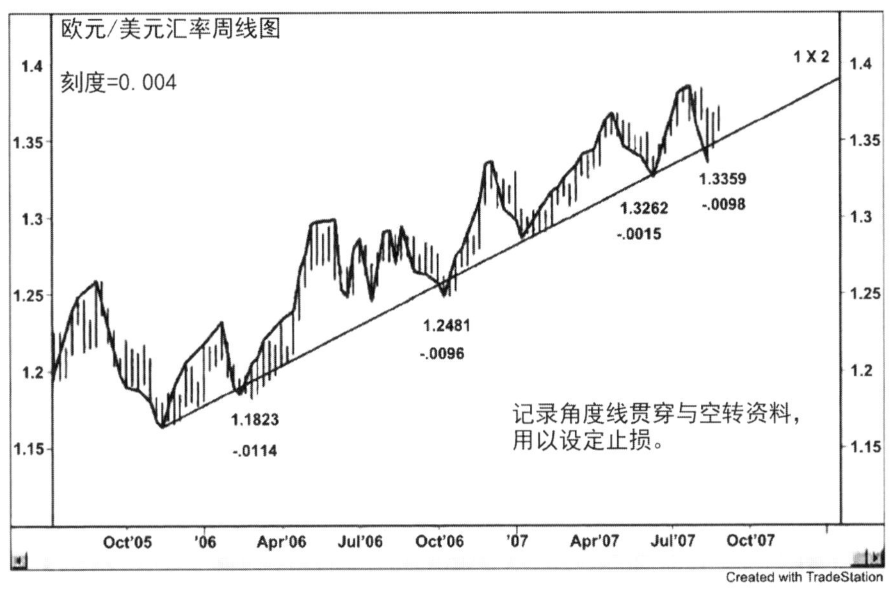

图 12.22　计算空转通过上升江恩角度线

百分比回调区域

每当市场出现头部或底部时，就必须在走势图上绘制江恩角度线，每当市场形成区间就应该画出百分比回调。最重要的回调百分比是50%，其次是61.8%。这两个回调区域都代表重要的支撑与压力。

如果必要的话，可以只计算主要区间的百分比回调。这包括最高的高价和最低的低价，次高的高价和次低的低价，还有第三高的高价和第三低的低价。

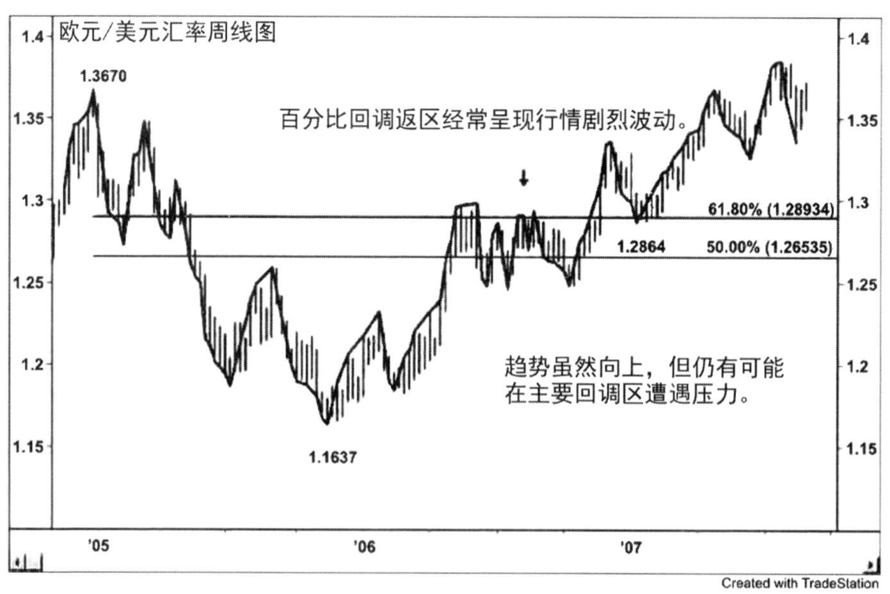

图 12.23　主要江恩百位比压力

图 12.23 这张欧元/美元汇率周线图的第一个主要区间，是 2004 年 12 月的头部 1.3670 到 2005 年 11 月的底部 1.1637。这段区间的 50%和 61.8%回调分别落在 1.2654 与 1.2893。2006 年 5 月 5 日当周结束到 2006

年 11 月 10 日当周结束之间，市场一直在这个区域的附近进行交易。走势震荡的程度表示了空头和多头之间的对决。这是很正常的，因为市场通常都会如此走进主要回调区域。因此观察及记录这附近的摆动图就会看见反复的现象。此时最好等到情况明朗再进行交易。

除了绘制主要回调百分比之外，积极的交易者也希望能计算出每个摆动区域的百分比回调。如此交易者就可以试图趁着回调时买进或反弹至回调区时建立做空仓位。在欧元/美元汇率周线图的整个上升过程中，就曾经数度回调而形成中期底部。(图 12.24、图 12.25)

交易者必须决定自己的交易风格，即你必须决定自己要顺势还是逆势操作，了解自己究竟是要强势买进或趁着弱势卖出，还是要回调买进或反弹做空仓位。要运用百分比回调走势的方法，交易者通常都会顺着主要趋势发展方向，趁着回调买进或反弹时做空仓位。如果想要充分发挥百分比回调区的功能，交易者务必要了解趋势并界定走势的区间。

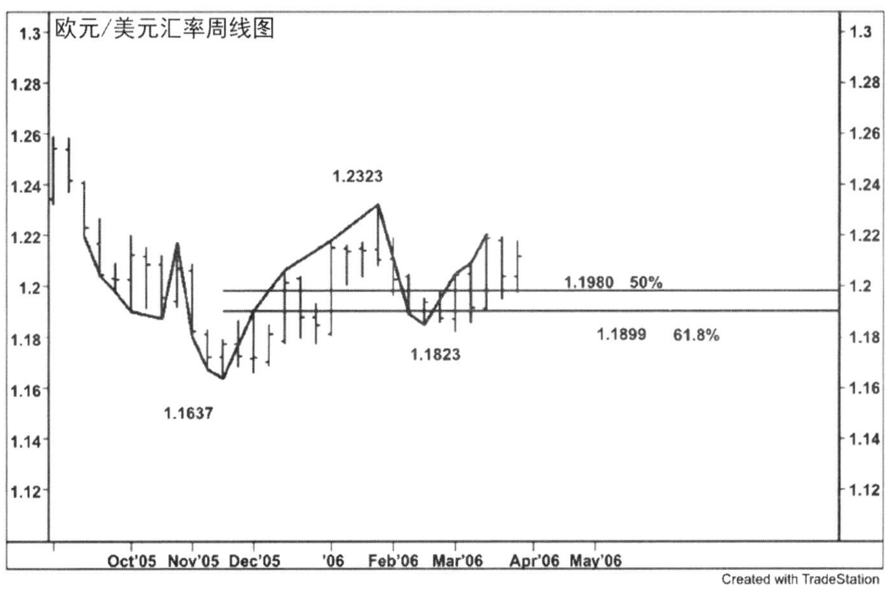

图 12.24　交易者应计算每个波段的支撑位

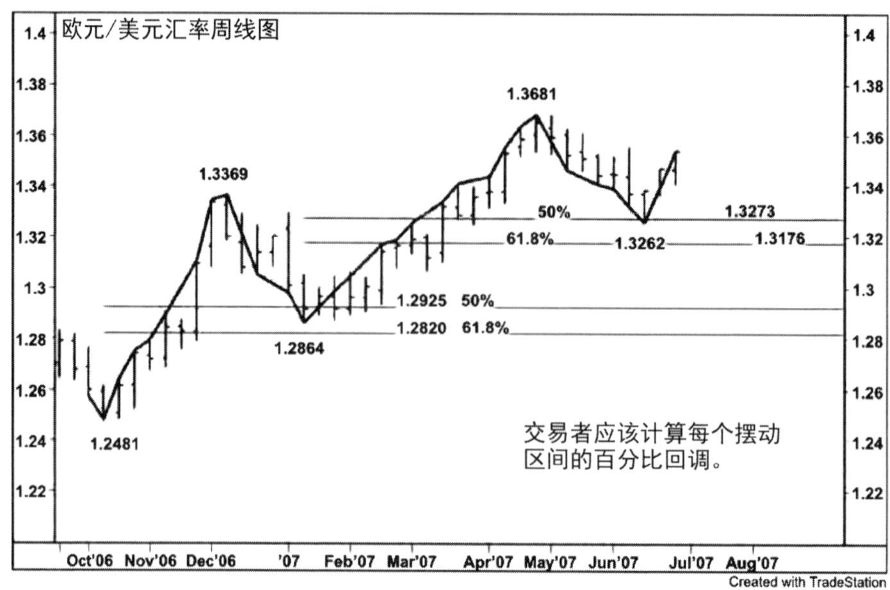

图 12.25 交易者应该用江恩百分比去计算买入及卖出

下一节我们会观察百分比回调区与上升趋势江恩角度线所提供的交易机会。稍早我们曾经提到，交易者可以根据江恩角度线和百分比回调区买进。

百分比回调与江恩角度线

本书之前提到江恩认为市场会呈现出水平、对角与垂直方向的走势。本节准备从水平与对角的角度，分析欧元/美元汇率周线图，也就是将百分比回调与江恩角度线结合。

采用这两个价格工具是因为百分比回调区或江恩角度线的压力、支撑经常会影响既有的行情走势。因此，如果这两个工具结合将提供更显著的支撑与压力。

在图 12.26 中，我们首先考虑从 1.1637 底部到 1.2323 头部的摆动。

根据这个区间所计算出来的回调区为 1.1980 到 1.1899。交易者应该留意通过这个回调区的江恩角度线及考虑可能的逆势买进。在第九章中我们曾经讨论过使用计算公式，可计算出某个角度线会在某日期通过特定的价格。以目前这个例子来说，向上走势的 1×2 角度线就会在 2006 年 2 月 17 日结束的当周通过 1.1899，并在 2006 年 3 月 7 日结束的当周通过 1.1980。

在上升趋势中，交易者应该留意江恩角度线穿越百分比回调的情况。这个方法可提供逆势买进机会。行情并非由角度线所创造，而是因为该区间会出现买盘。(图 12.27)

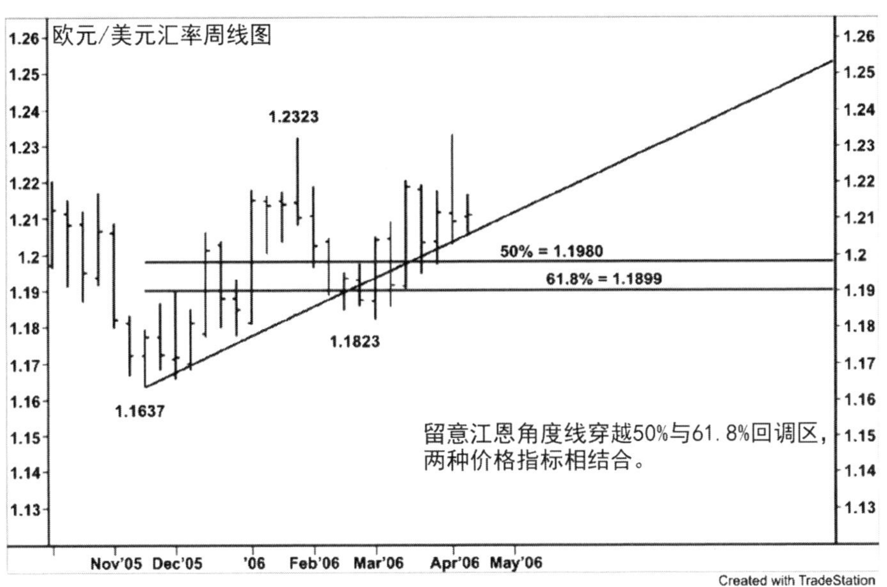

图 12.26　**江恩角度线穿越百分比回调**

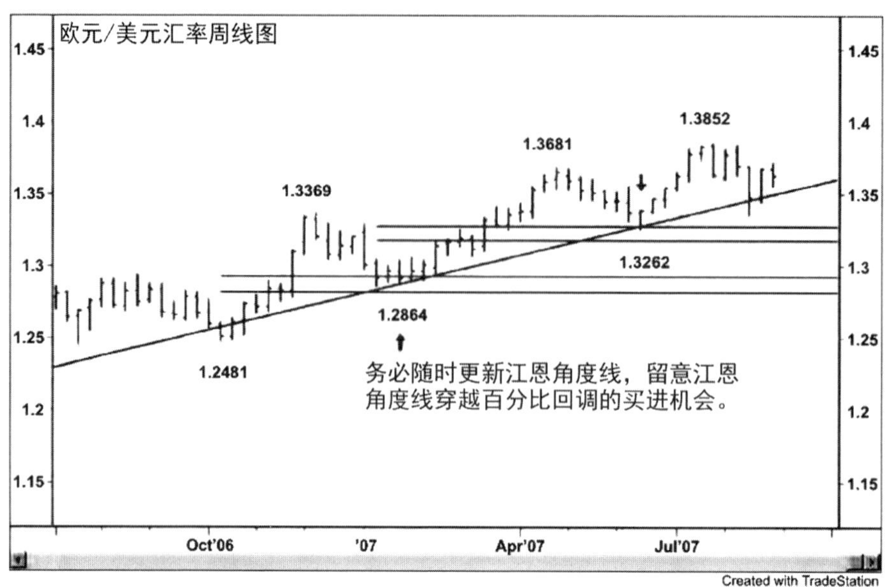

图 12.27　在上升趋势中，留意上升走势的江恩角度线是否升穿江恩百分比回调

江恩角度线具备支撑与压力，能够决定趋势，一旦结合百分比回调区之类的水平回调，两者便可以共同找出强劲的买进或卖出区域。关键就是要随时更新江恩角度线与百分比回调。下节的内容我们将说明时间的影响。

时间指标

虽然没有明确写出，但之前的分析其实已经涉及时间。本书讨论趋势指标图时，也曾经讨论过时间摆动的重要性。江恩角度线是价格与时间相结合的工具。本节准备讨论价格与时间的四方化，并说明如何运用于欧元/ 美元汇率周线图。

第一种时间的四方化就是周线区间的四方化。(图 12.28）所谓的周线区间，就是指2004年12月31日结束当周的头部1.3670，到2005年11月18日结束当周的底部1.1637，而这段区间的波幅就是0.2033。这个区间的四方化表示，市场趋势有可能会在2006年2月17日结束当周，以及2006年11月10日结束当周发生变动。这个四方化会一直持续，直到市场在2007年4月出现头部为止。

另一时间的四方化就是使用低价四方化，其中的低价指的是2005年11月15日主要底部的1.1637。(图12.29) 低价四方化预测2006年7月28日结束当周、2007年4月13日结束当周，以及2008年8月29日结束当周都有可能会出现趋势变动，不过只出现短期头部。在图12.30中，2008年8月29日时，摆动图周线趋势已向下发展，同时市场也加速通过上升趋势的江恩角度线支撑。

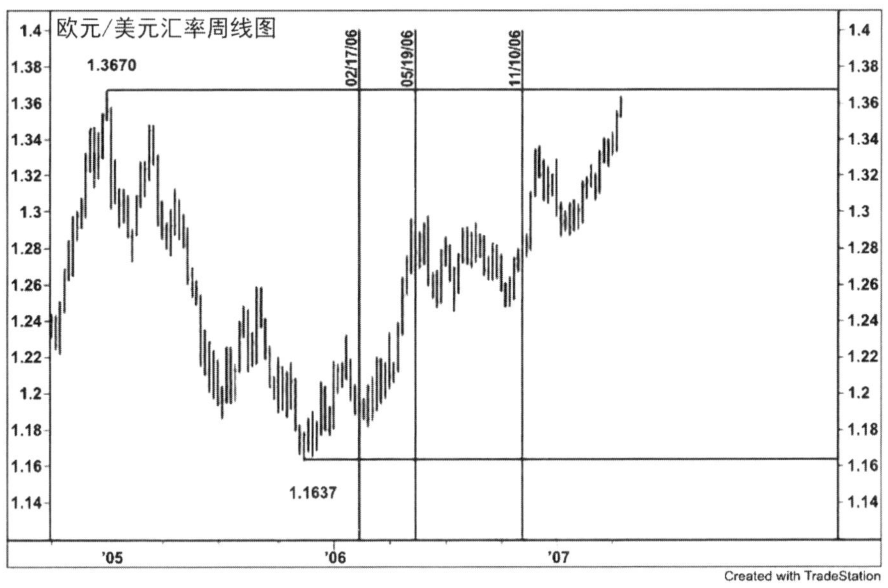

图12.28　区间四方化

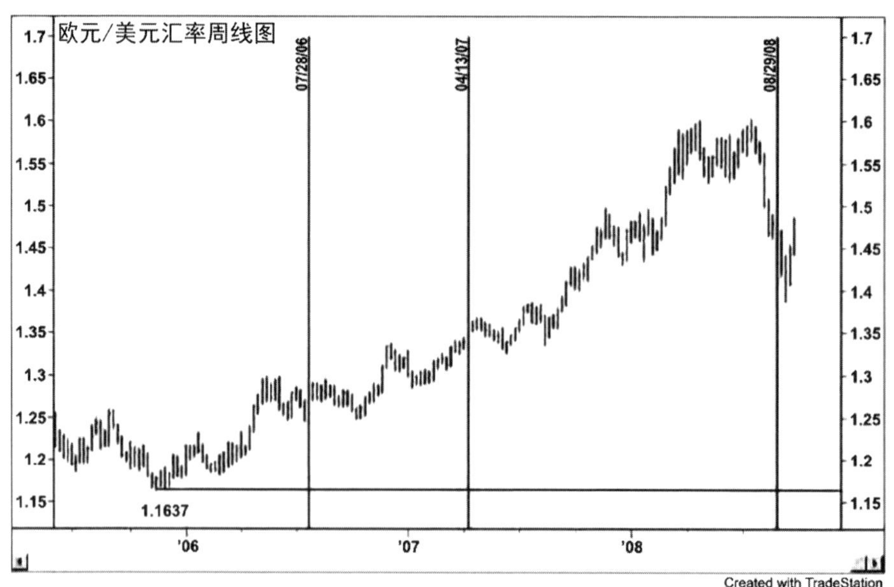

图 12.29 低价四方化

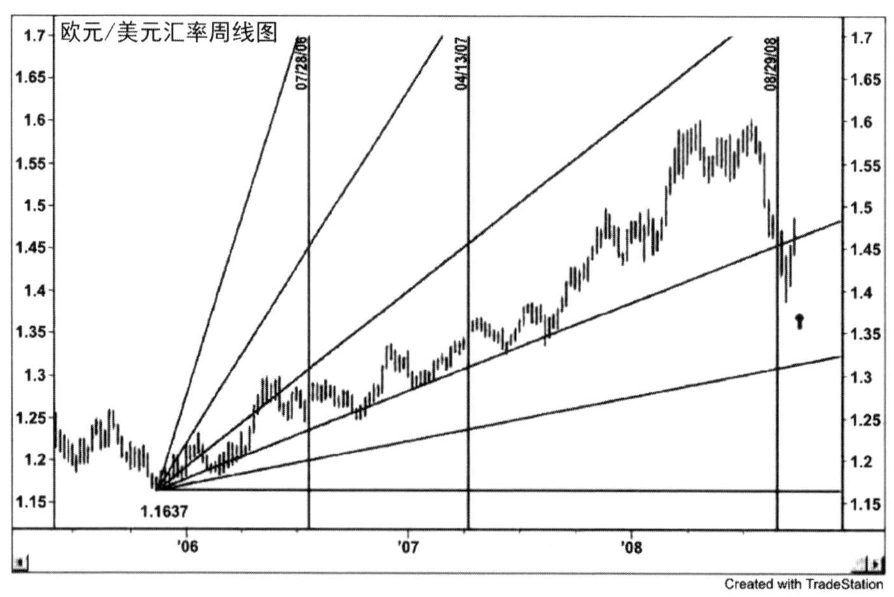

图 12.30 低价四方化和江恩角度线

行情预测

继续分析图 12.31 的欧元/ 美元汇率周线图，因主要头部出现在 2008 年 7 月的 1.6038，市场已经遇到压力。摆动图在 2008 年 8 月 8 日结束当周，趋势反转下跌。此时从主要低点 1.1637 所绘制的主要上升趋势 1×1 角度线已经被跌破，更显示主要趋势转为向下发展。

截至 2008 年 9 月为止，走势仍然维持向下。走势在 1.1637 到 1.6038 之间的 50%回调区 1.3838 获得了支撑。这有可能会出现做空回补引发的反弹走势。如果根据 1.6038 到 1.3838 之区间来衡量，最低有可能会回调到 1.4960 到 1.5214 之间。如果所预测的反弹走势停顿于 1.4960 到 1.5214 之间，则必须要留意这一波跌势，有可能会发展到 1.3057 到 1.2803 之间。

关键的观察日期就是 2010 年 1 月 8 日结束当周的情况，这个时候的价格与时间将会在 1.3838 附近形成主要时间及价格汇集。

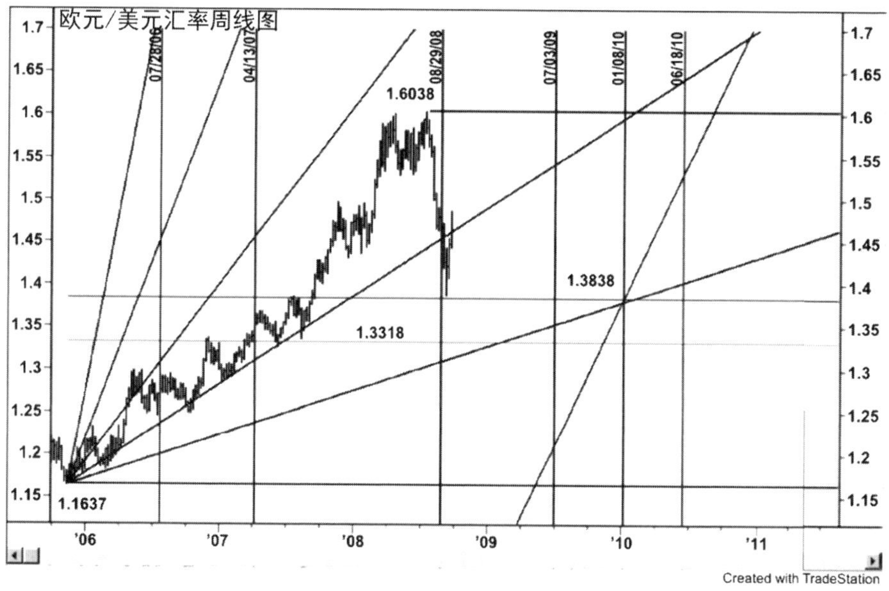

图 12.31　预测走势

结论

如同本章例子所显示的，身为交易者并不需要引用神奇的公式或技术指标。我们可以运用最简单的开盘、最高、最低与收盘价，来分析市场的行情。一旦了解了市场分析的基本工具，就只剩下不断地研究与实验而已。市场会呈现出对角、水平与垂直方向的走势。请耐心学习如何运用、评估这三种因素的汇集。永远要掌握当时的趋势，并持续观察价格与时间的均衡点。希望这些能协助你做出更好的分析与交易。

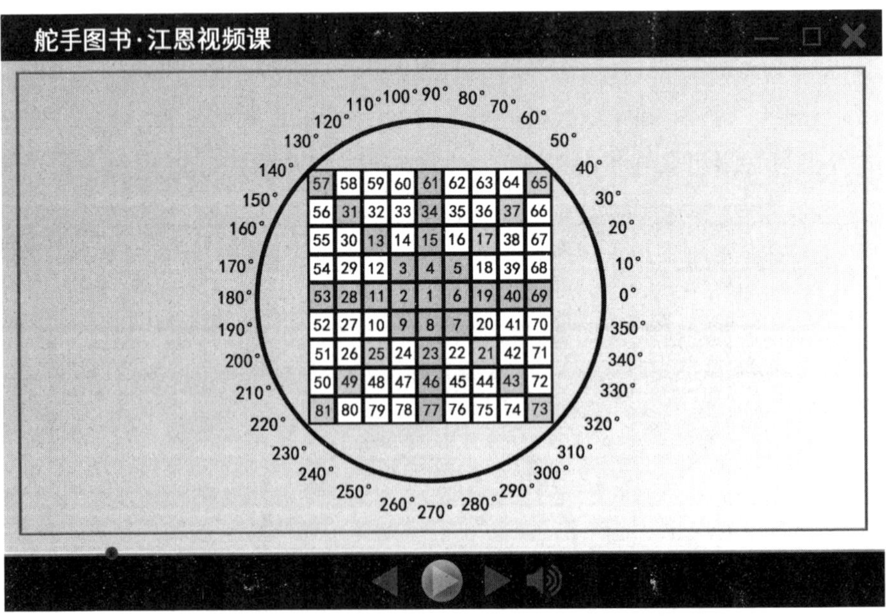

图 12.32　扫描封面二维码，与江恩爱好者交流学习九方图

附录 I　江恩软件使用教学

运用江恩理论，最困难的是市面上大部分软件都没有江恩理论的绘图工具，而国外的江恩理论软件每年的使用费用以万计。

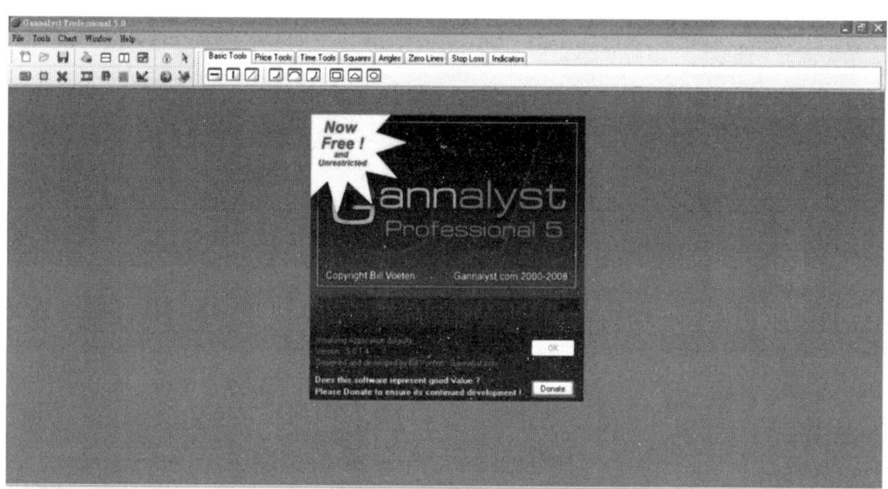

图 A1.1　Gannalyst Professional 软件

图 A1.1 是国外的江恩支持者设计的一款免费软件，名为 Gannalyst Professional。而本书大部分亦以此软件为主要绘图工具，而国内有位热心的网友更将它汉化成中文。

而本软件最好的是可以自行输入各国指数及股票数据，包括可以自行输入 CSV 格式的数据及 Metastock 的数据。本书已在各章节介绍该软件的功能及使用方法，而本章节集中介绍此软件如何免费在通达信官网获取大行情及商品的数据，即 CSV 格式的数据，并在 Gannalyst Professional 中绘制江恩图。

下载地址如下：

http://www.goodgupiao.com/soft/softdown.asp? softid=22909

http://pan.baidu.com/s/1bpxh73p

下载后先将文件解压，之后将主程序安装，如图 A.12 所示。

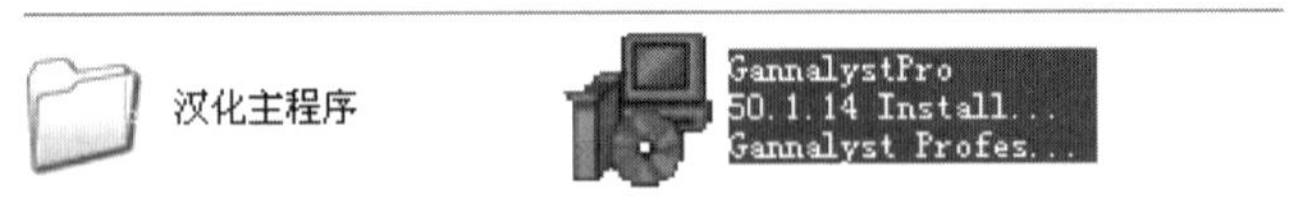

图 A1.2　主程序安装

然后再找出你的安装路径，一般来说是在 C:\Program Files\Gannalyst Professional 50 中，用汉化主程序覆盖原程序，如图 A1.3 和图 A1.4。

图 A1.3　汉化主程序

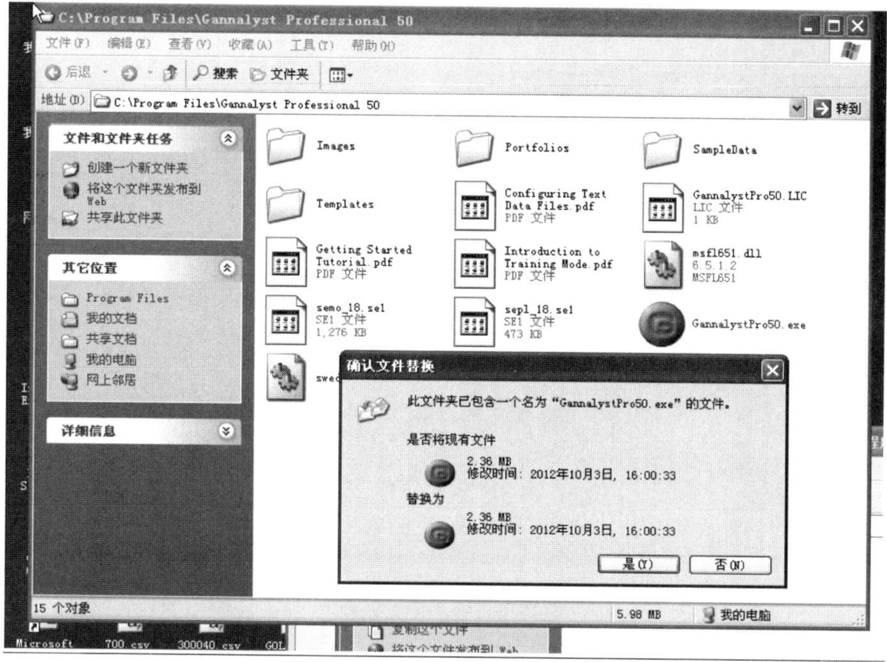

图 A1.4　汉化主程序覆盖原来程序

如图 A1.5，之后打开 C\Gannalyst Professional 50\images，在 images 这个文件夹中找到 GannalystPro50.exe 这个文件，必须将它删除。

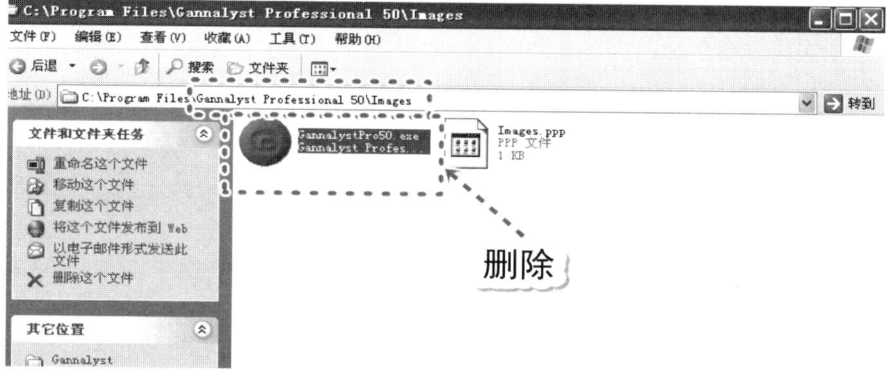

图 A1.5　在 images 这个文件夹中找到 GannalystPro50.exe 文件，必须将它删除

然后汉化的 Gannalyst Professional 5.0 就能运作，如图 A1.6。

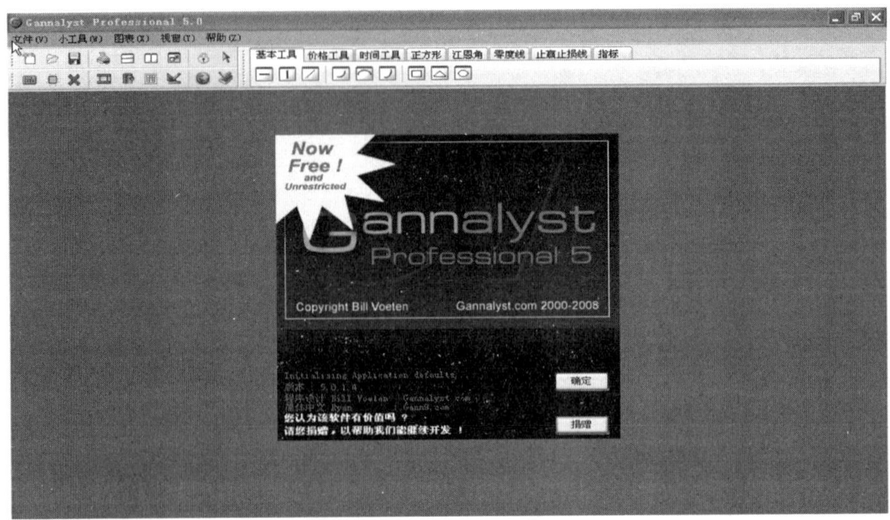

图 A1.6　汉化的 Gannalyst Professional 5.0 主程序画面

如何输入数据？我们必须借助通达信来导出数据，之后再输入到 Gannalyst Professional 5.0 运算。

先打开通达信，打开后选免费精选行情登录，如图 A1.7。

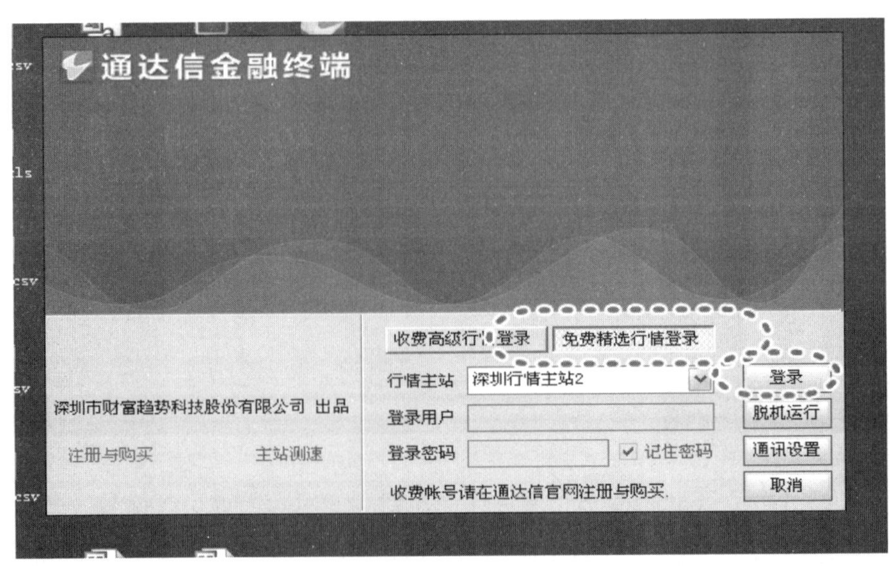

图 A1.7　通达信免费精选行情登录

第一次登入，最好先来一次盘后数据下载，先点系统，然后点击盘后数据下载，如图 A1.8。

之后选取你需要的品种，选日线和实时行情数据，再选择下载数据的时段，如图 A1.9。

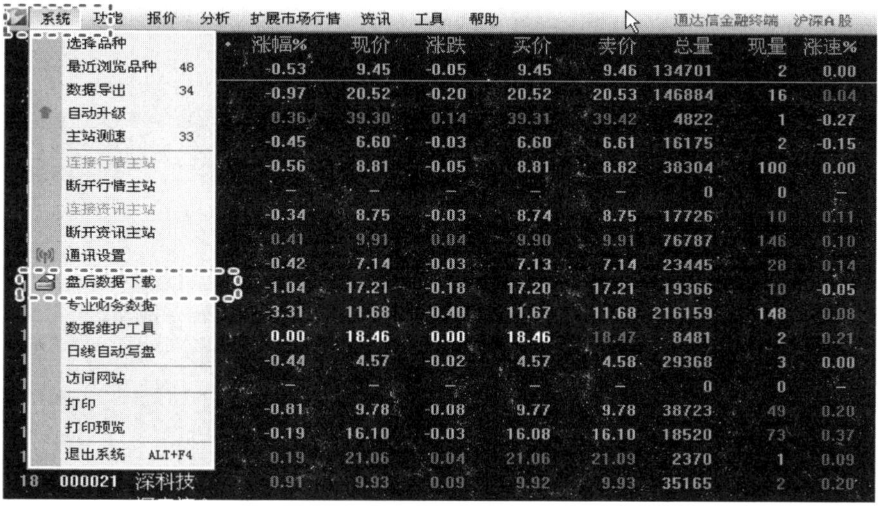

图 A1.8　盘后数据下载

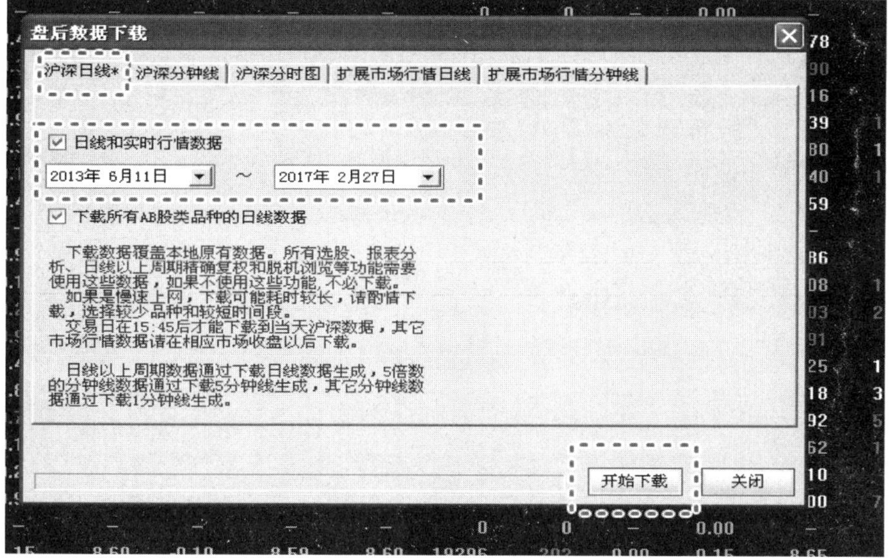

图 A1.9　选取你需要的品种和下载数据的时段

如图 A1.10 所示，在系统中，点数据导出。

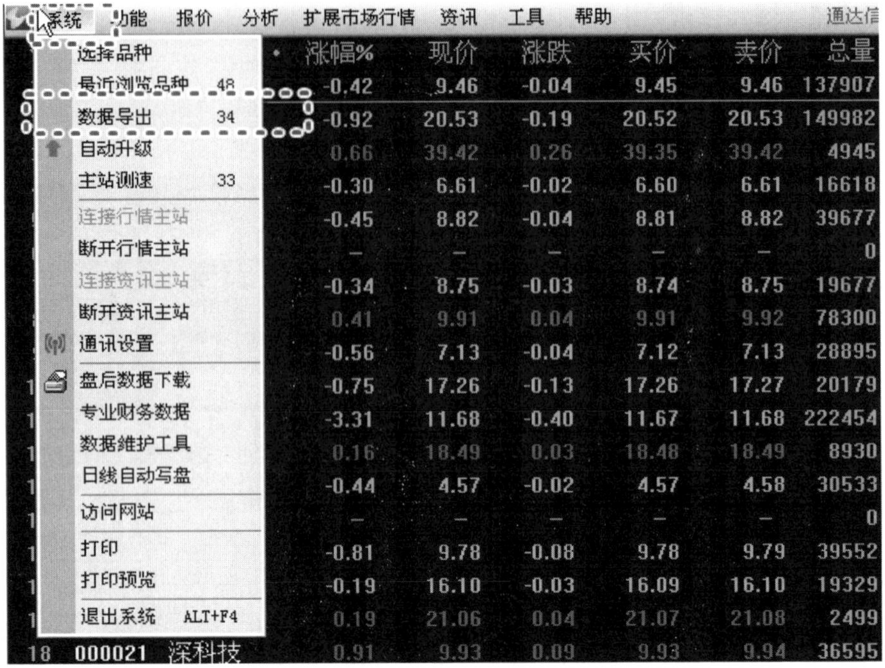

图 A1.10　数据导出

在图 A1.11 中的位置再点高级导出。

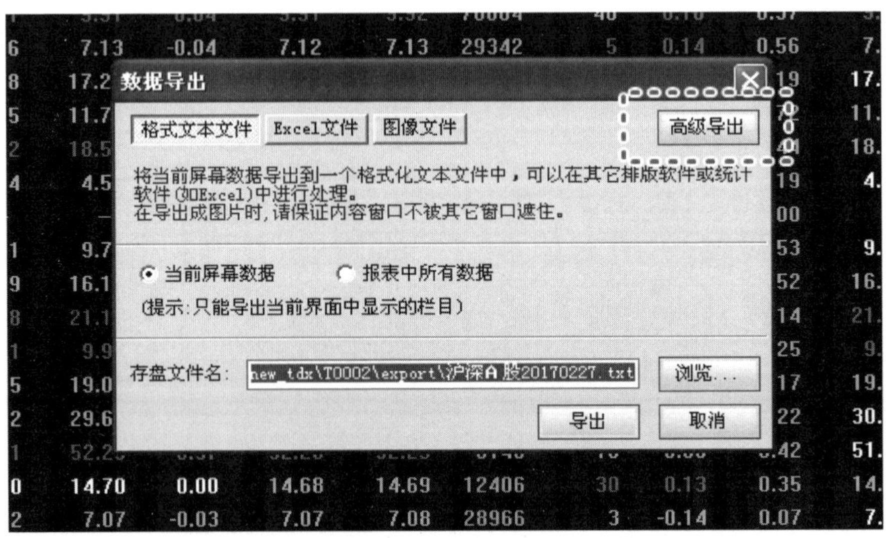

图 A1.11　高级导出

如图 A1.12，在高级导出的版面中，点添加品种，之后选你需要的品种。

图 A1.12 选你需要的品种

如图 A1.13，按开始导出就完成。

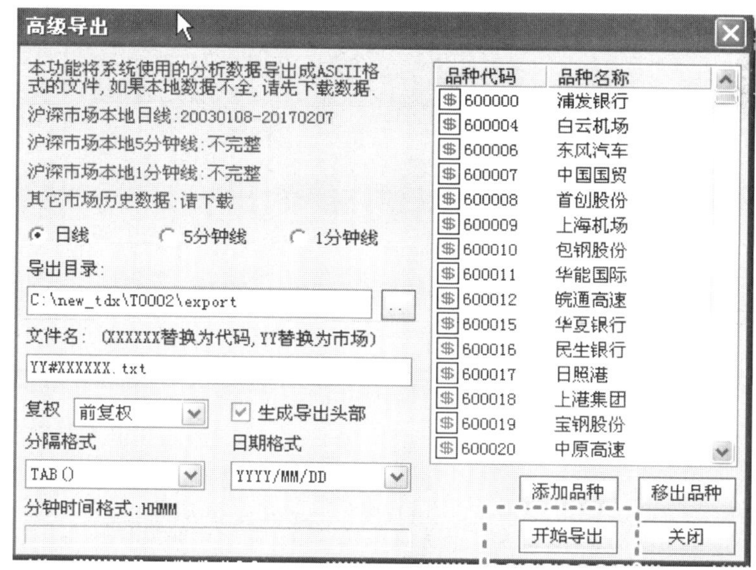

图 A1.13 导出资料

如图 A1.14 所示，成功导出后会自动弹出导出数据的路径，之后按右鼠标键，点“打开方式”然后用 Microsoft Office Excel 打开文件。

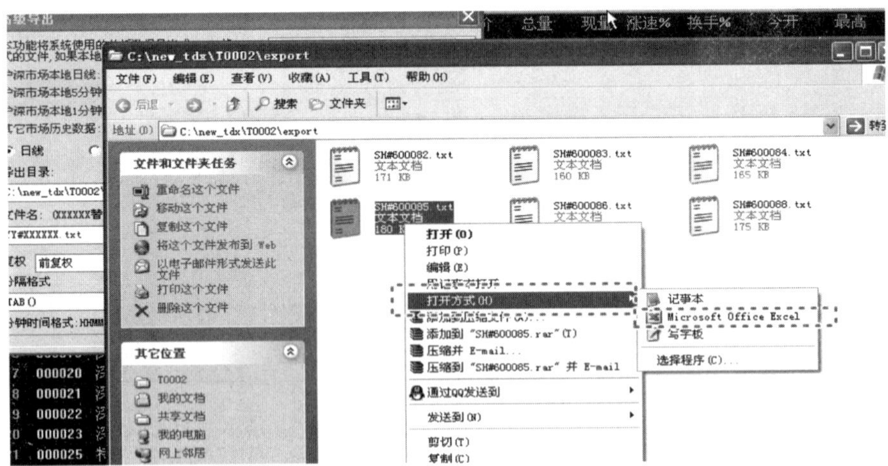

图 A1.14　用 Microsoft Office Excel 打开文件

如图 A1.15，将首两行的中文全部删除，将成交额中的所有数据全部删除。

Microsoft Excel - SH#600007.txt

	A	B	C	D	E	F	G	H
1	600007 中国国贸 日线 前复权							删除
2	日期	开盘	最高	最低	收盘	成交量	成交额	
3	2003-1-8	3.19	3.41	3.15	3.39	392016	2618374	
4	2003-1-9	3.39	3.52	3.29	3.49	1004962	6909579	
5	2003-1-10	3.49	3.65	3.47	3.49	1448447	0215889	
6	2003-1-13	3.46	3.5	3.42	3.45	436443	3018665	
7	2003-1-14	3.47	3.93	3.44	3.75	2399193	7419186	
8	2003-1-15	3.83	3.9	3.62	3.64	1816136	3222341	
9	2003-1-16	3.65	3.75	3.61	3.74	1291627	9293367	
10	2003-1-17	3.77	3.81	3.65	3.66	798929	5763661	
11	2003-1-20	3.66	3.66	3.56	3.64	715141	5075979	
12	2003-1-21	3.65	3.79	3.61	3.62	1110000	7997677	
13	2003-1-22	3.58	3.76	3.54	3.65	1146429	8184811	
14	2003-1-23	3.67	3.77	3.65	3.65	807400	5819739	
15	2003-1-24	3.65	3.76	3.61	3.73	872707	6297587	
16	2003-1-27	3.73	3.89	3.73	3.84	1881944	3858453	
17	2003-1-28	3.88	3.88	3.77	3.85	872180	6435199	
18	2003-1-29	3.85	3.86	3.78	3.81	1049380	7731241	
19	2003-2-10	3.81	3.81	3.61	3.64	554800	3990592	
20	2003-2-11	3.61	3.72	3.61	3.7	291859	2091034	
21	2003-2-12	3.68	3.79	3.65	3.78	801408	5815418	
22	2003-2-13	3.81	4.01	3.78	3.85	2121525	5825362	
23	2003-2-14	3.85	4.13	3.81	4.12	3870600	29427116	
24	2003-2-17	4.09	4.21	4.01	4.05	4170599	32257926	
25	2003-2-18	4.05	4.06	3.97	4.04	984653	7490261	
26	2003-2-19	4.06	4.13	4.01	4.13	1089172	8388403	
27	2003-2-20	4.15	4.16	4.05	4.08	986373	7589418	
28	2003-2-21	4.09	4.1	3.97	4	1788930	3591591	

图 A1.15　将首两行的中文和成交额中的所有数据全部删除

将E行（即原本收盘价的数据）全部选取，并复制到G行，如图A1.16所示。

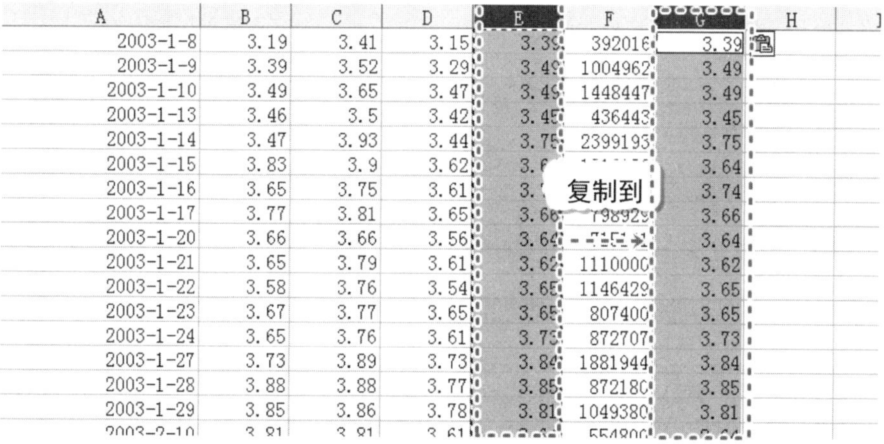

A	B	C	D	E	F	G	H
2003-1-8	3.19	3.41	3.15	3.39	392016	3.39	
2003-1-9	3.39	3.52	3.29	3.49	1004962	3.49	
2003-1-10	3.49	3.65	3.47	3.49	1448447	3.49	
2003-1-13	3.46	3.5	3.42	3.45	436443	3.45	
2003-1-14	3.47	3.93	3.44	3.75	2399193	3.75	
2003-1-15	3.83	3.9	3.62	3.6[illegible]	[illegible]	3.64	
2003-1-16	3.65	3.75	3.61	3.[illegible]	[illegible]	3.74	
2003-1-17	3.77	3.81	3.65	3.66	798929	3.66	
2003-1-20	3.66	3.66	3.56	3.64	[illegible]	3.64	
2003-1-21	3.65	3.79	3.61	3.62	1110000	3.62	
2003-1-22	3.58	3.76	3.54	3.65	1146429	3.65	
2003-1-23	3.67	3.77	3.65	3.65	807400	3.65	
2003-1-24	3.65	3.76	3.61	3.73	872707	3.73	
2003-1-27	3.73	3.89	3.73	3.84	1881944	3.84	
2003-1-28	3.88	3.88	3.77	3.85	872180	3.85	
2003-1-29	3.85	3.86	3.78	3.81	1049380	3.81	
2003-2-10	3.81	3.81	3.61	[illegible]	554800	[illegible]	

复制到

图 A1.16 将收盘价的数据复制到G行

图A1.17，把文件拉到最后一行，看见“数据来源：通达信”，并将此行删除。

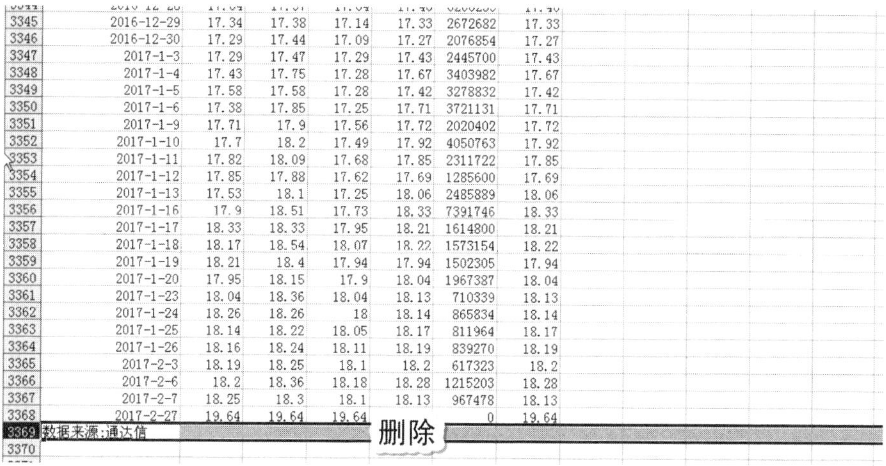

3345	2016-12-29	17.34	17.38	17.14	17.33	2672682	17.33
3346	2016-12-30	17.29	17.44	17.09	17.27	2076854	17.27
3347	2017-1-3	17.29	17.47	17.29	17.43	2445700	17.43
3348	2017-1-4	17.43	17.75	17.28	17.67	3403982	17.67
3349	2017-1-5	17.58	17.58	17.28	17.42	3278832	17.42
3350	2017-1-6	17.38	17.85	17.25	17.71	3721131	17.71
3351	2017-1-9	17.71	17.9	17.56	17.72	2020402	17.72
3352	2017-1-10	17.7	18.2	17.49	17.92	4050763	17.92
3353	2017-1-11	17.82	18.09	17.68	17.85	2311722	17.85
3354	2017-1-12	17.85	17.88	17.62	17.69	1285600	17.69
3355	2017-1-13	17.53	18.1	17.25	18.06	2485889	18.06
3356	2017-1-16	17.9	18.51	17.73	18.33	7391746	18.33
3357	2017-1-17	18.33	18.33	17.95	18.21	1614800	18.21
3358	2017-1-18	18.17	18.54	18.07	18.22	1573154	18.22
3359	2017-1-19	18.21	18.4	17.94	17.94	1502305	17.94
3360	2017-1-20	17.95	18.15	17.9	18.04	1967387	18.04
3361	2017-1-23	18.04	18.36	18.04	18.13	710339	18.13
3362	2017-1-24	18.26	18.26	18	18.14	865834	18.14
3363	2017-1-25	18.14	18.22	18.05	18.17	811964	18.17
3364	2017-1-26	18.16	18.24	18.11	18.19	839270	18.19
3365	2017-2-3	18.19	18.25	18.1	18.2	617323	18.2
3366	2017-2-6	18.2	18.36	18.18	18.28	1215203	18.28
3367	2017-2-7	18.25	18.3	18.1	18.13	967478	18.13
3368	2017-2-27	19.64	19.64	19.64		0	19.64
3369	数据来源:通达信						
3370							

删除

图 A1.17 将此行删除

图 A1.18 中，把档案另存为 CSV 格式，并放在易找到的路径便可。

图 A1.18　档案另存为 CSV 格式

第一次输入该股票前，我们必须先配置 CSV 文件，步骤：另存 CSV 档案后，在 Gannalyst Professional 5.0 中，按“新建组合”，并在“CSV 数据”中点“配置 CSV 文件”，如图 A1.19。

如图 A1.20，在“配置 CSV 数据文件模版”中选之前的档案，然后按 Next。

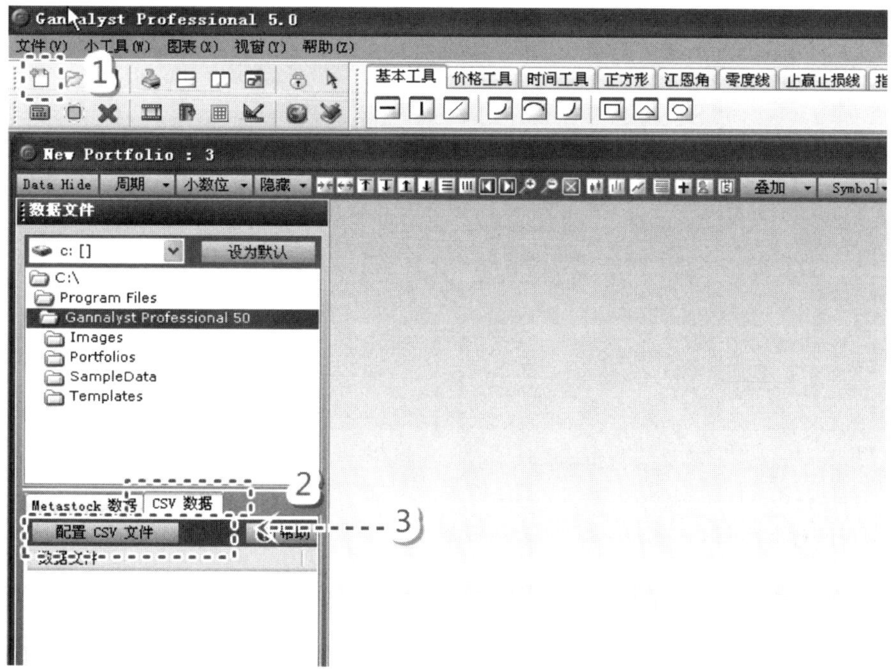

图 A1.19　在"CSV 数据"中点"配置 CSV 文件"

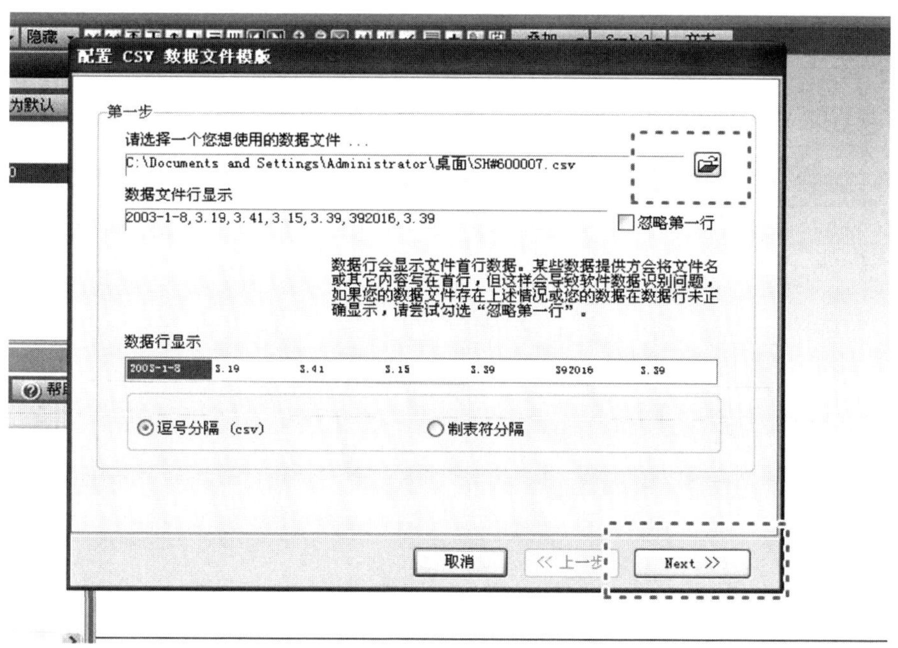

图 A1.20　配置 CSV 数据文件模版

如图 A1.21 所示，选择 Date、Open、High、Low、Close Volume、Open interest 等，再按 Next。

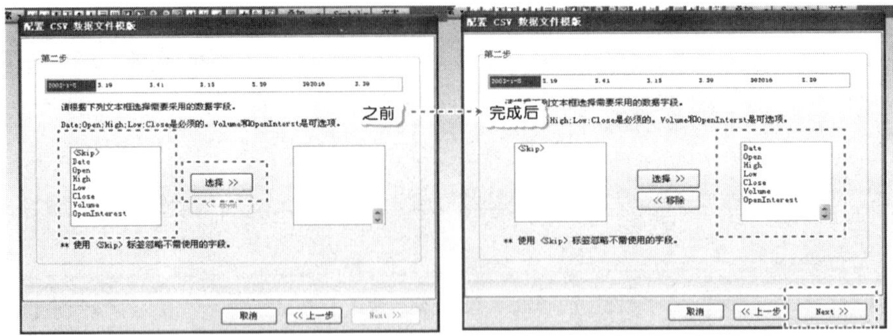

图 A1.21　选择 Date、Open、High、Low、Close Volume、Open interest 等

如图 A1.22，选择 CSV 中的日期格式，如图中的格或为 2003-1-8，那就应该选 YYYY-MM-DD，之后按“检测读取数据”和 Save Format。

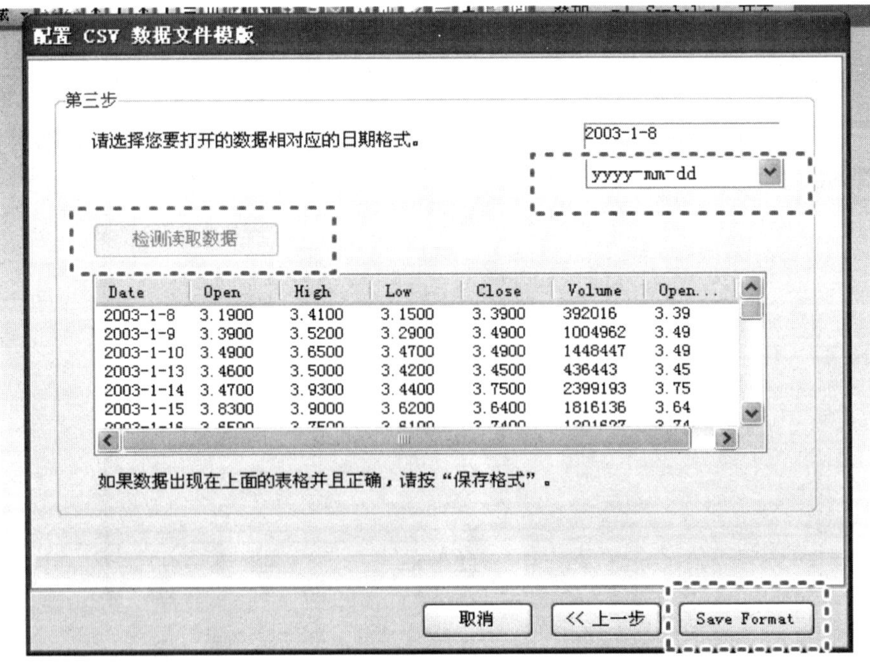

图 A1.22　选择 CSV 中的日期格式

如图 A1.23，再按一次“新建组合”，选取你储存 CSV 的路径，之后选取“CSV 数据”，再选取你需要的档案，就完成整个输入程序。

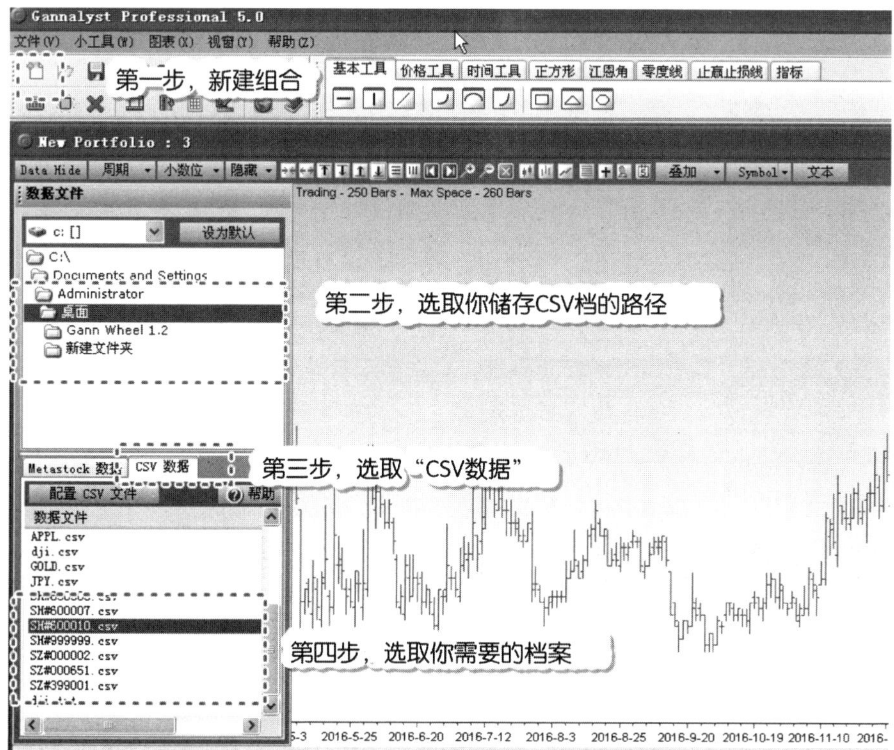

图 A1.23　选取你需要的档案

延伸阅读：神奇的江恩理论

威廉·江恩，美国实战名家，与杰西·利弗莫尔并称为“华尔街双雄”。他擅长预测，精通交易，在50余年的交易生涯中，赚取了可观的财富。数十年来，他在华尔街的办公室中，在助手们的辅助下，用成千上万张手绘的图表，孜孜不倦地讲解交易的秘诀。

《江恩商品期货教程》和《江恩股票市场教程》囊括了江恩理论的核心内容，包括江恩投资法则、两日转向图、几何角度线、时间与价格成正方、江恩九方图，江恩六边形、江恩圆周图、螺旋图表、行星经度与价格变化等，是有史以来权威的股票技术经典之一。本套装附赠江恩技术讲解视频。

《江恩技术研究》是比利·琼斯继承了江恩遗留下来的大量原始资料之后，多年潜心研究江恩技术的成果，挖掘出很多江恩本人尚未公开的技术方法，被誉为“隐秘的财富之书”。

微信扫码
查看详情

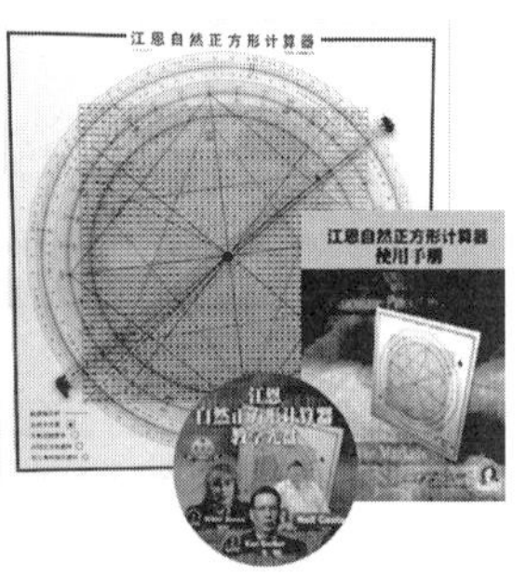

《江恩自然正方形计算器》，计算器采用独特的5层叠加结构，把9*9正方形、角度测算、时间周期计量融为一体，配合走势图使用，借助可视化的校准手段，计算具体顶底和价格运动，可以适应不同市场和不同时间尺度，构成一个完美立体的江恩技术系统。您可以看到，计算器几乎精准无误地预言了趋势方向。本套装配置了江恩大师讲解说明书，以及江恩计算器技术应用的讲解光盘。

微信扫码
查看详情